Tovah P. Klein
Der Kleinkind-Code

Tovah P.
Klein

Der
Kleinkind-
Code

Wie Sie Ihr
Kind besser
verstehen
und gelassen
erziehen

Aus dem Amerikanischen von
Ursula Bischoff

Kösel

MIX
Papier aus verantwor-
tungsvollen Quellen
FSC® C083411

Verlagsgruppe Random House FSC® N001967

Die Originalausgabe erschien unter dem Titel »How Toddlers Thrive. What Parents Can Do Today for Children Ages 2–5 to Plant the Seeds of Lifelong Success« bei Touchstone, A Divison of Simon & Schuster, Inc., New York.

Copyright © 2016 Kösel-Verlag, München,
in der Verlagsgruppe Random House GmbH,
Neumarkter Str. 28, 81673 München
Umschlag: Weiss Werkstatt, München
Umschlagmotiv: plainpicture/Krista Keltanen
Satz: Greiner & Reichel, Köln
Druck und Bindung: CPI books GmbH, Leck
Printed in Germany
ISBN 978-3-466-34627-1
www.koesel.de

 Dieses Buch ist auch als E-Book erhältlich.

Für Pat, meine liebe Freundin und Partnerin aus Kindertagen,
und für Elam, Aaron und Jesse,
meine eigenen ehemaligen Kleinkinder, in Liebe

Inhalt

Teil I

6 Der Gefühlscode: Die Bedeutung kindlicher Emotionen

Wutanfälle, Ängste und der Kampf um
das ewige »Nein!« 175

7 Der Übergangscode: Die Bedeutung des Wandels

Die Bewältigung von Veränderungen 208

8 Der Lerncode: Die Bedeutung der Eckpfeiler im Lernprozess

Spielen, teilen und gewähren lassen 239

9 Ein Labor für die Zukunft

15 Strategien für späteren Erfolg 263

Vorwort für die Originalausgabe

Ich stamme aus einer großen Familie. Zu meinen Kindheitserinnerungen gehören zahlreiche Tage, die mit ausgelassenen Spielen angefüllt waren, und viele Geschwister, die aufeinander achtgaben und meinen Eltern damit zur Hand gingen. Unsere Erziehung war von viel Liebe und Nähe geprägt, aber man ließ uns gleichzeitig an der »langen Leine« laufen. Meine eigene Kinderschar ist deutlich kleiner, und ich widmete mich der Erziehung meines ersten Kindes (und der beiden nachfolgenden) mit einer Intensität und eisernen Entschlossenheit, die meine Mutter auf ihre acht Kinder verteilt hatte. Dennoch hatte ich – wie viele Mütter – immer das Gefühl, nicht genug zu tun. Erst als ich Tovah Klein begegnete, erkannte ich, dass meine Mutter es möglicherweise von Anfang an richtig gemacht hatte. Tovah machte mir bewusst, dass der Freiraum, der Kindern in einer großen, geschäftigen Familie zugestanden wird, in Wirklichkeit besser geeignet ist, ihnen ein gutes Selbstgefühl, Selbstachtung und Selbstvertrauen angesichts ihrer eigenen Fähigkeiten und Fertigkeiten zu vermitteln. Von ihr lernte ich, der Versuchung zu widerstehen, meinen Kindern sämtliche Steine aus dem Weg zu räumen, und ihnen stattdessen die Chance zu geben, ihre Probleme selbst zu lösen.

Meine drei Kinder sind völlig unterschiedlich, doch mein Mann und ich verfügen nun über das erforderliche Wissen, um unsere Erziehung auf ihre individuellen Bedürfnisse abzustimmen. Eines unserer Kinder ist sehr kommunikativ und gesellig, das zweite war anfangs in Tränen aufgelöst, wenn es ohne mich im Kindergarten zurückbleiben musste, und das dritte entpuppte sich als absolut pflegeleicht. Tovah machte mir klar, dass es für Eltern keine einzig wahre Erziehungsmethode und für Kinder keinen einzig richtigen Weg gibt, in dieser prägenden Entwicklungsphase Erfahrungen zu sammeln. Wer Werturteile über sich selbst oder sein Kind fällt, läuft Gefahr, Schamgefühle hervorzurufen, die eher schaden als nutzen. Tovahs Erziehungsansatz ermöglichte mir, mich in die komplizierten Gedanken meiner damals zweijährigen Zwillinge hineinzuversetzen, ihnen Wahlmöglichkeiten anzubieten, wenngleich in begrenzter Anzahl, und feste Regeln und Strukturen einzuführen, aber ihnen dennoch genug Freiheit zu lassen. Statt mich überfordert zu fühlen, traute ich mir nun zu, die Herausforderungen zu bewältigen, denen ich mich gegenübersah, und gleichzeitig das Selbstvertrauen meiner Kinder zu stärken, das mit jedem Tag sichtbar wuchs. Ich hoffe, dass es bei Ihnen und Ihren Kindern genauso sein wird. Viel Spaß!

Sarah Jessica Parker

Vorwort für die deutsche Ausgabe

Noch nie besuchten so viele Kinder im Alter von zwei bis fünf Jahren eine Kindertageseinrichtung in Deutschland wie heute. Die Erkenntnisse aus den Neurowissenschaften haben dazu beigetragen, dass diese Altersspanne in den Fokus der Bildungspolitik gelangt ist. Die Einführung von Bildungsplänen für den Elementarbereich und auch der Rechtsanspruch auf einen Kitaplatz für Einjährige tragen dazu bei, dass Eltern von Kleinkindern zusätzlichen Druck erleben, dieses so wichtige Zeitfenster für die Bildungsentwicklung ihrer Kinder optimal zu nutzen und neben dem Besuch einer guten Kindertageseinrichtung noch weitere Kurse zu buchen, die vom Kleinkindschwimmen bis zum Erlernen von Fremdsprachen reichen.

Bei all diesen Bildungsbemühungen geraten die grundlegenden Bedürfnisse von Kleinkindern schnell aus dem Blick. Was brauchen Kleinkinder im Alter von zwei bis fünf Jahren, um sich möglichst gut entfalten und entwickeln zu können und um die Kompetenzen zu erlangen, die sie spätestens beim Übergang in die Schule benötigen werden? Wie können Eltern ihre Kinder dabei möglichst gut begleiten und unterstützen? Warum erleben Eltern diese Altersphase oft als besonders anstrengend? Und was genau passiert in dieser so spannenden Entwicklungsphase?

Diesen Fragen geht das Buch *Der Kleinkind-Code* von Tovah P. Klein auf vielfältige und anschauliche Weise nach. Tovah Klein verbindet dabei die aktuellen Erkenntnisse aus der Entwicklungspsychologie, Neurobiologie und Frühpädagogik mit den Beobachtungen aus ihrer praktischen Arbeit mit Kleinkindern und ihrer Beratung von Eltern.

Zunächst erklärt die Autorin die Gefühlswelt von Kleinkindern als Ursache für ihr Verhalten und die Bedeutung, die Eltern und Bezugspersonen zukommt, Kleinkinder beim Durchleben von heftigen Gefühlsausbrüchen möglichst feinfühlig zu unterstützen. Nur dann, wenn Kleinkinder zunächst eine feinfühlige Hilfe von ihren Bezugspersonen beim Umgang mit emotionaler Belastung erfahren, können sie diese nach und nach verinnerlichen und so zu einer guten emotionalen Selbstregulation kommen. Damit Eltern und andere Bezugspersonen Kinder in ihrer emotionalen Selbstregulation unterstützen und begleiten können, müssen sie lernen, die Welt aus den Augen der Kinder zu betrachten. Wie dieser Perspektivwechsel, also der Wechsel zu einer kindorientierten Perspektive rational denkender Erwachsener, auch in Stresssituationen gelingen kann, erklärt Tovah Klein an vielen anschaulichen Fall- und Situationsbeispielen.

Die Autorin gibt verschiedene praktische Anregungen, um den gemeinsamen Alltag mit Kleinkindern sowohl für die erwachsenen Bezugspersonen als auch für die Kinder möglichst entspannt und erfreulich zu gestalten. Dazu gehören auch für das Kind vorhersehbare Tagesabläufe und Rituale, die jedoch nicht starr, sondern kindorientiert und flexibel zu handhaben sind. Ein besonderes Augenmerk gilt dabei den täglichen Übergängen und Abschiedssituationen, zum Beispiel, wenn das Kind in die Kindertageseinrichtung gebracht wird. Hier zeigt Tovah Klein auf, wie schwierig dieser Übergang sein kann, wenn das Kind dabei aus seinem Spiel gerissen wird. Oder wenn es den Abschied von der Mutter durch Trödeln oder Widerstand, zum Beispiel beim Anziehen, hinauszuzögern versucht. Hier gilt es, die Ängste und Bedürfnisse des Kindes angemessen zu berücksichtigen, um für alle Beteiligten eine gute Lösung zu finden.

Eine kindorientierte Perspektive ist hilfreich, um die Ursachen für das Verhalten des Kindes zu verstehen und gemeinsam eine Lösung herbeizuführen. Tovah Klein macht deutlich, dass Eltern Kleinkinder in ihren Fähigkeiten zur Emotionsregulation und

Selbstständigkeit oder auch in anderen Kompetenzen manchmal überschätzen. Hier sind die entwicklungspsychologischen Erkenntnisse nützlich, die einerseits zeigen, wann Kinder in der Regel über welche Kompetenzen verfügen, die aber auch verdeutlichen, dass jedes Kind anders ist und sein individuelles Entwicklungstempo hat.

Einen besonderen Stellenwert räumt die Autorin dem Thema Scham und Beschämung ein. Sie erklärt, warum Eltern oder andere Erwachsene unbewusst Kleinkinder beschämen, wenn sie sich über sie lustig machen, sie ausschimpfen oder abfällig über das Kind sprechen. Tovah Klein gibt in diesem Buch Anregungen, sich mit den eigenen Erfahrungen von Scham und Beschämung auseinanderzusetzen, um diese dann nicht unreflektiert an Kinder weiterzugeben. Sie erklärt anschaulich, welche Folgen wiederholte Erfahrungen von Scham und Beschämung in dieser Alters- und Entwicklungsphase haben, sowohl für die emotionale Entwicklung und Fähigkeit zur Emotionsregulation als auch für die Persönlichkeitsentwicklung von Kleinkindern.

Die Einblicke in das Innenleben und Erleben von Kleinkindern helfen uns, ihr Verhalten, ihre Reaktionen und ihren Gefühlsausdruck zu verstehen und damit ihren »Code« zu entschlüsseln. Tovah Klein erläutert im zweiten Teil des Buches, was unter dem Ritualcode zu verstehen ist und wie wiederkehrende Handlungs- und Tagesabläufe einerseits hilfreich sind, andererseits aber zu starken Gefühlsausbrüchen führen können, wenn sie zum Beispiel von den Erwachsenen plötzlich geändert werden. Der Einblick in den Gefühlscode von Kleinkindern kann uns helfen, die Bedeutung der kindlichen Emotionen zu verstehen. Weil Übergänge und Veränderungen so wichtig sind, erläutert die Autorin den Übergangscode, auch damit Eltern und Bezugspersonen dem Kind bei täglichen und großen Übergängen helfen können. Der Lerncode bietet Einblicke in die Bedeutung des Spiels und der sozialen Interaktion für das Lernen bei Kleinkindern.

Insgesamt bietet Tovah Klein einen ganzen Strauß an Anregungen, um das Verhalten und Erleben von Kleinkindern zu entschlüsseln und somit besser verstehen zu können. Gleichzeitig macht sie aber auch deutlich, dass diese Kleinkindzeit mit die spannendste Zeit in der Entwicklung von Kindern ist, auch weil hier die Grundlagen für die Zukunft des Kindes und seine weitere Entwicklung gelegt werden.

Der Kleinkind-Code von Tovah Klein hilft uns, die Welt mit den Augen von Kleinkindern zu sehen und damit zwei- bis fünfjährige Kinder besser zu verstehen und besser begleiten zu können. Ich empfehle dieses Buch als Entwicklungspsychologin und Bindungsforscherin nicht nur Eltern und Großeltern von Kleinkindern, sondern ganz besonders allen pädagogischen Fachkräften, die in Kindertageseinrichtungen arbeiten. Das Buch wird ihr Bild vom Kleinkind möglicherweise verändern – und ganz sicherlich bereichern.

Prof. Dr. Fabienne Becker-Stoll, Direktorin des Staatsinstituts für Frühpädagogik (IFP), München

Einführung

Ich lebe in einem »Königreich der Knirpse«. Als Leiterin des international renommierten Barnard College Center for Toddler Development (kurz »Toddler Center« genannt), habe ich das Glück, in einem Umfeld tätig zu sein, das auf Kleinkinder ausgerichtet ist und mir immer wieder die Gelegenheit bietet, die Welt aus ihrer Warte zu betrachten. Es ist eine völlig andere und oftmals kurzweilige Weltsicht. Ich arbeite inzwischen seit annähernd zwei Jahrzehnten an diesem magischen Ort und verbringe fünf Tage in der Woche damit, die Interaktionen mit 50 Kindern zu gestalten, zu durchdenken, zu beobachten und zu analysieren.

Ich bin mit der Aus- und Weiterbildung von ErzieherInnen befasst und stehe Eltern mit Rat und Tat zur Verfügung, wenn es gilt, die Reaktionen ihrer Kinder und ihre Beweggründe zu verstehen. Darüber hinaus habe ich Projekte zur Erforschung wichtiger Aspekte der frühkindlichen Entwicklung ins Leben gerufen, beispielsweise Ablösung, Spiel oder Schlaf, wobei der Schwerpunkt auf der Beobachtung der natürlichen Verhaltensweisen in dieser Altersgruppe liegt. Meine Arbeit konzentriert sich auf die Aktivitäten der Kinder und die Rolle, die Eltern im Rahmen ihrer Entwicklung einnehmen. Ungeachtet dessen, ob ich das Verhalten der Kinder durch Beobachtung, empirische Studien oder direkte Interaktionen zu entschlüsseln versuche, stelle ich mir immer wieder zwei Fragen: *Wie verhalten sich Kinder in bestimmten Situationen? Und was motiviert sie dazu?*

Wie verhalten sich Kinder in bestimmten Situationen?

Die erste Frage – *Wie verhalten sich Kinder in bestimmten Situationen?* – klingt trügerisch einfach. Viele Eltern haben das Gefühl, als würden ihre Kinder versuchen, sich durch entsprechende Übung grundlegende Fähigkeiten anzueignen, die sie künftig brauchen werden, beispielsweise Zähne putzen, mit anderen teilen oder während einer Mahlzeit am Tisch sitzen bleiben und essen. Die Bewältigung solcher wichtigen Aufgaben ist ein zentrales Thema in dieser Phase der kindlichen Entwicklung. Doch wie ich aus meinen Erfahrungen mit Zwei- bis Fünfjährigen gelernt habe, geht in ihrem Kopf viel mehr vor, als sich aus ihrem Verhalten schließen lässt.

Das Kleinkindalter (hier vom dritten bis zum sechsten Lebensjahr definiert) ist relativ wenig erforscht. Verglichen mit der Anzahl der Studien über die Entwicklung von Babys oder Säuglingen (bis zum ersten Lebensjahr) und Schulkindern wurden Kleinkinder aus historischer Sicht stiefmütterlich behandelt – eine besorgniserregende Vernachlässigung angesichts der Tatsache, dass sich genau in diesem Zeitraum Körper und Geist in einem Zustand des permanenten Wandels, Wachstums und Umbruchs befinden. Das Gehirn eines Kleinkinds, das sich durch ungeheure Komplexität und Dynamik auszeichnet, ist genauso vielen Turbulenzen und Anpassungszwängen wie das Gehirn eines Teenagers unterworfen. Kleinkinder lernen nicht nur, wie man eine Toilette benutzt oder einen Tobsuchtsanfall in Schach hält. Sie erwerben darüber hinaus auch einige elementare Fähigkeiten, die später das A und O einer erfolgreichen Lebensführung darstellen. In dieser prägenden Phase legt das Gehirn Wege an, die für eine positive Entwicklung im Kindes- und Erwachsenenalter unabdingbar sind.

Das Kleinkindalter könnte man als »Labor für die Zukunft« bezeichnen. Viele grundlegende Fähigkeiten und Fertigkeiten, die Eltern bei ihren Kindern fördern und verankern möchten, bereiten das kindliche Gehirn auf Lernprozesse vor, die auf einer höheren Ebene verortet sind. Ich betone beispielsweise immer wieder, wie wichtig Schlafrituale sind, deren Abfolge sich allabendlich wiederholt: baden oder duschen, Zähne putzen, ein Buch anschauen oder vorlesen, und dann Licht aus und schlafen. Diese scheinbar nebensächlichen Aktivitäten stellen Meilensteine in einem Netzwerk von Fähigkeiten dar, die zu beherrschen für Kleinkinder von zentraler Bedeutung ist. Doch Lernfortschritte werden auch durch die Einführung von Ritualen und mögliche Änderungen im Ablauf erzielt. Was ist, wenn das Kind eines Tages aufgefordert wird, die Zähne vor statt nach dem Baden zu putzen? Wie geht es mit solchen Neuerungen um? Folgt ein Wutausbruch (»Das machen wir NIE so!«) oder ist es flexibel und belastbar genug, um die Abweichung von der Regel auch ohne Aufstand zu akzeptieren? Wenn Eltern diese Anpassungsfähigkeit fördern, erleichtern sie sich nicht nur das eigene Leben, sondern bereiten ihr Kind auch optimal auf die Bewältigung unvorhergesehener Veränderungen vor, denen es sich im Kindergarten, in der Schule und im späteren Leben mit großer Wahrscheinlichkeit gegenübersehen wird.

Diese auf einer höheren Ebene verorteten Fähigkeiten – wie Belastbarkeit, Kooperationsbereitschaft, Eigenverantwortlichkeit, Entschlossenheit, Ausdauer, Empathie und mehr – beginnen im Gehirn eines Kleinkinds Form anzunehmen. Das Gehirn ist darauf programmiert, Kompetenzen zu erwerben, die das Fundament der Selbstregulation bilden – das Verändern eigener Gedanken, Gefühle, Motive und Handlung auf der Grundlage von Selbsterkenntnis oder Reflexion. Die Aufgabe von Eltern und ErzieherInnen besteht darin, das Kind dabei zu unterstützen. Doch es bedarf der Zeit und Übung, bis ein Kind diese Lebenskompetenzen verinnerlicht hat. Deshalb ist die Kleinkindphase ein Versuchslabor für die Zukunft: Je früher diese Fähigkeiten eine vertraute und annehmbare Option darstellen, desto größer die Chancen auf Glück und Erfolg im späteren Leben. Das Buch möchte dazu beitragen, diesen Weg zu ebnen.

Was motiviert Kinder zu ihrem Verhalten?

Die zweite Frage – *Was motiviert Kinder zu ihrem Verhalten?* – wirkt oft komplexer, als sie wirklich ist. Mit anderen Worten: Sobald Sie damit beginnen, Ihr Kind zu beobachten und zu verstehen, sind Sie imstande, seine Reaktionen und Beweggründe nachzuvollziehen (und teilweise sogar vorherzusehen). Diesen Ansatz, die Welt mit den Augen Ihres Kindes zu betrachten, bezeichne ich als KOP oder kindorientierte Perspektive. Sie trägt dazu bei, uns in die Lage des Kindes hineinzuversetzen, unverzüglich oder im Lauf der Zeit. Dadurch gelingt es uns, unsere Kinder in einer Weise zu unterstützen, die klarer ist und sich erheblich leichter in die Praxis umsetzen lässt. Warum ist es so wichtig, die Welt aus der Warte des Kindes zu betrachten? Weil dieser Weg uns am besten ermöglicht, Zusammenhänge zu erkennen, mit Liebe und Ermutigung die Führung zu übernehmen und sowohl Beschämung als auch Kontrollmaßnahmen zu vermeiden. Dank der kindorientierten Perspektive können wir die Wünsche und Bedürfnisse des Kindes anerkennen und einfühlsam darauf reagieren, aber gleichzeitig klare Grenzen und Regeln setzen, die ihnen als Orientierungspunkte beim Navigieren durch die klippenreichen Gewässer des Lebens zugutekommen. Grenzen können dabei als Liebesbeweise und ohne zermürbende Kämpfe aufgezeigt werden!

Der KOP-Ansatz hat sich für zahlreiche Familien bewährt, die ich durch meine Arbeit im Toddler Center, im Rahmen meiner regelmäßigen Elterngruppen und in Einzelgesprächen mit Eltern kennengelernt habe und die gerade eine Krise oder eine besonders große Herausforderung seitens ihres Kindes bewältigen müssen. Einige Eltern kommen auch dann zur Beratung, wenn ihre Sprösslinge das Kleinkindalter längst hinter sich gebracht haben. Warum? Weil auch dann Probleme mit altersspezifischen Verhaltensweisen und Bedürfnissen auftauchen können. Viele Eltern möchten besser verstehen, welche Entwicklungsschritte gerade stattfinden und wie sie ihr Kind dabei am besten unterstützen.

Der KOP-Ansatz basiert auf den kontinuierlichen psychologischen und neurowissenschaftlichen Forschungsergebnissen in Kombination mit meinen eigenen Studien und Beobachtungen über einen Zeitraum von mehr als 20 Jahren. Er ist darauf ausgerichtet, die emotionale, soziale und kognitive Entwicklung von Kindern, insbesondere Kleinkindern, optimal zu fördern. Dahinter steht das Bestreben, wissenschaftliche Erkenntnisse und ihre praktische Umsetzung in einer Schnittmenge zu verankern, von der alle Eltern und Kinder profitieren. Es gibt kein Hirnforschungsprojekt, das alle Fragen zur Entwicklung Ihres Kindes zu beantworten vermag, und ich rate dringend davon ab, aufgrund der einen oder anderen Studie vorschnell Schlussfolgerungen zu ziehen. Es bedarf jahrelanger intensiver Forschungsarbeit, um zu ergründen, was einzelne Elemente für das gesamte Entwicklungsspektrum des Kindes bedeuten können. Deshalb habe ich in diesem Buch versucht, die weitgehend übereinstimmenden wissenschaftlich fundierten Entdeckungen und Einsichten zusammenzufassen, mit denen Sie ein positives Wachstum Ihres Kindes unterstützen. Heute und in Zukunft.

Der Umgang mit alltäglichen Erziehungsanforderungen

Die Eltern, mit denen ich zusammenarbeite, sind bei aller Unterschiedlichkeit besonnen, einfallsreich und fürsorglich. Darunter befinden sich Familien mit Vater, Mutter und Kind sowie Alleinerziehende, berufstätige Eltern oder Eltern mit einem Elternteil, der Haushalt und Kinder versorgt, Eltern, deren Großeltern unter demselben Dach wohnen, und Familien, die gerade erst zugezogen sind. Es gibt kleine Familien mit einem oder zwei Kindern und große mit drei oder mehr Kindern. Alle haben eines gemeinsam, das sie auch mit Ihnen verbindet: den nachhaltigen Wunsch, ihre Kinder bestmöglich zu erziehen, sodass sie ihr Potenzial bestmöglich ausschöpfen können.

Die Erziehung von Kleinkindern umfasst die Förderung von Fähigkeiten, die sowohl auf einer »höheren« als auch auf einer »alltäglichen« Ebene verortet sind: Wir möchten unseren Kindern helfen, belastbar zu werden, starke Gefühle zu steuern, sich selbst einzuschätzen und herauszufinden, wo sich ihr Platz in der Welt befindet (Kompetenzen, die den Grundstein für die Selbstregulation legen). Gleichzeitig gilt es, sie bei der Bewältigung alltäglicher Erfordernisse zu unterstützen, beispielsweise morgens aufzustehen und sich für den Kindergarten fertig zu machen, abends ohne langes Hin und Her ins Bett zu gehen und Mahlzeiten oder Veränderungen im gewohnten Tagesablauf ohne Wutanfälle und Ausraster durchzustehen. Die Fähigkeiten auf der höheren und der alltäglichen Ebene sind gleichwohl eng miteinander verknüpft, wie wir noch sehen werden. Alle Eltern haben irgendwann mit den vielfältigen Erziehungsanforderungen zu kämpfen, oft an der gleichen Front – eine weitere Gemeinsamkeit, auch wenn jede Familie etwas anders ist: Probleme mit dem Schlafen oder Essen, Wutausbrüche, Ängste, Geschwisterkonflikte, Trotzreaktionen, Ruppigkeit, Widerworte, Rückzug auf frühkindliche Verhaltensmuster, Daumenlutschen, mit Spielsachen um sich werfen, nervöse Tics, Schlagen, Beißen oder Treten. Am Ende fragen wir uns alle, wie wir das Problem lösen und dem Kind helfen können.

Wie heute gang und gäbe, sind viele Eltern gestresst und bemühen sich nach besten Kräften, alle Aspekte ihres Lebens unter einen Hut zu bringen. Sie machen sich Sorgen oder werden permanent von Selbstzweifeln geplagt, ob sie die richtigen Entscheidungen bezüglich ihrer Kinder treffen, überlegen krampfhaft, ob es besser ist, auf ihr Bauchgefühl zu hören oder Experten, wohlmeinende Freunde oder die eigenen Eltern in Erziehungsfragen zurate zu ziehen. Ein Paar zerbrach sich beispielsweise den Kopf, wie es sein Kind endlich dazu bringen könnte, nachts durchzuschlafen. Die Eltern kamen mit dem Problem in meine Sprechstunde. »Unser Sohn ist inzwischen vier. Wir haben alles versucht. Der Kinderarzt schlug vor, ihm zur Belohnung Klebebilder in Aussicht zu stellen. Das klappte ein paar Nächte, doch dann war wieder Schluss. Meine beste Freundin empfahl mir eine bestimmte CD mit Schlafliedern. Wir haben seine Zimmertür abgesperrt. Wir haben ihm erklärt, warum er seinen Schlaf braucht. Nichts hat auf Dauer funktioniert. Ich habe im Internet recherchiert, und nun mache ich mir Sorgen, dass ein schwerwiegendes Problem die Ursache der Schlafstörungen sein könnte.« Ich erkundigte mich, was sie nach ihrem eigenen, rein intuitiven Empfinden für die beste Lösung hielten. Nach einer längeren Pause erwiderte der Vater: »Keine Ahnung. Wir wissen schon gar nicht mehr, auf wessen Urteil wir uns verlassen sollten.« In Anbetracht der grenzenlosen Informationen, die im Internet verfügbar sind, haben Eltern nach meinem Dafürhalten heute mehr Selbstzweifel als jemals zuvor. Mir ist durchaus klar, warum. Kindererziehung fühlt sich für viele nicht mehr wie ein individueller Entwicklungsprozess an, sondern wie ein Wettbewerb, der Höchstleistungen erfordert.

Ist es in Ordnung, wenn mein Sohn nachts noch einen Schnuller braucht? Wie viel Zucker darf meine Tochter pro Tag zu sich nehmen? Wie viel Zeit sollte ein Kind maximal vor dem Fernseher verbringen? Fördern iPads die Intelligenz meines Kindes? Wie finde ich den besten Kindergarten? Wie kann ich meiner Tochter eine breitere Palette von Nahrungsmitteln schmackhaft machen? Ist es normal, dass mein Kind so oft Wutausbrüche hat? Warum rastet mein Sohn aus, wenn wir vergessen haben, sein Lieblingsmüsli zu kaufen? Ist es normal, dass mein Sohn einem anderen Kind Spielzeug wegnimmt und damit wegläuft? Warum beteiligt er sich nicht an den Spielen, wenn er zu einer Geburtstagsparty eingeladen ist? Wie kann ich mir sicher sein, dass meine Tochter lernt, Freundschaften zu schließen? Welches Verhalten ist typisch für dieses Alter?

Eltern haben in der Regel Fragen, die sich auf das Verhalten beziehen, auf die Schwierigkeiten ihrer Kinder, sich an festgelegte

Abläufe zu halten, mit anderen Kindern auszukommen oder sich so zu entwickeln, wie es sich die Eltern erhoffen: zu kleinen Persönlichkeiten, die rundum glücklich, engagiert, klug und bereit sind, die Welt zu erobern.

Diese Eltern wollen, genau wie Sie, nur das Beste für ihr Kind. Sie sind hingebungsvoll und aufopfernd, intelligent und rücksichtsvoll. Und sobald sie bereit sind, sich auf meinen Erziehungsansatz einzulassen, verändert sich ihre gesamte Einstellung. Sie begreifen nicht nur, warum die grundlegenden Strategien den täglichen Umgang mit ihrem Kind erleichtern, sondern erkennen auch, warum ihre Erziehungsmaßnahmen in dieser Phase so wichtig für seine spätere Entwicklung sind. Doch am wichtigsten ist vielleicht die Erkenntnis, dass Eltern eine zentrale Rolle spielen, um ihr Kind bestmöglich auf das Leben vorzubereiten, jetzt und in den kommenden Jahren, wenn aus dem kleinen Kind ein großes Kind, ein Teenager und schließlich ein Erwachsener geworden ist. Das Kleinkindalter bietet eine einmalige Chance – es ist wie gesagt ein Labor für die Zukunft. Eine Mutter sagte:»Ich denke, ich weiß inzwischen, wie meine Tochter tickt und warum sie sich so und nicht anders verhält. Früher war ich oft frustriert, bis ich gelernt habe, die Welt mit ihren Augen zu sehen.«

Martha, eine andere Mutter, erklärte:»Kinder erziehen bedeutet, dass man unter großem Druck steht. Ich habe gelernt, dass es ganz gut ist, wenn sie sich auch einmal langweilen, dass man sie nicht zu sehr verplanen, sondern ihnen genug Auszeiten lassen sollte.« Eine weitere Mutter gestand:»Kindermund tut bekanntlich Wahrheit kund, aber manchmal ist es ziemlich peinlich, was Kinder so von sich geben. Doch statt mein Kind umgehend zum Schweigen zu bringen, nur weil es gesagt hat, dass jemand stinkt, überlege ich im Einzelfall, wie ich am besten mit der Situation umgehe.« Und Sally meinte:»Ich fühle mich von einer großen Last befreit! Ich versuche, meine Erziehungsmaßnahmen auf ein gesundes Maß zurückzuschrauben. Ich habe nicht mehr das Bedürfnis, ständig Streitigkeiten zwischen den Geschwistern zu schlichten. Ich habe gelernt, mich zurückzunehmen und die Kinder alleine machen zu lassen!« Nach der Erstbesprechung mit beiden Eltern kehrte ein Vater in der darauffolgenden Woche zurück und sagte: »Sie haben uns gerettet, vor uns selbst. Wir haben nur ein Kind, einen zweijährigen Sohn, und fanden, er sollte in der Lage sein, zu teilen und mit anderen Kindern auszukommen. So sind wir jedenfalls aufgewachsen. Wir fühlten uns unter Druck gesetzt. Jetzt ist mir klar geworden, dass er in diesem Alter noch nicht teilen kann. Ich bin erleichtert und habe viel mehr Spaß mit ihm. Und er ist auch glücklicher.«

Wenn Eltern ihre Perspektive ändern und lernen, die Welt mit den Augen ihres Kindes zu sehen, gelingt es ihnen, sich ohne Frustration und Quälerei den täglichen Herausforderungen in der Erziehung, wie Toilettentraining, Essen, Schlafen oder die Bewältigung von Übergangssituationen, zu stellen. Mit diesem Ansatz erleichtern sie sich gleichzeitig eine Aufgabe, die über die täglich anfallenden hinausgeht, ungeachtet dessen, ob sie eine Herausforderung darstellt oder nicht: Sie helfen ihren Kindern, den Grundstein für die lebenslangen Kompetenzen zu legen, die die Voraussetzung für Erfolg in allen Lebensbereichen schaffen. Und wer wünscht sich nicht, sein Kind möge liebenswürdig und mitfühlend, robust und einfallsreich, emotional ausgeglichen, ausdauernd und beharrlich sein, wenn es sich schwierigen Zeiten gegenübersieht?

Es gibt kein Patentrezept

In diesem Buch geht es um verschiedene Möglichkeiten, alltägliche Situationen in Chancen zu verwandeln, mit denen Sie die Weichen für das künftige Glück und den Lebenserfolg Ihres Kindes stellen. Ich setze diese Strategien jeden Tag um, beruflich wie privat. Neben meinen kleinen Schützlingen im Toddler Center habe ich noch drei eigene Kinder.

Wenn ich erzähle, dass ich drei Kinder habe, ausschließlich Jungen, gehen viele offenbar davon aus, man könnte alle über einen Kamm scheren. Doch weit gefehlt! Obwohl sie viele Gemeinsamkeiten haben – sie sind beispielsweise sehr rücksichtsvoll und sozial, hören gerne Musik, spielen ein Instrument, sind gut in der Schule, gehen mit Leidenschaft ihren Hobbys nach, sind mitfühlend und entgegenkommend –, sind sie in meinen Augen trotzdem völlig unterschiedlich. Der eine braucht Zeit, um mit jemandem warm zu werden, wartet erst einmal ab und beobachtet, hat einen oder zwei enge Freunde und scheut Großveranstaltungen oder Menschenmassen. Der andere lässt es gerne krachen, hat einen großen Freundeskreis und nutzt jede Gelegenheit, neue Leute kennenzulernen. Der dritte verkörpert eine Mischung aus beiden. Er fühlt sich wohl in sozialen Situationen, wenn er die Leute gut kennt (beispielsweise seine beiden besten Freunde), weiß, was auf dem Programm steht, wer sonst noch dabei ist und dass man ihn rechtzeitig in Kenntnis setzt, falls sich die Pläne ändern. Andernfalls bleibt er lieber zu Hause bei seinen gewohnten Aktivitäten, in Gesellschaft von Menschen, die ihm vertraut sind – seine Familie.

Alle drei Jungen sind Leseratten. Der eine brachte sich das Lesen als Vierjähriger selbst bei, der andere hatte bis zum Ende der 2. Klasse damit zu kämpfen, kann ein Buch jetzt aber nur noch schwer aus der Hand legen. Der eine liebt Fantasy-Literatur, der andere verschlingt Geschichten aus dem Zweiten Weltkrieg und historische Wälzer, und der dritte ist ganz versessen darauf, in den jeweils neuesten Band irgendwelcher Buchreihen abzutauchen. Der eine las dreimal im Jahr sämtliche Harry-Potter-Romane, der andere schaffte es nicht einmal, auch nur ein einziges Buch von Anfang bis Ende durchzulesen. Ich denke, Sie wissen jetzt, was ich meine. Alle drei lesen gerne, aber jeder geht auf seine Weise ans Lesen heran.

Einer meiner Söhne war damit zufrieden, stundenlang aus dem Auto- oder Zugfenster zu schauen, was lange Fahrten zu einem

Vergnügen machte. Der andere hielt bei Autofahrten ungefähr eine Stunde durch, bevor er zunehmend unruhig wurde. Als Kleinkind war es für ihn eine Tortur, länger in seinem Sitz angeschnallt zu sein. Daher kannten wir einen Großteil der Rastplätze an den Highways im Osten des Landes. Einer meiner Söhne vertilgte bei jeder Mahlzeit Riesenportionen, der andere nahm – im Ernst! – als Kleinkind neun Monate lang abends nur Müsli zu sich, isst inzwischen aber alles, was auf den Tisch kommt.

Als mein Ältester eingeschult wurde, musste anfangs immer einer von uns in der Schule bleiben, selbst wenn alle anderen Eltern längst gegangen waren. Beim Eintritt in den Kindergarten hatte er ähnlich reagiert, dort hatte sein Großvater in der Eingewöhnungsphase die Stellung gehalten. Trotz der Trennungsängste im Alter von vier und fünf Jahren entwickelte er nach und nach Selbstvertrauen und Führungskompetenz in seiner Bezugsgruppe. Sohn Nummer zwei sagte am zweiten Tag im Kindergarten zu mir: »Geh ruhig. Du musst nicht dableiben. Die passen hier schon auf uns auf!« Die Trennung stellte für ihn kein Problem dar. Aus einem Holz geschnitzt? Alle drei Jungen? Ja, keine Frage. Aber herausgekommen sind drei völlig unterschiedliche Kinder, mit unterschiedlichen Verhaltensweisen, Charaktereigenschaften, Wünschen und Bedürfnissen.

Deshalb empfehle ich Ihnen, die Tipps und Vorschläge in diesem Buch aufmerksam zu lesen, sich das herauszupicken, was für Sie und Ihre Familie nützlich sein könnte – und sie den individuellen Bedürfnissen Ihres Kindes anzupassen und umzusetzen. Mein Erziehungsansatz möchte Ihnen Orientierungshilfen bieten, Sie sensibilisieren. Die Welt aus der Perspektive Ihres Kindes zu betrachten hat einen großen Vorteil: Sie können Ihren Erziehungsstil personalisieren, ihn an die individuellen Bedürfnisse des jeweiligen Kindes und Ihre eigene Situation anpassen. Seit 16 Jahren sehe ich meine drei Söhne heranwachsen und dabei ist mir klar geworden, dass alle Kinder einige charakteristische Eigenschaften besitzen, die ein Leben lang erhalten bleiben, und andere, die sie im Lauf der Zeit überwinden oder eigenständig in den Griff bekommen. Beständigkeit und Wandel sind immer im Spiel. Als Eltern sollten wir daher die individuellen Bedürfnisse unserer Kinder, die im Augenblick vorherrschen, sich aber binnen weniger Tage oder Monate ändern können, immer im Blick haben.

Obwohl meine Söhne weit über das Alter hinaus sind, arbeite ich noch heute jeden Tag mit Kleinkindern. Zwischen beruflichem und häuslichem Umfeld hin- und herpendelnd, werde ich fortwährend an die Anforderungen und Schwierigkeiten erinnert, denen sich Eltern in dieser Entwicklungsphase gegenübersehen, und an die Komplexität jedes einzelnen Kindes. Wir müssen Kinder so nehmen, wie sie sind – mit all ihren Persönlichkeitsaspekten, auch denjenigen, die uns missfallen oder herausfordern. In der Regel handelt es sich dabei um Eigenschaften, die uns an uns selbst erinnern, an unliebsame Seiten unserer eigenen Persönlichkeit. Das ist die wahre Herausforderung!

Wie das Buch strukturiert ist

Das Buch ist in zwei Teile gegliedert. Der erste Teil konzentriert sich auf die mentale Entwicklung des Kleinkinds – auf das oft paradoxe Verhalten in dieser Phase, die komplexen (und wirren) Gedankengänge und die praktische Umsetzung des KOP-Erziehungsansatzes, der Ihnen ermöglicht, die Welt aus der Perspektive Ihres Kindes zu sehen und zu verstehen. Sie erfahren außerdem, wie man durch Missverständnisse Schamgefühle im Kind auslösen und dadurch sowohl das emotionale Wachstum als auch das Identitätsgefühl, das sich zu entwickeln beginnt, untergraben kann. Diese Kapitel sind den Fähigkeiten gewidmet, die auf einer »höheren« Entwicklungsebene verortet sind und zur Selbstregulation führen.

Im zweiten Teil des Buches geht es darum, den »Code zu knacken«, der sich hinter einigen typischen Verhaltensweisen von

Kleinkindern verbirgt, und damit die Gelegenheit zu nutzen, ein solides Fundament für den späteren Lebenserfolg zu errichten. Die praktischen Ratschläge (in der Rubrik »Was Sie tun können«) zielen auf die Lösung von Alltagsproblemen ab, mit denen Eltern von Kleinkindern häufig konfrontiert werden. Sie lernen beispielsweise, Wutausbrüche, Schlaf- und Essprobleme, Schwierigkeiten beim Toilettentraining oder beim Spielen mit Gleichaltrigen mithilfe des kindorientierten Erziehungsansatzes zu entschlüsseln. Er trägt dazu bei, dass Ihr Kind gute Gewohnheiten und Fähigkeiten entwickelt, die ihm nicht nur jetzt, sondern auch in Zukunft nützlich sein werden.

Am Ende des Buches finden Sie 15 Strategien für eine erfolgreiche Erziehung, die Sie fest in der Realität verankern, während Sie Ihr Kind durch die Kleinkindphase und darüber hinaus begleiten. Sie fassen alle Lektionen, Tipps und Beispiele noch einmal in Kurzform zusammen. Sie stellen das Endergebnis meiner mehr als 20-jährigen Zusammenarbeit mit Kleinkindern und ihren Familien dar.

Im ersten und zweiten Teil des Buches finden Sie viele Fallbeispiele, die Sie anregen sollen, über Ihr eigenes Kind (oder Ihre Kinder) nachzudenken. Machen Sie sich bewusst, dass Kinder in diesem Alter besonders robust, einfühlsam, dynamisch, bezaubernd, kraftstrotzend, neugierig, liebevoll, oftmals wütend und immer faszinierend sind. Aber sie sind auch anstrengend, stellen eine echte Herausforderung dar. Wenn Sie diese Entwicklungsphase gut in den Griff bekommen, werden die nachfolgenden Jahre für alle Beteiligten harmonischer verlaufen. Gleichzeitig sorgen Sie für ein stabiles Fundament, auf dem Ihr Kind dank Ihrer Unterstützung und liebevollen Fürsorge ein Leben lang aufbauen kann – geistig, emotional, sozial und körperlich. Denn Sie bieten ihm die Chance, der Mensch zu werden, der in ihm angelegt ist. Eine der größten Schwierigkeiten für Eltern besteht darin, einen Schritt zurückzutreten, ihre Kinder so zu sehen, wie sie wirklich sind, zu ergründen, wie sie die Welt wahrnehmen (völlig anders als Erwachsene), und sich bewusst zu machen, dass ihre Aufgabe darin besteht, ihnen Orientierungshilfen und Unterstützung bei der Entwicklung ihres individuellen Potenzials zu bieten, damit sie im Leben glücklich, einfallsreich, belastbar, selbstbestimmt, fürsorglich und, ja, erfolgreich werden.

Teil I

Die neuronalen Grundlagen der frühkindlichen Entwicklung

Was Kinder wirklich zu ihrem Verhalten motiviert

Wenn wir uns bewusst machen, was im Kopf und Gehirn von Kleinkindern vor sich geht, und wenn wir hinter die Fassade ihres oftmals widersprüchlichen Verhaltens blicken, erkennen wir, wie besonders, wunderbar, hilfsbedürftig und verletzlich sie in dieser turbulenten Phase sind. Sie haben damit zu kämpfen, einige der wichtigsten Fähigkeiten und Fertigkeiten ihres Lebens zu erwerben. Wenn wir ihnen dabei helfen, die richtigen Voraussetzungen zu schaffen, stellen wir die Weichen für Zielbewusstsein, Glück, Erfüllung und Erfolg in allen Lebensbereichen.

Im ersten Teil des Buches finden Sie eine anschauliche Beschreibung der Entwicklungsschritte des Gehirns im Kleinkindalter, der damit verbundenen Herausforderungen, Erklärungen für ihr Verhalten in bestimmten Situationen und praktische Tipps, die es uns erleichtern, die Welt aus ihrer Perspektive zu betrachten. Dies ermöglicht es, die Kinder mit Liebe und Unterstützung anzuleiten, statt sie mit Kontrolle und übertriebenem Kleinkram einzuschränken, was letztlich nur Schamgefühle auslöst.

1
Der Weg zu einem gedeihlichen Wachstum Ihres Kindes

Selbstregulation und der Schlüssel zu einem erfüllten Leben

Warum bringen Kleinkinder ihre Eltern bisweilen schier um den Verstand?

Maja, gerade drei Jahre alt geworden, teilte ihrer Mutter mit, sie sei jetzt groß. Sie benötigte keine Windeln mehr und war unlängst in ein Bett »für große Mädchen« umgezogen. Am Montag nach der Geburtstagsparty verkündete sie beim Aufwachen überschwänglich: »Ich kann mich alleine anziehen!« Im Gegensatz zu früher, wo es ständig Machtkämpfe gab, bis sie sich anziehen ließ oder auch nur die Kleidungsstücke ausgewählt hatte, die ihr gefielen, war sie nun bereit, die Aufgabe selbst zu übernehmen. »Geh weg, Mami, ich will dich überraschen.« Maja suchte ihre gesamte Garderobe heraus und zog sich an: T-Shirt, kurze Hosen, Socken, und sie dachte sogar an ihre Haarspangen. Stolz präsentierte sie den Erfolg ihrer Familie und setzte sich zum Frühstück an den Tisch, ganz ohne das übliche Theater am Morgen.

Ihre Mutter war begeistert und sicher, dass sie die Trotzphase endlich überstanden hatten. Maja plapperte fröhlich drauflos, dann packte sie ein paar Spielsachen in ihren Rucksack, bereit für den Aufbruch. Aber es blieb noch viel Zeit bis zum Beginn des Kindergartens. Die Mutter schlug vor, ihr etwas vorzulesen. Maja wählte bereitwillig ein Buch aus und nahm auf dem Schoß ihrer Mutter Platz. Sie genossen den Augenblick zu zweit, die Ruhe und Nähe. Beim Durchblättern der Seiten stießen sie auf die Abbildung eines Kindes, das ein rosafarbenes Eis aß. Die Mutter las den Text vor.

Maja sprang auf. »Ich will auch ein Eis!«, erklärte sie und marschierte in Richtung Küche. Die Mutter erklärte ihr geduldig, dass es bei ihnen nicht üblich sei, am frühen Morgen Eis zu essen, und abgesehen davon sei kein Eis im Haus. Binnen Sekunden warf sich Maja ohne Vorwarnung zu Boden, beharrte auf ihrer Forderung, inzwischen wie am Spieß brüllend und völlig untröstlich, weil man ihr das rosafarbene Eis aus dem Bilderbuch vorenthielt.

Ihre Mutter erklärte ihr erneut, dass kein Eis im Haus war, versprach aber, Schokoladeneis (Majas Lieblingssorte) im Supermarkt zu kaufen, während sie im Kindergarten war. »Neiiiiiiiiiiiin!«, kreischte Maja. »Ich will rosa Eis, rosa Eis, jetzt!« Ihre Mutter fühlte sich hilflos und frustriert, als sie versuchte, die noch immer am Boden liegende, wild um sich schlagende Maja in die Jacke zu zwängen und zur Tür hinauszubugsieren, um in den Kindergarten zu fahren.

»Was ist bloß passiert?«, überlegte sie verzweifelt. »Vor fünf Minuten war die Welt doch noch in Ordnung, sie hat sich alleine angezogen, und gleich darauf benimmt sie sich wieder so unvernünftig und fordernd wie ein Baby.«

Das widersprüchliche Verhalten von Kleinkindern: Was in ihren Köpfen vorgeht

Kleinkinder: Mal lieben sie uns, mal hassen sie uns.

In der einen Minute scheinen sie sich sorglos, sicher und geborgen zu fühlen, beschäftigen sich alleine und mit viel Selbstvertrauen, und in der nächsten haben sie Angst vor ihrem eigenen Schatten und klammern sich an Mamas Rockzipfel.

In der einen Minute handeln und kommunizieren sie völlig vernünftig, nur um gleich darauf wild loszuschreien, weil wir ihre

Scheibe Brot »nicht richtig« in leichter zu handhabende Stücke geschnitten haben.

Sie weichen uns den ganzen Tag nicht von der Seite, scheinbar hilflos und vollkommen abhängig, und erteilen uns am nächsten Tag eine lautstarke Abfuhr, um auf ihre Eigenständigkeit hinzuweisen: »Nein! Kann ich alleine!«

In der einen Minute verhalten sie sich wie große Kinder, essen ohne Hilfestellung, ziehen sich alleine an, sind höflich und nett, und in der nächsten gleichen sie wieder Neugeborenen, unfähig, auch nur das Geringste selbst zu tun.

Sie lachen und freuen sich wie die Schneekönige, um im nächsten Moment mit Quengeln und einem ausgewachsenen Wutausbruch auf ein einfaches »Nein« zu reagieren.

Sie wissen, was ich meine. Das Verhalten von Kleinkindern ist oft widersprüchlich: Sie scheinen aus keinem ersichtlichen Grund von einem Extrem ins andere zu fallen, oder zumindest kommt es uns Erwachsenen so vor. Ein solches Auf und Ab ist rätselhaft, verwirrend und rundweg eine Herausforderung. Warum sind die Stimmungen und Reaktionen in diesem Alter so schwankend und schwer vorhersehbar? Wie können wir unsere Kinder von ganzem Herzen lieben, uns aber angesichts ihres Verhaltens, das uns den letzten Nerv raubt, so völlig machtlos fühlen? Diese Fragen lassen sich leichter beantworten, wenn wir einen kurzen Blick auf die Vorgänge im Gehirn von Kleinkindern werfen und verstehen, wie sie ticken.

Die zweijährige Tanja war ein ruhiges, umsichtiges Kind. Nach der Ankunft im Kinderzentrum ließ sie sich jedes Mal Zeit für die Entscheidung, womit sie sich an diesem Tag beschäftigen wollte, und mied die Nähe von Kindern, die Tobereien veranstalteten. Ich beriet ihre Eltern, die ihr helfen wollten, sich ihre physischen Fähigkeiten bewusst zu machen und ihre Angst vor Aktivitäten mit Körperkontakt abzubauen. Gegen Ende des ersten Jahres ließ die Angst merklich nach.

Als sie dreieinhalb war, kamen die Eltern abermals zu mir. Sie waren verwirrt. Tanja war nach ihrer Beschreibung immer »ein sanftes, kleines Mädchen« gewesen, das mit allen gut auskam, doch nun konnte sie bisweilen ziemlich »ausfallend« werden. Sie verstanden nicht, warum sie sich so verändert hatte. Im Kindergarten hatte sie mehr Selbstvertrauen entwickelt, war kontaktfreudiger geworden und schloss leicht Freundschaften. Sie wurde immer selbstständiger, probierte vieles alleine aus. Sie hatte weniger Angst, Fehler zu machen. Die Eltern waren sichtlich stolz auf diese Eigenschaften. Dann beschrieb die Mutter, was sich unlängst ereignet hatte:

»In unserem Haus gibt es einen Fahrstuhl, wo Tanja einmal von einer Mitbewohnerin nach ihrem Namen gefragt wurde. Statt zu antworten, versteckte sich Tanja hinter meinem Rücken und brüllte: ›Ich kann dich nicht leiden. Halt die Klappe!‹ Wenn wir die Frau jetzt im Fahrstuhl treffen, wartet Tanja nicht einmal mehr, bis sie von ihr angesprochen wird. Sie brüllt sofort los: ›Ich kann dich nicht leiden, hau ab!‹ Es ist mir total peinlich.«

Klingt nach rüdem Verhalten? Aus der Sicht eines Erwachsenen schon, aber Tanja wollte mit Sicherheit nicht rüde sein. Sie reagierte wie jemand, der sich in einem überfüllten Fahrstuhl von Menschen, die ihn an Körpergröße überragen, in die Enge gedrängt fühlt. Vielleicht machte ihr die unbekannte Frau Angst, vielleicht war sie aber auch verunsichert oder hatte das Gefühl, auf dem Präsentierteller zu sitzen. Das könnte ihr Bedürfnis erklären, nicht auf die Kommunikationsaufforderung einzugehen, sondern ein für alle Mal einen Schlussstrich unter die leidige Situation zu ziehen.

Ich habe immer wieder beobachtet, dass sich wohlmeinende Eltern bemüßigt fühlen, das »schlechte« Benehmen ihrer Kinder durch Kontroll- oder Erziehungsmaßnahmen abzustellen, ohne das zugrunde liegende Bedürfnis wahrzunehmen. Der Grund für diese Reaktion ist mir klar. Die tatsächlichen Bedürfnisse des Kindes können schwer zu entschlüsseln sein. Kleinkinder kommunizieren »um sieben Ecken«.

Was sie durch ihr konfuses, sprunghaftes Verhalten zum Ausdruck bringen wollen, ist eigentlich ziemlich offensichtlich: Manchmal glauben sie, die große, weite Welt, deren Teil sie gerade geworden sind, kontrollieren zu können. Sind erpicht darauf, sie zu erforschen und kennenzulernen. Doch dann überfordert sie diese Welt mit ihren zahllosen neuen Eindrücken, was Gefühle wie Wut, Besorgnis, Angst oder das Bedürfnis nach Zuwendung auslösen kann. Manchmal putzen sie sich widerspruchslos die Zähne und gehen ins Bett, wie Mama oder Papa verlangen. Zu anderen Zeiten empfinden sie die Aufforderung, ihr Spielzeug wegzuräumen oder das Wohnzimmer zu verlassen, in dem die Eltern gemütlich vor dem Fernseher sitzen, als Verbannung aus der Familiengemeinschaft. Ins Bett gehen und ganz alleine in dem dunklen, Furcht einflößenden Kinderzimmer bleiben – ohne euch? Soll das ein Witz sein?

Kinder sind keine Erwachsenen im Kleinen. Sie sind anders gepolt. Sie haben ein anderes Verständnis von der Welt. Kleinkinder denken nicht planvoll voraus. Das können sie gar nicht. Ihr Leben ist unauflöslich mit dem gegenwärtigen Augenblick verknüpft, sie denken nur an ihr eigenes Wohl und den Wunsch, sicher und geborgen, geliebt und umsorgt, aber gleichzeitig unabhängig zu sein.

Das gilt auch in Situationen, in denen sie wie Erwachsene zu handeln scheinen. Wenn sie beispielsweise patzige Antworten geben. Wenn sie uns kalt abfertigen oder plötzlich ihre eigene Meinung haben, was sie essen oder anziehen wollen. Das sind Verhaltensweisen, auf die sich Eltern oft keinen Reim machen können. Sie bemühen sich, die geäußerten Bedürfnisse oder Wünsche zu erfüllen, aber diese Äußerungen sind nicht immer identisch mit den wahren, tiefer verwurzelten Bedürfnissen, die sich dahinter verbergen. Deshalb ist es wichtig, den kryptischen Kleinkind-Code zu entschlüsseln und Ihrem Kind zu helfen, die Welt auf seine eigene Weise in den Griff zu bekommen – nicht durch Verhaltenskontrolle, sondern durch liebevolle Anleitung.

Viele Eltern, die meinen Rat suchen, beginnen das Gespräch mit irgendeiner Variante der Frage: »Was ist nur aus meinem zuckersüßen kleinen Schätzchen geworden?«

Welche Veränderungen finden also beim Übergang vom Säuglings- zum Kleinkindalter statt?

Wenn Kinder das Säuglingsalter hinter sich lassen, werden sie mobiler, sprechen und geben Widerworte, wollen plötzlich ihren eigenen Willen durchsetzen und sperren sich bisweilen gegen Forderungen wie Essen, Mittagsschlaf und Bad. Sie haben ihren eigenen Kopf, und wenn sie etwas wollen, dann *sofort*! Unsere wunderbaren, heiß geliebten Babys, die voll und ganz auf uns angewiesen waren, haben sich über Nacht in quengelnde, fordernde, wenngleich immer noch heiß geliebte Nervensägen verwandelt. Wer sind diese kleinen Monster, die uns nach wie vor bezaubern, aber gleichzeitig das Fürchten lehren? Die uns brauchen und uns im gleichen Atemzug die kalte Schulter zeigen? Die sich nicht auf Ablenkungsmanöver einlassen, sondern ihrem unaufhaltsamen inneren Drang folgen, die Welt, die sie umgibt, mit Augen, Füßen, Händen, Nase, Ohren und sogar mit der Zunge zu erforschen?

Wenn Kinder sich nicht so verhalten, wie wir es wünschen, wenn sie Szenen machen oder unsere Anweisungen ignorieren, greifen wir zu bestimmten Taktiken: Wir bestehen darauf, dass sie sich an unsere Spielregeln halten, brav sind, sich anständig benehmen. Wir drängen, betteln und bestechen sie mit der Aussicht auf eine Belohnung. Wir beten und hoffen, dass sie sich ein Beispiel an uns nehmen und unserem vorbildlichen Verhalten nacheifern. Manchmal sehen wir keinen anderen Ausweg mehr, als mit Strafen zu drohen. Oder wir werden laut. Wenn uns das Kind den letzten Nerv raubt, können wir es, wenn wir Glück haben, an den Partner, einen Babysitter, eine Erzieherin oder eine andere Bezugsperson weiterreichen und den Ort des Geschehens verlassen, bevor die Situation eskaliert. Doch dann läuft der kleine Trotzkopf, dem wir noch vor einer Minute völlig gleichgültig waren, plötzlich vor Wut und Frustration blau an. Mama oder Papa können doch nicht einfach weggehen! Sie werden schließlich noch gebraucht! *Komm wiiiiiiieder!*

Solche Szenarien sind Ihnen vermutlich bestens vertraut. Kleinkinder zu erziehen fühlt sich bisweilen an wie ein Kampf auf verlorenem Posten. Die meisten Eltern haben schon einmal eine Situation erlebt, in der sie mit ihrem Latein am Ende waren. Und vielleicht nicht nur einmal. Doch es geht auch anders. Ob Sie es glauben oder nicht: Das Zusammenleben mit einem Kleinkind kann harmonisch, ein Genuss, ein Vergnügen sein. Das Problem ist, dass der Wunsch, unseren Kindern dabei zu helfen, glücklich zu werden und sie für das Leben zu rüsten, nicht ausreicht. Wir ebnen ihnen den Weg nicht, wenn wir versuchen, sie in eine Schablone zu pressen oder zu zwingen, sich zu verbiegen, um unseren Vorstellungen zu entsprechen. Es gibt keine Zauberformel, die Kinder in glückliche, erfolgreiche Erwachsene verwandelt. Doch wenn wir lernen, sowohl die positiven als auch die negativen Ausdrucksformen ihrer Persönlichkeit zu akzeptieren – wenn wir uns bewusst machen, dass die rasante Entwicklung, das sich formende Selbstgefühl und die Wachstumsprozesse im Gehirn die Antriebskraft für diese dramatischen Berg- und Talfahrten des Verhaltens darstellen –, dann ergibt plötzlich alles mehr Sinn. Dann gelingt es uns, auf eine vorschnelle Beurteilung des Verhaltens zu verzichten und zu verstehen, was uns das Kind tatsächlich zu sagen versucht. Und wenn wir wissen, worauf es uns aufmerksam machen möchte, werden die Reaktionen wesentlich klarer.

Das Wachstum des Gehirns im Kleinkindalter: Ein interaktiver, dynamischer, variabler Prozess

So frustrierend diese Sprunghaftigkeit auch sein mag, solche turbulenten Situationen bieten eine hervorragende Gelegenheit, uns in Kleinkinder hineinzuversetzen, um ihre Gedanken und Gefühle zu begreifen und die Vorgänge im Gehirn nachzuvollziehen. Wir können diese scheinbar widersprüchlichen Verhaltensweisen nutzen, um zu ergründen, wie sie die Welt wahrnehmen und erfahren. Wenn wir die Welt aus ihrer Perspektive betrachten, erhalten wir Aufschluss über ihre Persönlichkeitsstruktur und ihre Bedürfnisse, was uns wiederum ermöglicht, ihnen gelassener und wirksamer Orientierungshilfen mit auf den Weg zu geben.

> Die Interaktionen in der Kleinkindphase haben prägenden Einfluss auf die spätere Entwicklung. Wird in diesem Alter eine tragfähige Lebensgrundlage geschaffen, können Sie jeden weiteren Schritt darauf aufbauen. Wird das Fundament in dieser wichtigen Phase geschwächt, machen sich die Folgen in den kommenden Jahren zwangsläufig bemerkbar.

In diesen Jahren entwickeln Kleinkinder ihre eigene Persönlichkeitsstruktur, getrennt von den Eltern. Dieser emotional mühevolle Prozess macht sie unsicher, er ist anstrengend und spannend zugleich und geht mit riesigen Lern- und Wachstumssprüngen einher. Wie wir gesehen haben, spiegelt das Verhalten diese explosive Periode der Entwicklung und Veränderung. Der heimliche Drahtzieher dieses Verhaltens ist das Gehirn – das formbar, verletzlich, dynamisch und äußerst empfänglich für Einflussfaktoren der Außenwelt ist.

Das Gehirn des Kleinkinds ist nicht durch irgendeinen genetischen Code festgelegt, der allein über seine Identität und sein Verhalten entscheidet. Alle Aspekte der kindlichen Entwicklung – physische, emotionale, soziale und kognitive – sind ein Ergebnis des dynamischen Zusammenspiels zwischen der Biologie und den erblich vorgegebenen Dispositionen des Kindes (beispielsweise das Temperament) und den individuellen Erfahrungen (einschließlich der Interaktionen mit Eltern, Betreuern und Geschwistern, aber auch Ernährung, Stimulationsmöglichkeiten und Schutz vor Stress). Wann genau ein Kind anfängt, seine Identität und das damit verbundene Potenzial zu entwickeln, ist genauso ungewiss wie die Prognose, wer irgendwann einmal Staatschef, Nobelpreisträger oder Olympiateilnehmer werden könnte. Nur eines ist sicher: Das Gehirn kann sich nicht optimal entwickeln, wenn das Kind ständig unter Stress steht, wenn es sich nicht sicher und geborgen fühlt oder wenn es ihm an der Freiheit, an Unterstützung und den Grenzen mangelt, die unerlässlich sind, um den langen Prozess der Ablösung und Individuation zu beginnen. Sicherheit, Geborgenheit, Freiheit und Grenzen sind unabdingbare Elemente einer gesunden Entwicklung, sowohl des Gehirns als auch der Persönlichkeit.

Natürlich wünschen sich alle Eltern optimale Wachstums- und Entwicklungsmöglichkeiten für ihr Kind. Deshalb sind Psychologen und Pädagogen seit jeher darum bemüht, einen Blick auf die geistige Entwicklung von Kleinkindern zu werfen, ihr Verhalten zu beobachten und Ähnlichkeiten und Unterschiede zu analysieren. Gestützt auf diese wissenschaftlichen Studien und Beobachtungen haben die Theoretiker zu definieren versucht, wie die Kinder in der Regel wachsen und sich entwickeln – als könnte man daraus Durchschnittswerte oder allgemeingültige Kenngrößen ableiten. Diese Denkweise erinnert an die alten Debatten über die Frage, was für die Entwicklung wichtiger ist: Anlage oder Umwelt. Jahrzehntelange Forschung und Tausende von Studien belegen, dass eine Kombination aus beidem den Menschen zu dem macht, was er ist. Aktuelle Ergebnisse auf dem Gebiet der Hirnforschung bestätigen, dass es dabei nicht um Anlage *versus* Umwelt, sondern um Anlage *plus* Umwelt geht.

Ein Teil der Persönlichkeit des Kindes ist angeboren, beispielsweise das Temperament. Es bestimmt unter anderem, wie intensiv es emotional reagiert, wie empfänglich es für Lärm oder andere Ablenkungen ist, wie aktiv es ist, wie gut es sich konzentrieren kann und wie es mit unbekannten Menschen oder Situationen umgeht. Diese angeborenen Eigenschaften werden als Konstitution oder Disposition des Kindes beschrieben, die ich als ganz persönliche Herangehensweise an die Welt betrachte. Doch sie stellen nur ein Element der kindlichen Entwicklung dar. Angeboren bedeutet keinesfalls, auf Gedeih und Verderb einem vorgezeichneten Schicksal ausgeliefert zu sein. Angeborene Eigenschaften oder Neigungen werden vielmehr im Zusammenspiel mit den Lebenserfahrungen des Kindes geschmiedet und geprägt.

Es ist auch nicht so, dass sich jedes Kind in gleicher Weise und im gleichen Tempo entwickelt. Wie Entwicklungspsychologen seit Langem wissen und Neurowissenschaftler anhand aktueller Hirnforschungsergebnisse bestätigen, wird die kindliche Entwicklung durch viele verschiedene Faktoren beeinflusst. Ginge es dabei ausschließlich um die genetische Anordnung und Verdrahtung, würde die Entwicklung von Kindern sowohl im Allgemeinen als auch im Besonderen einem Muster mit bemerkenswerten Übereinstimmungen folgen. Doch nicht einmal in ein und derselben Familie gibt es zwei Kinder, die sich aufs Haar gleichen, wie auch meine Söhne bestätigen können. Jedes Kind hat seine eigenen einzigartigen Bedürfnisse, die wiederum unterschiedliche Reaktionen von uns fordern. Was sie alle gemein haben, ist der Wunsch nach Eltern, die auf ihre spezifischen Bedürfnisse eingehen, fortwährend Anleitung und Halt bieten und ihre Freuden teilen.

Mit anderen Worten: Der Versuch, Meilensteine der Entwicklung oder Fähigkeiten als »normal« oder »typisch« zu beschreiben, bleibt nutzlos, denn das Spektrum erweist sich als zu groß. Nehmen wir das Thema Laufen. Kinderärzte betrachten es als normalen Zeitrahmen, dass Kinder zwischen dem neunten und dem 16. Monat zu laufen beginnen. Das ist ein beträchtlicher Spielraum für die Entwicklung einer Grundfähigkeit. Ähnlich variabel ist, was im Einzelfall als »normal« gilt. Ein Kind, das mit zehn Monaten bereits zahlreiche Wörter beherrscht und bald darauf ganze Sätze bildet, beginnt vielleicht erst mit einem Jahr zu krabbeln und macht mit 17 Monaten die ersten Schritte. Abweichungen von der Norm sind nicht die Ausnahme, sondern die Regel.

Der wichtigste Kontext für die Wachstums- und Entwicklungsprozesse im Gehirn des Kleinkinds ist zweifellos die Beziehung zu den Eltern oder anderen primären Bezugspersonen. Hirnstudien belegen, dass die Auswirkungen der positiven oder negativen elterlichen Fürsorge während der frühen Kindheit bis zur Adoleszenz und darüber hinaus andauern: Wenn ein Kind in dieser Entwicklungsphase vernachlässigt wird oder in einem Umfeld mit chronisch hohem Stressfaktor aufwächst (beispielsweise mit emotionaler Belastung durch ein Leben in Armut oder mit physischer Belastung durch Misshandlung/Missbrauch), beeinflusst diese Erfahrung das Gehirn auf Lebenszeit.

Bekannt ist auch, dass Nahrung und Grundfürsorge nicht ausreichen. Wie Bindungsstudien klar belegen, brauchen Kinder liebevolle Zuwendung und Körperkontakt. Der noch recht junge und rasch expandierende Bereich der Hirnforschung bestätigt und erweitert diese Erkenntnisse. Er unterstreicht die zentrale Bedeutung der Interaktionen mit den frühen primären Bezugspersonen für eine gesunde Entwicklung des Kindes auf der kognitiven, emotionalen und sozialen Ebene und weist auf die Schäden und langfristigen Folgen hin, wenn eine positive Bindung zwischen Bezugsperson und Kind fehlt. Diese Grundbedürfnisse nach Liebe, Zuwendung und Fürsorge müssen erfüllt sein, damit ein gedeihliches Wachstum möglich wird. Bleiben sie unerfüllt, schlägt die Entwicklung der Gehirnarchitektur einen anderen Weg ein, der ein Kind unter Umständen der Fähigkeit beraubt, sein Wachstums- und Lernpotenzial im Verlauf des Lebens voll auszuschöpfen.

Unter dem Strich bedeutet das: Die frühkindlichen Erfahrungen und Beziehungen zu den primären Bezugspersonen haben prägenden Einfluss auf die Entwicklung. Die meisten Eltern sind sich dessen bewusst. Weit weniger klar ist in dieser turbulenten Phase, *wie* die Interaktionen mit Kleinkindern beschaffen sein sollten. Wie lassen wir ihnen die Liebe und Zuwendung zukommen, die sie brauchen? Wie können wir ihnen helfen, sich verstanden zu fühlen, und gleichzeitig Grenzen setzen, um Strukturen zu errichten, die ihnen beim Navigieren durch diese schwierige Entwicklungsphase als Orientierungspunkte dienen? Die Antwort auf diese wichtigen Fragen lautet: mit Ausgewogenheit – mit einem ausgewogenen Verhältnis zwischen Freiräumen, um die Welt auf eigene Faust zu erkunden, und Grenzen, die das Zurechtfinden in dieser Welt erleichtern. Ein Übermaß an Kontrolle kann Schäden anrichten, die weit über das Kleinkindalter hinausgehen. Doch das gilt auch für das Gegenteil: eine gesetzesfreie Zone, in der es keine Regeln und Grenzen gibt. Wenn Sie die Welt aus der Perspektive Ihres Kindes betrachten, wird es leichter, seine individuellen Bedürfnisse zu erkennen, passgenau zu reagieren und ein optimales Gleichgewicht herzustellen.

Im Kleinkindalter wird das Fundament errichtet, das für ein erfülltes, zielbewusstes und gelungenes Leben unerlässlich ist. Doch dieser Prozess verläuft nicht immer glatt, wie Eltern und andere Bezugspersonen aus eigener Erfahrung wissen.

Das A und O ist die Selbstregulation

Kleinkinder ringen mit zahlreichen neuen und komplexen Gefühlen und Empfindungen (Wut, Angst, Besorgnis, Traurigkeit, Euphorie, Stolz, Scham), und jeden Tag werden durch Sinneswahrnehmungen, Sprache und Spiel neue neuronale Verbindungen geknüpft. Oft wissen die Kinder nicht, wie sie mit all diesen neuen Informationen und Reizen umgehen sollen. Ihre Gedanken, Gefühle und Reaktionen setzen ihnen gewaltig zu. Kein Wunder, dass sie angesichts dessen völlig ausrasten, sich hysterisch auf den Boden werfen oder binnen Sekunden von einem Extrem ins andere fallen und zwischen Freude, Wut und Traurigkeit hin und her pendeln. Sie sind außerstande, die heftigen emotionalen Schwankungen zu kontrollieren, die der Ansturm der neuen Informationen in ihnen auslöst. Das ist alles völlig normal.

Wenngleich langsam und schmerzlich, entwickeln Kinder in diesem Alter auch eine Reihe emotionaler und kognitiver Fähigkeiten oder Prozesse, die man unter dem Oberbegriff Selbstregulation zusammenfassen könnte. Sie kennen ihn vielleicht aus den Medien. Entwicklungspsychologen beschäftigen sich damit schon seit Jahrzehnten. Neurowissenschaftler nehmen ihn nun seit geraumer Zeit ebenfalls genauer unter die Lupe. Dass ihm so viel Aufmerksamkeit zuteil wird, hat seinen Grund. Die Selbstregulation befähigt ein Kind, intensive Gedanken und Gefühle in den Griff zu bekommen, Ausdauer bei der Verrichtung einer Aufgabe zu entwickeln, Enttäuschungen zu überwinden, Probleme zu lösen, Ratschläge oder Anweisungen von Eltern oder Betreuern zu beherzigen, Freundschaften zu schließen, den Alltagsstress zu verkraften und die entsprechenden Steuermechanismen oder Strategien zu entwickeln. Die Selbstregulation beinhaltet eine Mischung aus sozialen, emotionalen und kognitiven Fähigkeiten – auch Lebenskompetenzen genannt –, die Kindern das Rüstzeug an die Hand gibt, die Innenwelt der Gedanken und Gefühle und die Außenwelt, die sie umgibt, gleichermaßen zu steuern. Diese Fähigkeiten der Selbstregulation sind eng mit einem lebenslangen Erfolg in Bereichen wie Lernen, physische und mentale Gesundheit, persönliche Beziehungen und der Lebensqualität generell verbunden. Sie gehören zu den Kernaspekten der sogenannten exekutiven Funktionen, mit denen Menschen ihr Verhalten unter Berücksichtigung der Umweltbedingungen steuern. Und obwohl Kleinkinder diese Fähigkeiten nicht auf Anhieb erwerben und selbst in späteren Lebensjahren (gegen Ende der Adoleszenz) nicht immer vollständig beherrschen, bietet diese Phase hinreichend Gelegenheit, die entsprechende Basis zu legen.

Diese Lebenskompetenzen befähigen ein Kind, aus eigener Kraft zur Ruhe zu kommen, seine Bedürfnisse zu äußern und das Gefühl der Sicherheit und Geborgenheit auch in Zeiten des Umbruchs und der Veränderungen weitgehend zu bewahren (siehe Kapitel 7). Sie sind von entscheidender Bedeutung, wenn das

Kind älter wird. Sie ermöglichen ihm, gute Entscheidungen zu treffen, schwierige Situationen zu meistern, die Aufmerksamkeit zu fokussieren, Probleme zu lösen und unannehmbaren Handlungsimpulsen zu widerstehen (beispielsweise jemanden vor Wut zu schlagen oder nach Lust und Laune mit Spielzeug um sich zu werfen).

Was die Entwicklung dieser wichtigen Selbstregulations-Fähigkeiten betrifft, haben sich zwei Theorien durchgesetzt. Erstens: Das Gehirn ist darauf programmiert, wenn die Rahmenbedingungen stimmen. Und zweitens: Eltern, Bezugspersonen, ErzieherInnen und andere Betreuer tragen durch eigenes Vorbild, Anleitung, Ermutigung, Unterstützung und das entsprechende Grundgerüst zur Entwicklung bei. Die Entwicklung dieser Selbstregulations-Fähigkeiten bedarf einiger Übung im Laufe der Zeit und viel elterlicher Anleitung. Anders ausgedrückt: Eltern spielen in diesem Lernprozess eine wesentliche Rolle.

Selbstregulationsprozesse im Gehirn

Werfen wir zuerst einen Blick auf die Vorgänge im Gehirn. Wenn Kinder das Babyalter hinter sich lassen, beginnt die Entwicklung der Strukturen, die lebenswichtige Funktionen steuern. Die Neurowissenschaft, eine neue und mit jedem Jahr wachsende Disziplin, ist noch weit davon entfernt, dieses Entwicklungsstadium des Gehirns in seiner Gesamtheit zu verstehen. Dennoch sind bereits einige der grundlegenden Elemente bekannt, die dazu beitragen, dass die Kleinkindphase entscheidend für ein erfülltes und gelingendes Leben ist und gleichzeitig eine Herausforderung für Eltern und andere betreuende Bezugspersonen darstellen kann.

Es gibt drei »Steuerzentren« im Gehirn, die miteinander vernetzt, aber dennoch verschieden sind. Im unteren Teil befindet sich der Bereich, der für die Atmung, den Herzschlag und andere automatische Funktionen zuständig ist: die Impulse, die uns am Leben halten. Im mittleren Bereich ist das emotionale Zentrum verortet. Alle Gefühle und Erfahrungen passieren diese Schaltstelle, bevor sie zur höchsten Ebene des Gehirns weitergeleitet werden, die uns zum Denken befähigt: zur Großhirnrinde, dem Kortex. Die beiden unteren Areale werden wesentlich früher und vollständiger vernetzt als der Kortex. Dort feuern die Neuronen auch schneller. Jeder Mensch nimmt also zuerst Gefühle und Empfindungen wahr, lange bevor der Denkprozess einsetzt.

Bei Kleinkindern hat diese Zeitverzögerung noch dramatischere Auswirkung. Sie bekommen oft die volle Wucht einer emotionalen Reaktion zu spüren, ohne in der Lage zu sein, durch rationale Überlegungen eine Lösung zu finden. In diesem Alter werden die Verbindungen zwischen der höheren Ebene des Gehirns und den emotionalen Zentren erst geschaffen. Dieser Lern- und Vernetzungsprozess ist der wichtigste in der Entwicklung des Gehirns von Kleinkindern. Doch es dauert (viele!) Jahre, bis alle Verbindungen hergestellt und automatisiert sind. Das Netzwerk wird im Lauf zahlreicher Lebenserfahrungen immer weiter ausgedehnt. Die Verbindung zwischen Denken und Fühlen wird jeden Tag in Hunderten von scheinbar unbedeutenden Interaktionen Ihres Kindes mit Ihnen oder seinen wichtigen Bezugspersonen gefestigt. Jedes Mal, wenn Sie Ihr Kind trösten oder einen bestimmten Handlungsablauf mit ihm einüben, tragen Sie dazu bei, diese Schaltstellen auszubauen.

Eltern möchten diesen Entwicklungsprozess am liebsten beschleunigen und freuen sich auf ruhigere Zeiten. Doch Lernen braucht nun einmal seine Zeit. Haben Sie sich jemals gefragt, warum Sie bei Routineverrichtungen jeden Tag, vielleicht sogar mehrmals, dieselbe Litanei herunterbeten müssen (»Erst die Strümpfe, dann die Schuhe«)? Das liegt daran, dass besagte Verbindungen im Gehirn zwar im Entstehen begriffen, aber noch nicht voll funktionsfähig sind. Erinnern Sie sich daran, wie Sie sich das letzte Mal komplexe Abläufe eingeprägt haben (Golf, Stricken, ein Soufflé zubereiten)? Es waren mit Sicherheit mehrere, unter Umständen sogar etliche Versuche erforderlich, bis Sie den Bogen raus hatten. Und an manchen Tagen scheint Ihnen diese Fähigkeit plötzlich abhandengekommen zu sein (wie konnte der Ball nur in dieser Sandgrube landen, nach so vielen Stunden auf dem Golfplatz?).

Das gilt auch für Kleinkinder. Sie müssen eine Situation wieder und wieder (und nochmals!) erleben, um sie zu meistern, vor allem wenn es um ein so schwieriges Unterfangen wie das Steuern intensiver Gefühle geht. Viele Übungen und Wiederholungen sind notwendig. Jedes Mal, wenn Sie Ihr Kind beruhigen (»Das war wirklich erschreckend. So ein lautes Geräusch! Aber keine Angst, ich bin bei dir.«) oder wenn Sie es anspornen, sich in Geduld zu üben, und auf seine Gefühle eingehen (»Du ärgerst dich, weil das Puzzleteil nicht passt. Versuch es noch mal, bestimmt findest du das richtige.«), entstehen in seinem Gehirn Verbindungen zwischen Gedanken, Gefühlen und Beruhigung. Nach Hunderten oder Tausenden solcher Versuche beginnt Ihr Kind, diesen Prozess zu verinnerlichen. Es sagt sich: »Das ist schwer, aber ich schaffe das!« Oder: »Das macht mir Angst, aber alles wird gut.« Kinder lernen im Lauf der Zeit, ihre Gedanken und Worte zu nutzen, um auf der Grundlage zahlreicher Interaktionen mit Ihnen ihre Gefühle zu steuern und ihr Verhalten zu organisieren. (»Wenn ich jemanden schlage, tue ich ihm weh. Stattdessen kann ich ja mit meinem Spielzeughammer auf einen Nagel einschlagen.«) Diese Fähigkeit, starke Gefühle in den Griff zu bekommen und Verhalten in gesellschaftlich akzeptierte Bahnen zu lenken, ist der Kern der Selbstregulation und zugleich einer der besten Indikatoren für Erfolg und Wohlbefinden während der gesamten Lebensspanne (mehr darüber im Kapitel 8).

Auf der Gehirnebene ist der präfrontale Kortex (der Teil des Gehirns, der die Regulation und die wichtigsten exekutiven Funktionen unterstützt) zum Zeitpunkt der Geburt weitgehend unausgereift und die Entwicklung auch während der Adoleszenz und darüber hinaus bis ins frühe Erwachsenenalter noch nicht abgeschlossen. Ein Säugling ist vollständig von seiner primären Bezugsperson abhängig, wenn es gilt, sich zu beruhigen oder eine Situation zu steuern. Kleinkinder beginnen dank der Strukturen im Frontallappen, die allmählich Form annehmen, in Kombination mit dem wachsenden Bedürfnis nach Autonomie, ihr Leben schon etwas mehr in die Hand zu nehmen – aber sie sind nach wie vor von uns abhängig. Eltern kennen das zur Genüge, denn ungefähr mit zwei Jahren haben Kinder ihre eigenen Ideen und Vorlieben und versuchen, ihren Willen durchzusetzen. Das Problem ist, dass dieser Prozess zu einem Zeitpunkt eintritt, an dem sich die entsprechenden Gehirnstrukturen gerade erst zu entwickeln beginnen. Sie haben noch einen weiten Weg vor sich, bis sie voll ausgebaut und funktionsfähig sind. Deshalb reicht die Gehirnkapazität von Kleinkindern noch nicht aus, um Situationen zu durchdenken, Emotionen oder Verhalten bewusst zu steuern, die Regeln der Höflichkeit zu beachten oder unangemessene Reaktionen einzustellen, Entscheidungen zu treffen oder zwischen Recht und Unrecht zu unterscheiden. Noch nicht, wohlgemerkt. Diese Fähigkeiten sind im Aufbau begriffen – und sie verbessern sich stetig, mit entsprechender Unterstützung und Aufmerksamkeit der Eltern, während der Reifeprozess des Gehirns Fortschritte macht. In der Zwischenzeit besteht die Rolle der Eltern darin, den Alltag des Kindes zu organisieren und zu regulieren. Später ist es in der Lage, diese Aufgaben in eigener Regie zu übernehmen.

Der Grundstein für die Selbstregulation und die exekutiven Funktionen wird bereits im Zuge der ersten Interaktionen zwischen den primären Bezugspersonen und dem Säugling gelegt. Man geht davon aus, dass liebevolle Zuwendung und Beruhigung, die Eltern ihrem Baby angedeihen lassen, zum Aufbau dieser Gehirnstrukturen beitragen. Denken Sie an das erste Lebensjahr Ihres Kindes zurück. Es brauchte Hilfe, um zur Ruhe zu kommen. Es wurde gewickelt, auf den Arm genommen, gewiegt und getröstet. Vermutlich haben Sie Morgen- und Abendrituale eingeführt, um die Aktivitäten nach dem Aufwachen und das Einschlafen zu erleichtern. Der gesunde Menschenverstand sagte uns, dass Babys Nahrung und Schlaf brauchen.

Wenn aus dem Baby ein Kleinkind wird, gehen wir automatisch anders mit ihnen um: Wir treten einen Schritt zurück und schränken das Ausmaß der Betreuung und Aufmerksamkeit oft ein wenig ein. Das ist sinnvoll: Der angeborene menschliche Beschützerinstinkt programmiert vor, dass wir Kleinkinder auf dem Weg in die Eigenständigkeit begleiten. Wir sollten uns jedoch vor Augen halten, dass ihr Verhalten zwar auf den Wunsch nach Autonomie hindeutet, sie uns aber nach wie vor brauchen, wenngleich auf andere und bisweilen ziemlich anstrengende Weise.

Kinder müssen Fehler machen – und wir sollten es zulassen

Der Modus Operandi bei Kleinkindern besteht darin, die eigenen Fähigkeiten zu erproben und selbst herauszufinden, wie man eine Aufgabe bewältigt. Sie lernen aus ihren Fehlern, lassen sich dadurch nicht entmutigen, versuchen es immer wieder. Das ist Teil des Selbstfindungsprozesses. Wenn sie einen Fehlversuch dagegen als Versagen erleben, erfolgt kein weiterer Anlauf. Sie geben auf. Eltern, die darauf bestehen, dass es immer nur einen richtigen Weg gibt, bringen ihre Kinder um die Chance, ihre Selbstständigkeit zu üben und aus Fehlern zu lernen. Außerdem vermitteln sie ihnen den Eindruck, dass ihr Lösungsansatz falsch ist. Kinder korrigieren heißt ihr Verhalten steuern, und beides nimmt ihnen die Gelegenheit, zu beweisen, dass sie »schon groß« sind. Doch genauso möchten sie wahrgenommen und anerkannt werden. Auf diese Weise finden sie heraus, was sie schon alles können. Kleinkinder lernen primär durch ihre Fehler, durch Versuch und Irrtum, ungeachtet des Ergebnisses. Wenn ihr Forscherdrang unterstützt wird, fühlen sie sich wertgeschätzt und sicher.

Das Rüstzeug für ein gedeihliches Wachstum

Auf die Frage, was sie sich am meisten für ihre Kinder wünschen, würden die meisten Eltern vermutlich antworten: »Ich möchte, dass mein Kind glücklich wird.« Natürlich möchten Eltern auch, dass sich ihr Kind sicher fühlt und belastbar ist, wohl wissend, dass die Welt unangenehm sein kann und bestimmte emotionale Kompetenzen und Anpassungsfähigkeit erforderlich sind, um im Leben – und in ihren Bestrebungen, gleich welcher Art – Erfolg zu haben. Sie hoffen, dass ihre Kinder hilfsbereit, fürsorglich, respektvoll, aber auch erfolgreich und lebenstüchtig werden. Diese Werte teilen die meisten. Wer würde seinen Kindern nicht ein solches Glück wünschen?

Aber können wir unsere Kinder glücklich *machen?* Können wir echte Hilfsbereitschaft erzwingen?

Nein. Wir können Kinder nicht zu ihrem Glück zwingen. Wir können sie küssen, lieben, umarmen und verwöhnen. Wir können unzählige Freizeitaktivitäten für sie organisieren, Spielverabredungen und Urlaube einplanen, sie im Musikunterricht, Chinesischkurs, Sportverein, Fußballverein oder in der Ballettschule anmelden und uns die größte Mühe geben, ihnen die optimalen Fördermöglichkeiten zu bieten.

Aber ist das, was wir damit anstreben, wirklich Glück?

Dieser Drang, der uns als Glück suchende, oft übermäßig engagierte Eltern umtreibt, macht sich schon früh bemerkbar. Wir erlauben unseren herzallerliebsten Kleinen, ungefähr bis zum zweiten Lebensjahr nach Lust und Laune zu gurren, zu schreien, zu spucken und uns mitten in der Nacht aus dem Schlaf zu reißen. Doch dann ist Schluss mit lustig! Sobald sie das zweite Lebensjahr erreicht haben, ziehen wir urplötzlich, beinahe über Nacht, völlig neue Saiten auf: Sie sollen sich anständig benehmen, gehorchen, die Regeln beachten und »brav« sein. Und ausgerechnet in dem Moment, in dem sich unsere Erwartungen ändern, weil wir ja schließlich kein Baby mehr vor uns haben, bricht die Hölle los.

Ein Schalter wird umgelegt und unser Augenstern verwandelt sich in ein forderndes, irrationales, auf Krawall gebürstetes Kleinkind. Wir befürchten, dass sich dieses »Fehlverhalten« bis in alle Ewigkeit fortsetzen könnte, wenn wir ihm nicht umgehend Einhalt gebieten.

Es mag überraschen, aber oft verhindern die Eltern – ungewollt und unbeabsichtigt – geradezu, dass sich ein Kind ihren Vorstellungen entsprechend zu einem anpassungsfähigen, empathischen, robusten und glücklichen Heranwachsenden und Erwachsenen entwickelt. Eltern glauben, dass sie nur das Beste für ihr Kind wollen, doch in Wirklichkeit blockieren sie nur die Bedürfnisse, die den Kern seiner Individualität bilden. Und wenn diese Bedürfnisse im Keim erstickt oder ignoriert werden, wenn wir Kleinkinder bewusst oder unbewusst in eine Gussform pressen, ihr Verhalten gemäß unseren eigenen vorgefassten Erwartungen und fixen Vorstellungen zurechtbiegen, schaden wir ihrer wahren Persönlichkeit, nehmen wir ihnen die Luft zum Atmen. Wenn wir uns ihnen in den Weg stellen (im Kapitel 4 befassen wir uns mit den Hürden für die Entwicklung, die wir errichten können), verwehren wir ihnen die Möglichkeit, sich selbst zu verstehen und die Welt in einer Weise zu erkunden, die für sie Sinn ergibt und ihre natürliche Neugierde fördert. Wir beschneiden ihre Lernmotivation. Wir zerstören das Selbstvertrauen, das sie brauchen, um Beziehungen einzugehen, und vor allem beeinträchtigen wir die Entwicklung der emotionalen Kompetenzen, die für den Erfolg in allen Bereichen des Lebens unverzichtbar sind.

Mit Erfolg meine ich nicht das, was man heute gemeinhin darunter versteht: Einserschüler, Spitzensportler, arrivierter Künstler oder innovativer Unternehmer werden, obwohl auch das inbegriffen sein kann. Erfolg hat in meinen Augen ein Mensch, der sich sicher genug fühlt, die Welt ringsum mit Spannung und Neugierde zu erforschen, der keine Angst hat, einen Fehler zu begehen, der das Selbstvertrauen besitzt, Kontakte aufzubauen und Freundschaften zu schließen, und der in der Lage ist, wieder auf die Beine zu kommen, wenn er fällt. Ein Mensch, der im Leben seinen Weg geht, der motiviert ist, ständig etwas dazuzulernen, für seine Belange einzutreten und sich für das Wohl anderer zu engagieren.

Klingt zu schön, um wahr zu sein? Keineswegs.

Kleinkinder tun oder sagen viele Dinge, die vom Standpunkt eines Erwachsenen irrational, unangebracht oder gar absurd wirken. Viele der scheinbar unlogischen Entscheidungen bereiten uns Kopfzerbrechen. Sie könnten peinlich für uns werden. Unsere Reaktion? Wir neigen dazu, Kinder ständig zu korrigieren, zu kritisieren oder durch Verbote einzuschränken. Wir haben das Gefühl, das sprunghafte Verhalten kontrollieren zu müssen, denn es scheint völlig aus der Bahn geraten zu sein – aus der Sicht eines Erwachsenen. Und dann greifen wir auf Verallgemeinerungen zurück und sprechen von den »schrecklichen« zwei, drei oder auch vier Lebensjahren. Wir gelangen zur Schlussfolgerung, dass Kinder in dieser Entwicklungsphase generell ungezogen sind, nicht folgen, ausrasten oder aus keinem ersichtlichen Grund Wutausbrüche inszenieren. Doch aus einer anderen Perspektive betrachtet kann ein solches Fehlverhalten einleuchten, sogar uns. Dann sind wir in der Lage, Kinder schlussendlich auf einen sozialverträglicheren Weg zu geleiten.

Was können Eltern also tun? Es gibt sechs Schlüsselstrategien für den Umgang mit Kleinkindern. Eltern können

- ein Gefühl der Sicherheit und relativen Ordnung spiegeln;
- aufmerksam zuhören, statt Kindern ständig Ratschläge und Anweisungen zu erteilen;
- Kindern die Freiheit zugestehen, auf ihre eigene Weise zu spielen und die Welt zu erforschen;
- ihnen den Freiraum und die Gelegenheit geben, Problemlösungen in eigener Regie zu erarbeiten und zu scheitern;
- sich bemühen, die Individualität des Kindes und seine altersspezifischen Bedürfnisse zu verstehen;

- Kinder mit Leitlinien, Grenzen und Orientierungshilfen auf ihrem Weg ins Leben begleiten.

Diese einfachen Strategien (auf die wir später noch einmal zurückkommen werden) stellen ein tragfähiges Fundament dar, das Ihrem Kind eine gedeihliche Entwicklung in einer Zeit ermöglicht, in der es beginnt, sich selbst zu erproben und im Vergleich zu anderen zu verstehen, seinen komplizierten Gefühlen Rechnung zu tragen und sie zu steuern. Und raten Sie mal, was passiert, wenn wir diese Strategien in die Praxis umsetzen! Plötzlich können wir uns von den zermürbenden Machtkämpfen verabschieden, in die wir uns verstrickt haben, reagieren gelassen und klar auf die wahren Bedürfnisse des Kindes, egal in welcher Situation (statt Maßnahmen zu ergreifen, die Erwachsene in diesem Moment für notwendig erachten), und besitzen die Flexibilität, Wahlmöglichkeiten und Unterstützung anzubieten, aber gleichzeitig Grenzen aufzuzeigen.

Mein kindorientierter Ansatz ist darauf ausgerichtet, Kinder sicher und zuversichtlich anzuleiten, ihre Gedanken und Fantasie anzuregen und sie zu motivieren, ein starkes Selbstwertgefühl und bedeutungsvolle zwischenmenschliche Beziehungen zu entwickeln. Damit geben wir ihnen die Chance, zu einem neugierigen, kreativen, belastbaren, glücklichen und zufriedenen Menschen heranzuwachsen – ein Rezept für ein erfülltes, erfolgreiches Leben. Gleichzeitig sehen wir Eltern uns der Aufgabe gegenüber, ihnen eine Landkarte mit auf den Weg zu geben und Grenzen und Regeln zu setzen. Wenn Sie die Perspektive wechseln und lernen, die Welt mit den Augen Ihres Kindes zu sehen, werden Sie Ihre Erziehungsmethoden ändern und ihm ermöglichen, der Mensch zu werden, der in ihm angelegt ist.

Dieses Buch ist kein Leitfaden mit Standardanweisungen in drei Schritten, um einen kleinen Rebellen in ein Musterkind zu verwandeln. Es enthält keine fest umrissenen Regeln, die versprechen, dass Ihr Kind am Ende wohlerzogen, selbstständig, glücklich und zufrieden sein wird. Unter dem Strich ist jeder Versuch, das Verhalten eines Kindes auf ein gewünschtes Ergebnis zu trimmen, zum Scheitern verurteilt. In meinem Ansatz geht es um einen Perspektivwechsel – um die Fähigkeit, die Welt mit den Augen Ihres Kindes zu betrachten, damit Sie seine wahren Bedürfnisse klarer und eindeutiger verstehen. Im Laufe der Zeit lernt Ihr Kind, sie auch ohne Ihre aktive Hilfe zu befriedigen, aber immer in dem Wissen, dass es notfalls auf Ihre Unterstützung zählen kann. Wenn diese Grundbedürfnisse erfüllt werden (wir werden noch sehen, welche grundlegend sind), schaffen Sie nicht nur das emotionale und psychologische Fundament, das Ihrem Kind die volle Ausschöpfung seines Potenzials ermöglicht, sondern fühlen sich auch als Eltern entspannter und glücklicher. Beides geht Hand in Hand.

Obwohl nicht an bestimmte Anleitungen gebunden (weil es für die Erziehung kein Patentrezept gibt, das auf alle Kinder gleichermaßen zugeschnitten ist), bietet mein Ansatz ein praktisches Rahmenwerk für die Erziehung und eine Reihe von Strategien, die Ihnen mehr Flexibilität und Optionen an die Hand geben, um Ihrem Kind beispielsweise Ruhe zu vermitteln oder Übergangsphasen zu bewältigen. Dazu kommt, dass Sie besser aufgestellt sind, um es liebevoll und sanft zu führen, sodass es tatsächlich davon profitieren kann. Mithilfe solcher Erziehungsmethoden können sich Kinder bestmöglich entwickeln, weil sie lernen, ihre unterschiedlichen Gefühle zu verstehen, die Selbstregulations-Fähigkeiten zu verinnerlichen, Wahlmöglichkeiten zu erkennen, Entscheidungen zu treffen, die Folgen ihres Handelns zu begreifen, sich selbst besser kennenzulernen und den Bezug zu anderen Menschen herzustellen. Mit anderen Worten: Sie lernen, ihr eigenes Verhalten zu steuern und sich im Leben zurechtzufinden. Forschungsergebnisse aus der Neurowissenschaft und Psychologie bestätigen, dass diese Eigenschaften das Grundgerüst für Lebenserfolg darstellen und akademische Leistungen, Freundschaften, Empathie, Kreativität und Innovationsfähigkeit fördern.

Jetzt überlegen Sie vielleicht, wie dieser Perspektivwechsel in der Praxis zu bewerkstelligen ist. Das veranschaulicht sehr einfach das folgende Beispiel einer Mutter: »Beim Anziehen gab es ständig Stress mit Helena. Wenn ich laut wurde oder mich darüber aufregte, dass sie sich nicht entscheiden konnte oder ewig brauchte, um sich anzuziehen, flippte sie noch mehr aus. Inzwischen verstehe ich, wie schwierig diese scheinbar einfache Anforderung für sie ist. Wenn ich mich zurückhalte, also keinen Druck ausübe und ihr Zeit lasse, ihre Unentschlossenheit zu überwinden, beruhigt sie sich normalerweise wieder. Wir können das Ganze abhaken und weitermachen.«

Eine andere Mutter erklärte: »Mein Sohn war ein Angsthase und brach ständig in Tränen aus. Es scheute vor vielen Aktivitäten zurück, und ich machte mir Sorgen, dass mit ihm irgendetwas nicht stimmen könnte. Aber seit ich dank Ihrer Hilfe erkannt habe, dass ich ihm mehr zutrauen muss und er in Wirklichkeit das Bedürfnis nach mehr Eigenständigkeit hat, ist eine deutliche Verbesserung eingetreten. Seit zwei Wochen habe ich mich zurückgenommen und lasse ihn gewähren, auch wenn er Fehler macht. Er ist jetzt viel zufriedener und hat ein gutes Selbstwertgefühl entwickelt.«

Auch Eltern müssen lernen, Selbstvertrauen zu entwickeln, wenn sie sich auf einen Perspektivwechsel einlassen und beginnen, die Welt mit den Augen ihres Kindes zu sehen. Diese veränderte Sichtweise mag zunächst seltsam anmuten, wenn nicht sogar Unbehagen auslösen. Aber wenn Sie sich in Ihr Kind hineinversetzen und Ihre eigene Reaktion auf bestimmte Situationen unter die Lupe nehmen, erhalten Sie vielleicht ganz neue Einblicke in sein Verhalten und seine wahren Bedürfnisse. Und dann können bemerkenswerte Dinge passieren. Wenn die Eltern Gelassenheit und Zuversicht bewahren, lernen die Kinder langsam, aber sicher, ihre Gefühle alleine zu steuern, Entscheidungen zu treffen und sich selbst etwas zuzutrauen – egal, ob mit zwei, drei, vier oder fünf Jahren.

In gewisser Hinsicht erinnert dieses Buch an etwas, das Sie bereits intuitiv wissen: wie Sie Ihr Kind auf eine Weise erziehen, die es ihm ermöglicht, ein Mensch zu werden, der hilfsbereit, mitfühlend, motiviert, neugierig auf das Leben, anpassungsfähig, glücklich und zufrieden ist, so wie Sie es sich wünschen. Eine Erziehung, die nicht aus der Warte der Manipulation oder Kontrolle des Verhaltens erfolgt, in der Hoffnung, dass es am Ende Ihren Wünschen und Vorstellungen entspricht. Eine Erziehung, die vielmehr das Bestreben in den Mittelpunkt stellt, die einzigartige Persönlichkeit Ihres Kindes zu verstehen – das sich gerade in einer intensiven, nicht immer vorhersehbaren und fließenden Phase der Entwicklung befindet. Und das bedeutet, dass Sie sowohl Orientierungshilfen bei der Bewältigung alltäglicher Herausforderungen, wie Essen, Trotzreaktionen und Wutausbrüche, Anziehen und mit Freunden auskommen, als auch bei der Entwicklung von Lebenskompetenzen geben müssen, die Ihr Kind befähigen, ein selbstbestimmter, kompetenter und fürsorglicher Mensch zu werden, der das Auf und Ab des Lebens mit Bravour meistert.

2
Die widersprüchliche Welt Ihres Kindes

Der Konflikt zwischen Nähe und Distanz

Der dreijährige Simon kam eines Tages aufgewühlt und wutentbrannt ins Kinderzentrum. Er trug einen Umhang und verkündete, er sei Superman. Er marschierte eine Zeit lang mit düsterem Blick hin und her und teilte seiner Gruppenleiterin mit, er sei zornig. Irgendwann verwandelte er sich in einen Dinosaurier, der Spielsachen unter seinen Füßen zertrat. Danach begann er, mit Gegenständen um sich zu werfen. Er erklärte, er habe heute keine Lust, mit jemandem zu spielen, er sei stark und niemand dürfe in seine Nähe kommen.

Seine Mutter berichtete, dass er zu Hause ebenfalls den Superman gab und seiner Wut freien Lauf ließ. Sie konnte sich nicht erklären, was dazu geführt hatte. Sie war nach längerer Auszeit wieder ins Berufsleben eingestiegen, doch das war schon Monate her. Wir überlegten gemeinsam, ob Simons Reaktion darauf zurückzuführen sein könnte, dass sie jetzt jeden Tag zur Arbeit ging. Doch dann brachte sie eine andere mögliche Ursache für sein Verhalten ins Spiel:

»Vielleicht vermisst er die Besuche bei seiner Großmutter, wo er zweimal in der Woche mit seiner Cousine gespielt hat. Sie sind in den letzten Wochen ausgefallen.«

»Warum?«, wollte ich wissen.

Die Mutter erklärte, dass die Großmutter gemeinsam mit der Cousine und deren Eltern einen Monat verreist sei.

Das könnte des Rätsels Lösung sein, dachte ich. Er musste

nicht nur auf seine Cousine, sondern auch auf seine Großmutter verzichten, die mit auf die Reise gegangen war. Ob er eifersüchtig war? Ich nahm es an. Die Wut und das Kontrollbedürfnis, die sich darin äußerten, dass er einen Superman-Umhang trug und in die Superman-Rolle schlüpfte, ergaben Sinn. Sie stellten eine Reaktion auf seine Eifersucht und Verwirrung dar: Wo steckt Oma? Und warum hat sie meine Cousine, aber nicht mich mitgenommen?

An diesem Tag boten wir ihm im Kinderzentrum Ventile für die Wut, dass seine Großmutter weg war und er sie vermisste. Wir erkannten seine Gefühle als legitim an, erinnerten ihn daran, dass die Abwesenheit der Großmutter nicht seine Schuld war, und versicherten ihm, dass sie bald zurückkehren würde. Seine Erleichterung (und Entspannung) äußerte sich in seiner Mimik, seiner Körpersprache und in einer abgeschwächten, wenngleich immer noch intensiven Variante des Superman-Spiels. Kurz darauf kam er auf das Thema zu sprechen, dass seine Mutter wieder berufstätig war. Statt ihn wie gewohnt vom Kindergarten abzuholen, hatte sie eine Nachbarin damit beauftragt. Schließlich brach er in Tränen aus und schluchzte: »Ich vermisse meine Mama.«

Dieses sprunghafte, scheinbar paradoxe Verhalten ist völlig normal und zu erwarten: Kinder bringen ihre Gefühle auf die einzige Weise zum Ausdruck, die ihnen in diesem Alter zur Verfügung steht, da die Entwicklung der verbalen Fähigkeiten und das Wissen um ihre emotionalen Befindlichkeiten noch eingeschränkt sind. Sie werden zwischen zwei widerstreitenden Bedürfnissen hin- und hergerissen: dem Wunsch nach Selbstbestimmtheit und Selbstständigkeit sowie dem Bedürfnis nach Zuwendung, Geborgenheit und Vertrautem – mit anderen Worten: Mama oder Papa. Simon projizierte nach außen hin den Wunsch, sich groß und stark zu fühlen, sich von anderen abzuheben, während er in seinem tiefsten Innern traurig, wütend und verwirrt war und das Bedürfnis nach Nähe und Zuwendung verspürte.

Die Explorationsphase

Die Explorationsphase beginnt, wenn Ihr Kind laufen lernt. Mit 18 Monaten und im Verlauf der nächsten Jahre erlebt es bei seinen Forschungs- und Erkundungstouren Abenteuer am laufenden Band, gepaart mit wachsenden Kompetenzen – physischen Fähigkeiten (beispielsweise Klettern, Rennen, Werfen), feinmotorischen Fähigkeiten (beispielsweise mit Besteck essen, Malen, den Reißverschluss an der Jacke zuziehen), verbalen Fähigkeiten (von Worten zu vollständigen Sätzen, komplexeren Ideen und danach ganzen Geschichten), sozialen Fähigkeiten (beispielsweise mit Gleichaltrigen zunehmend ausgefeilter spielen) und der Fähigkeit, die eigenen Gefühle zu steuern. Kein Wunder, dass Kleinkinder angesichts dieser Schwerstarbeit erschöpft sind und Unterstützung und Trost brauchen. Selbst Kinder, die älter als fünf sind, gelangen bisweilen an diesen Punkt.

In den Frühstadien der körperlichen Mobilität, bis zum dritten Lebensjahr, sind auch die Grundzüge des Spracherwerbs verortet, die bahnbrechende kognitive Veränderungen im Gehirn widerspiegeln. Zwischen dem dritten und sechsten Lebensjahr macht die Sprachentwicklung weitere große Fortschritte, verbunden mit der Fähigkeit, mit anderen Menschen zu kommunizieren, Gefühle zu verstehen, Empathie zu bekunden und in Symbol- oder Als-ob-Spielen die Realität nachzuvollziehen und zu verarbeiten. Diese Bereiche greifen teilweise ineinander über.

Wenn Kinder sprechen lernen, benennen sie nicht nur Gegenstände oder plappern Worte nach, sondern versuchen auch, ihre Bedürfnisse mitzuteilen, oftmals ohne Erfolg. Die Sprache ermöglicht ihnen zwar, zu kommunizieren, aber nicht immer auf direktem Weg oder in einer Weise, die für Erwachsene sinnvoll ist.

Der Kleinkind-Code

Mit den Entwicklungssprüngen im Spracherwerb gehen neue, komplexe Gedankengänge und wachsende physische Fähigkeiten und Fertigkeiten einher. Was bedeutet das? Ein Vorstoß in Richtung Autonomie, das heißt mehr Selbstständigkeit und Selbstbestimmung sowie das Bestreben, mehr Aufgaben alleine zu verrichten, neue Dinge auszuprobieren. Aus diesem Grund müssen Eltern klare Grenzen setzen. Grenzen sorgen für ein sicheres Umfeld, das Kleinkinder erforschen können.

Alle Kinder haben dann und wann negative Gefühle, das ist völlig normal. Wenn sie überhandnehmen oder Kinder in diesem Alter an ihre emotionalen Grenzen stoßen, explodieren sie, weil sie den Druck nicht aushalten. Manchmal agieren sie ihre Gefühle aus, die sich in einem Wutausbruch entladen. Oder sie werden mürrisch und weinerlich. Solche Reaktionen sind völlig natürlich, genauer gesagt: gesund. Eltern sollten sich in solchen Situationen vor Augen halten, was im Kopf ihres Kindes vorgeht. Es gilt, einen Blick hinter die Fassade des Verhaltens zu werfen und das Bedürfnis zu entschlüsseln, das sich zu diesem Zeitpunkt seines Lebens hinter diesem Verhalten verbirgt.

Komm her, geh weg: Ein Blick hinter die Fassade

Auf der emotionalen und sozialen Ebene werden die Bedürfnisse eines Kleinkinds von zwei inneren Antriebskräften bestimmt, die einen Großteil seiner Verhaltensweisen, wenn nicht sogar alle erklären: das Bedürfnis nach Abgrenzung und den damit verbundenen Wunsch, sich als eigenständiger, mit einem Selbstgefühl ausgestatteter Mensch zu erfahren. Beide Antriebskräfte wurzeln in der frühen Eltern-Kind-Beziehung.

Kinder sind nach der Geburt völlig hilflose Wesen. Neugeborene kommen mit dem Wunsch und dem Bedürfnis nach Liebe, Fürsorge und Bindung zur Welt. Ihr Gehirn ist auf eine enge, von starken Gefühlen geprägte Beziehung vorprogrammiert. Während der letzten 30 Jahre wurden zahlreiche Studien zum Thema Eltern-Kind-Bindung durchgeführt, die veranschaulichen, warum die Interaktionen in dieser ersten Beziehung so wichtig sind, vor allem zur Mutter oder primären Bezugsperson. Diese Bindung entsteht in der ersten oder primären Beziehung des Kindes, normalerweise zu den Eltern, und sie hat prägenden Einfluss auf die ersten Lebensjahre. Sie basiert auf zahlreichen Interaktionen zwischen Eltern und Kind und festigt sich jedes Mal, wenn Eltern auf die Bedürfnisse ihres Kindes reagieren. Auf diese Weise wird im Verlauf des ersten Lebensjahres Tag für Tag ein wichtiges Band geschmiedet. Werden diese Bedürfnisse von den Eltern einfühlsam, mit liebevoller Fürsorge und Freude erfüllt (zumindest meistens!), kann das Kind ein Grundgefühl der Sicherheit und des Vertrauens aufbauen, das sich über die Eltern hinaus auch auf andere Menschen erstreckt. Dieses Urvertrauen wird zum Kern des Selbstgefühls. Gleichermaßen wichtig ist die Entwicklung des Gefühls, dass es Liebe und Fürsorge verdient.

In dieser frühen Beziehung wird der Grundstein für die Entwicklung von psychosozialen Kompetenzen gelegt, die nicht nur zum gegenwärtigen Zeitpunkt, sondern auch für die Zukunft relevant sind. Diese erste Beziehung hat entscheidenden Einfluss darauf, wie erfolgreich ein Kind komplexe Denkprozesse bewältigt, Emotionen und Affekte steuert, Kontakte zu anderen knüpft und Freundschaften schließt, Empathie und Fürsorglichkeit entwickelt und schulische Anforderungen meistert. Studien zeigen auf, wie diese frühkindlichen Bindungserfahrungen im Gehirn codiert werden und die Gehirnentwicklung entweder fördern (sichere Bindung) oder hemmen (unsichere Bindung oder Vernachlässigung/chronisches Trauma). Die Weichen, die während der ersten Lebensjahre im Gehirn gestellt werden, sind so nachhaltig, dass sie die Entwicklung noch lange danach beeinflussen. Damit ist klar erwiesen, wie wichtig die Qualität der Eltern-Kind-Beziehung im Säuglings- und Kleinkindalter ist.

Bindungsbeziehungen entstehen bei jedem Kind, selbst wenn das Baby anstrengend ist und viele Umstände macht oder es eine Weile dauert, bis sich alle auf das Zusammenleben mit dem neuen Familienmitglied eingestellt haben. Im Laufe der Zeit entwickelt sich durch die zahlreichen Situationen, in denen Zuwendung und liebevolle Fürsorge gefragt sind, eine einzigartige, enge Beziehung zwischen Eltern und Kind. Doch sobald Kinder laufen können und mobil werden, in der Regel im zweiten Lebensjahr, eröffnet sich ihnen eine völlig neue Welt, die das Bedürfnis weckt, sie zu erforschen und herauszufinden, welchen Platz sie darin einnehmen. Damit beginnt der Prozess der Ablösung von der intensiven Betreuung, beispielsweise auf den Arm genommen, gewickelt und gefüttert zu werden, der ein gewisses Maß an Freiräumen fordert, die Eltern gewähren sollten. Dabei übersehen wir oft, dass die Kinder uns in dieser Entwicklungsphase noch brauchen. So schlicht und einfach ist das. Sie brauchen unsere Liebe, unsere Fürsorge und unseren Schutz. Die große weite Welt, die zu erkunden so spannend ist, hält auch viele Ungewissheiten, ungewohnte Situationen und beängstigende Erfahrungen bereit. Deshalb ist die Eltern-Kind-Beziehung auch in diesem Entwicklungsstadium von so großer Bedeutung. Sie kann kompliziert, oft herausfordernd und bisweilen auch ziemlich wechselhaft sein.

Die beiden ersten Lebensjahre könnte man also widersprüchlich erleben: Ihr Kind muss in dieser Zeit eine sichere Bindung aufbauen, um sich von Ihnen lösen und trennen zu können. Solange es sich in Ihrer Nähe geborgen fühlt, sorgen Sie mit Ihrer liebevollen Fürsorge und situationskonformen Erfüllung seiner Bedürfnisse dafür, dass es das erforderliche Sicherheitsgefühl entwickelt. Doch wenn es spürt, dass es sich auf Ihre Unterstützung verlassen kann, motiviert dasselbe Gefühl der Sicherheit und des

Vertrauens Ihr Kind dazu, loszulassen und mit Erfolg auf Distanz zu gehen, sobald es das Kleinkindalter erreicht hat.

Wie bereits erwähnt, finden während dieser Zeit ungeheure Veränderungen im Gehirn statt. Die Strukturen, die für die Kontrolle und Steuerung von Emotionen und das vorausschauende Denken zuständig sind, sind alles andere als ausgereift. Das bedeutet, dass Kleinkinder (noch) nicht besonders gut mit intensiven oder negativen Gefühlen umgehen können, und unerwünschte Verhaltensweisen einzustellen fällt ihnen gleichermaßen schwer. Dazu sind die im letzten Kapitel beschriebenen Selbstregulations-Fähigkeiten oder Lebenskompetenzen erforderlich. Das Streben nach Ablösung und Individuation, gepaart mit einer rapiden Entwicklung des Gehirns, hat großen Einfluss auf das Verhalten von Kleinkindern: wenn sie beispielsweise versuchen, ihre Impulse zu kontrollieren, vor Wut explodieren, in Tränen zerfließen, sich weigern, ins Bett zu gehen, oder sich bemühen, mit anderen Kindern auszukommen. Diese noch nicht abgeschlossenen Wachstums- und Entwicklungsprozesse verbergen sich hinter den Problemen, die entstehen, wenn sie sich morgens anziehen, draußen spielen, während der Mahlzeiten am Tisch sitzen bleiben, in einer Bibliothek leise sein oder lernen sollen, selbstständiger zu werden, obwohl sie noch Ihre Hilfe brauchen.

Als wäre die Situation nicht schon kompliziert genug, stehen diese Antriebskräfte auch noch in Widerstreit mit der Erkenntnis des Kindes, dass es nicht ganz und gar selbstständig sein kann – oder will. Manchmal hat es den Anschein, als wäre es ausreichend für eine vollständige Ablösung gerüstet, doch dann wird ihm rasch wieder klar, dass es vieles gibt, was es nicht alleine bewältigen kann – angefangen vom Schuhebinden bis zum selbstständigen Einschlafen. Schlussendlich möchten Kinder in diesem Alter noch nicht wirklich auf sich selbst gestellt sein; sie möchten nur die Möglichkeit haben, etwas allein auszuprobieren. In sicherer Nähe der Eltern. Das ist die Krux der Herausforderung: Kleinkinder wollen selbstständig, aber nicht auf sich selbst gestellt sein.

Deshalb ist diese Phase so kompliziert und verwirrend – für alle Beteiligten. Die Kinder haben eine tief verwurzelte Angst, verlassen zu werden. Dieses Bindungsbedürfnis ist genauso intensiv wie der Wunsch nach Ablösung. In vieler Hinsicht brauchen sie uns also mehr als jemals zuvor.

Ich bezeichne dieses Hin und Her zwischen Nähe und Distanz als »Pendeldynamik«, die für das Kleinkindalter typisch ist. Sie spiegelt die heftigen Schwankungen und Turbulenzen im Verhalten, Gefühlsleben und mentalen Zustand von Kindern zwischen dem dritten und sechsten Lebensjahr wider. Die Kinder verkörpern die Pendelbewegung dieser Zeit in solchem Maß, dass sie in diesen Jahren zum übergeordneten Kontext ihres Lebens wird. Doch die Möglichkeiten, den Konflikt zwischen Nähe und Distanz zum Ausdruck zu bringen, sind unterschiedlich. Er kann schweigend und innerlich ausgetragen oder nach außen verlagert und in widersprüchlichem und verwirrendem Verhalten (zumindest für Erwachsene) sichtbar werden.

Dieser Konflikt zwischen Ablösung und Autonomie sowie dem tief empfundenen Bedürfnis nach einem sicheren und vertrauten Ort, an den sie zurückkehren können, wenn sie liebevolle Zuwendung brauchen, führt in diesem Alter zu großen emotionalen Umbrüchen und Verhaltensausschlägen in die eine oder andere Richtung. Wenn Eltern sich bewusst machen, wie sehr diese beiden entwicklungsbedingten Herausforderungen die Welt ihres Kindes aus den Angeln heben, kommt ihnen vieles weniger rätselhaft vor. Ein Kind, das es kaum erwarten kann, einmal in der Woche an einer Spielgruppe teilzunehmen, und das nächste Mal einen Wutanfall bekommt, wenn es wieder soweit ist und es Jacke und Schuhe anziehen soll, versucht seine widerstreitenden Gefühle einzuordnen: »Mein Zuhause zu verlassen, das mir vertraut ist, fällt mir jedes Mal schwer, obwohl ich gerne in der Spielgruppe bin.«

An einem Tag liebt es Bananen, am nächsten Tag hasst es sie: »Bananen sind ekelig, weißt du doch!« Die Eltern denken: »Was soll das Theater? Gestern hast du Bananen gegessen und jetzt magst du sie plötzlich nicht mehr? Das ist doch lächerlich!«

Das Kind versucht mit seinem Verhalten, Aufschluss über seine Vorlieben zu gewinnen und seine Macht zu erproben: »Hör ich jetzt auf Mama oder bin ich mein eigener Herr? Mag ich Bananen oder esse ich sie nur, weil Mama es sagt?«

Erinnern Sie sich an die kleine Maja aus dem vorherigen Kapitel, die unbedingt rosa Eiscreme zum Frühstück essen wollte? Sie legte Wert darauf, wie ein »großes Mädchen« behandelt zu werden, doch die Verweigerung ihres Wunsches wurde unverhofft zum Auslöser eines Trotzverhaltens, das für eine frühere Entwicklungsstufe typisch ist. Im tiefsten Innern kämpfte sie mit widerstreitenden Gefühlen: »Ich möchte gerne ein großes Mädchen sein. Aber bin ich schon ein großes Mädchen? Oder bin ich noch klein? Ich brauche doch noch die Zuwendung, die kleinen Kindern zugestanden wird.«

Während diese intensive Pendeldynamik, die viele Gefühle und Empfindungen aktiviert, in vollem Gang ist, müssen Kinder die daraus entstehenden Turbulenzen mit einem Gehirn verarbeiten, das die Steuerung von Gefühlen noch nicht voll beherrscht. In gewisser Hinsicht könnte man ihr Verhalten als Folge von zwei entgegengesetzten Bedürfnissen betrachten, die sich ein erbittertes Duell liefern:

- das Bedürfnis nach Bindung, aber auch nach Ablösung,
- das Bedürfnis nach Distanz, aber auch nach Nähe,
- das Bedürfnis nach Freiheit, aber auch nach klaren Grenzen und Strukturen, um sich sicher fühlen zu können.

Diese widerstreitenden Bedürfnisse können gegensätzliche Verhaltensweisen und Gefühle zur Folge haben:

- Liebe zu den Eltern, aber auch Hass und Wut,
- tadelloses Verhalten, aber auch unflätiges Benehmen,

Der Kleinkind-Code

- Rücksichtnahme auf andere, aber auch völlige Ich-Bezogenheit,
- Risikofreude und Mut, aber auch übertriebene Vorsicht und Ängstlichkeit,
- Verhalten wie ein großes Kind, aber auch Rückzug auf die Babyphase oder eine frühere Entwicklungsstufe.

Kleinkinder sind in ihrem tiefsten Innern von dem brennenden Wunsch beseelt, ihre eigene Persönlichkeit (Ich!), ihre eigenen Wünsche, Ideen, Vorlieben und Abneigungen zu entwickeln. Während sie sich von den Erwachsenen lösen und selbstständig werden, entstehen eigene Bedürfnisse (die sich oft von denjenigen ihrer Eltern unterscheiden) und die ersten Ansätze des Selbstgefühls. Mit anderen Worten: Sie haben plötzlich ihren eigenen Kopf. Und was die Eltern für sie anstreben, wird oft als Einmischung oder Hindernis auf ihrem Weg wahrgenommen.

Dadurch sehen sich Kleinkinder mit einem Bedürfniskonflikt konfrontiert: Sie möchten nämlich gleichzeitig sicher sein können, dass ihnen die heiß geliebten Eltern auch weiterhin wie ein Fels in der Brandung zur Seite stehen. Das setzt die Pendeldynamik in Gang: Das Bedürfnis nach Ablösung und Distanz beinhaltet den unwiderstehlichen Drang, in die Welt hinauszugehen und selbstständig zu werden. Das gleichermaßen starke Bedürfnis nach Nähe treibt sie in ihr vertrautes Umfeld und zu der Person zurück, die sie am besten kennen und der sie vertrauen, die ihnen Sicherheit und Geborgenheit bietet. Das Pendel schwingt hin und her, wieder und wieder. Die Eltern, die das widersprüchliche Verhalten ausbaden müssen, können nicht immer gelassen und auf Kurs bleiben, wenn ihr Kind sie wegstößt, ihnen Machtkämpfe liefert, sie ignoriert oder lauthals Nähe einfordert. Es gilt trotzdem, gelassen zu bleiben und sich nicht beirren zu lassen. Wenn der Prozess der Ablösung beginnt, braucht Ihr Kind Ihre Nähe, damit Sie ihm notfalls helfen können, wieder auf die Beine zu kommen, wenn es fällt oder Trost sucht. Deshalb ist es so wichtig, dass sich Eltern gerade während dieser stürmischen Zeit in ihr Kind hineinversetzen und seiner Sichtweise Beachtung schenken.

Und hier kommt ein weiterer Widerspruch ins Spiel: Kleinkinder mögen den Anschein erwecken, als kämen sie mit weniger Fürsorge und Führung aus. Doch das Gegenteil ist der Fall. Sie sind immer noch sehr zerbrechlich und auf unseren Schutz und unsere Unterstützung angewiesen. Hinweise, Orientierungshilfen, Grenzen und Zuwendung sind eine absolute Notwendigkeit, vor allem, wenn Kinder mehr Autonomie gewinnen.

Selbstständigkeit üben

Die Ablösung findet natürlich nicht auf einen Schlag statt. Sie ist Teil eines Prozesses, der sich allmählich vollzieht und zahlreiche Fort- und Rückschritte enthält. Ihr Kind hat den Wunsch und das Bedürfnis, sich von Ihnen zu trennen und die Welt mit all seinen Sinnen – mit Händen, Füßen, Augen, Ohren und Zunge – zu erkunden. Doch gleichzeitig braucht es Zuwendung, Schutz, Führung und Grenzen. Es möchte als eigenständige Person wahrgenommen werden, aber gleichzeitig wissen, dass es sich jederzeit in Ihre Obhut begeben kann. Hier prallen zwei einander entgegengesetzte Ziele aufeinander – Distanz und Nähe. Schwierig? Manchmal schon. Angesichts dessen ist es kein Wunder, dass dieses Hin und Her Eltern oder andere Erwachsene wahnsinnig machen kann! Erst wenn sie versuchen, die Welt mit den Augen des Kindes zu sehen, ergibt es für sie einen Sinn.

An einem Tag fühlen sich Kinder groß. Ein dreieinhalbjähriges Mädchen erklärte: »Wann bin ich endlich groß? Ich will jetzt groß sein!« Am nächsten Tag hatte es das Bedürfnis, klein zu sein. Es gab eine Woche lang Kämpfe beim Essen und Schlafengehen, danach ging sie mit Ballettröckchen und dem neuen Rucksack ins Bett, um daran zu erinnern, dass sie kein Baby mehr war. Das Bestreben, »groß zu sein«, untermauerte sie auf die einzige ihr bekannte Art. Groß und klein, ein ständig wiederkehrendes Motto im Kleinkindalter.

Eltern haben oft mit ihren eigenen Konflikten zu kämpfen: Einerseits möchten sie, dass ihr Kind groß wird, und das möglichst schnell, damit sie das »schwierige Alter« mit seinen Schluckaufs, Machtkämpfen und Wutausbrüchen hinter sich lassen können (Eltern von Jugendlichen werden mir vermutlich zustimmen, wenn sie an die Zeit zurückdenken!). Andererseits wäre es ihnen am liebsten, wenn es immer Kind bleibt. Wir sind uns dieser widerstreitenden Gefühle oft nicht bewusst. Wenn Sie sowohl mit den Gedanken und Gefühlen Ihres Kindes als auch mit Ihrer eigenen Einstellung zur Entwicklung Ihres Kindes vertrauter geworden sind, wird es einfacher und weniger nervenaufreibend, klare Orientierungshilfen zu geben. Sie werden Ihre eigenen Bedürfnisse mit den Augen Ihres Kindes betrachten – als wäre es das erste Mal.

Dieser permanente Wechsel zwischen Festhalten und Loslassen kann auch bei den Eltern für Verwirrung sorgen. Einige sind erleichtert, wenn sich das Kind abnabelt, oder beobachten das Geschehen mit freudiger Spannung. Andere fühlen sich unwohl dabei, sind traurig, nervös, besorgt, vielleicht sogar wütend oder reagieren mit einer Mischung aus allem. Nicht nur die Kinder, sondern auch die Eltern pendeln auf der Skala der Gefühle zwischen den Extremen hin und her.

Mit diesem Pendelverhalten – dem Bedürfnis nach Nähe und Distanz – üben Kinder ihre Selbstständigkeit. Sie lösen sich von den Eltern, damit sie ihre Selbstwahrnehmung verinnerlichen können. Als ein Vater seiner dreieinhalbjährigen Tochter beim Anziehen der Jacke helfen wollte, riss sie ihm die Jacke aus der Hand und erklärte lautstark: »Lass, das kann ich alleine. Ich bin ja bald vier!«

Doch sobald Kinder mehr Freiraum einfordern, stellt sich das Bedürfnis nach einem festen Halt wieder ein – in Kombination mit dem Wunsch nach Bestätigung und Zuwendung. Das führt zu inneren Kämpfen und Konflikten bei den Eltern (»Braucht mich mein Kind oder nicht?«) und oft zu Frustration.

Wenn Ihr Kind, das gerade noch gefordert hat, eine Aufgabe ohne Ihre Hilfe zu bewerkstelligen, nach einer Minute, einer Stunde oder am Ende eines langen Tages auf Ihren Schoß klettert oder nach der Rückkehr aus dem Kindergarten in Tränen ausbricht, zeigt es Ihnen, dass es hart daran gearbeitet hat, »groß« zu sein, aber Sie jetzt braucht, dringend! Im tiefsten Innern sind Kinder in diesem Alter noch klein, bedürftig, zerbrechlich. Hier offenbart sich einmal mehr die Pendeldynamik, die für Zwei- bis Fünfjährige typisch ist. *Sie möchten sich immer wieder aufs Neue vergewissern, dass die Eltern für sie da sind, wenn sie gebraucht werden.* Es mag seltsam klingen, aber je mehr Aktivitäten sie alleine ausprobieren und je intensiver der Wunsch, die Welt zu erkunden, desto größer ist das Bedürfnis nach ihrer Nähe. Jedes Mal, wenn es sich bei ihnen sicher und geborgen fühlt, absolviert es eine Übung fürs Leben. Es verinnerlicht die Erkenntnis: »Mama und Papa sind immer für mich da, wenn ich sie brauche, auch wenn ich wütend oder außer mir bin und sie wegstoße. Ich bin nicht auf mich alleine gestellt.«

Aber das Leben ist nicht perfekt, wie wir wissen. Es gibt immer Tage und Momente, in denen Kinder uns ausgerechnet dann als Prüfstein brauchen, wenn wir besonders erschöpft oder ungeduldig sind. Vielleicht hat Ihr Kind Sie schon den ganzen Tag zur Verzweiflung getrieben oder Sie haben selbst einen anstrengenden Tag hinter sich, sodass ein Gefühlsausbruch Ihres Kindes das Fass zum Überlaufen bringt. Statt es auf den Schoß zu nehmen, ihm gut zuzureden und Frieden zu schließen oder das tränenreiche Geschrei geduldig über sich ergehen zu lassen, blaffen Sie es an. Oder halten ihm eine Standpauke. Oder befehlen ihm, den Mund zu halten oder mit dem Geheul aufzuhören.

Das passiert. Eltern sind auch nur Menschen und alles andere als perfekt. Wichtig ist zu erkennen und zu verstehen, dass in diesem Alter die Bedürfnisse des Kindes (Autonomie und Forscherdrang in Verbindung mit Unterstützung und dem Gefühl der Geborgenheit) und die Bedürfnisse der Eltern (Zeit für sich selbst oder Wohlverhalten des Kindes) nicht immer Hand in Hand gehen. Bis zum zweiten Lebensjahr haben Eltern kaum Probleme damit, auf die Bedürfnisse ihres Kindes zu reagieren. Danach neigen sie dazu, mehr Druck auszuüben, zu verlangen, dass ihr Kind »brav« ist und kooperiert – beispielsweise beim Toilettentraining, beim Verzicht auf Flasche oder Schnuller, oder bei der Forderung, sich »anständig« auszudrücken. Die Bedürfnisse von Eltern und Kindern müssen neu verhandelt werden, wenn sie sich ändern. Das Kind braucht explizit Unterstützung, um den Schritt aus der Komfortzone eines Babys in die spannende, aber unbekannte Welt der Selbstständigkeit zu wagen, die ihre eigenen Vorteile hat. Doch der Wunsch, die große weite Welt kennenzulernen, ist – bei einer bis dahin gesunden Entwicklung – natürlich und unaufhaltbar. Sich abzunabeln ist eine spannende Erfahrung. Doch so spannend sie auch sein mag, sie kann auch beängstigend sein. Und strapaziös. Manchmal sollte man sich gut überlegen, was man sich wünscht! Und genau hier kommen Wut- und Trotzanfälle ins Spiel.

Für Eltern kann diese Erfahrung gleichermaßen erschöpfend und beängstigend sein. Ein Kind, das ausrastet, weil Sie ihm, um rechtzeitig aus dem Haus zu kommen, die Stiefel angezogen haben (nach endlosem Herumtrödeln), statt es »selber machen« zu lassen, kann einem den letzten Nerv rauben. Manchmal reagiert man in solchen Situationen gelassen, ein anderes Mal kann man gar nicht damit umgehen. Es mag seltsam klingen, aber die Welt geht nicht unter, wenn es einmal kracht, solange man sich wieder versöhnt. Das Wichtigste in solchen Fällen – wenn die Bedürfnisse von Eltern und Kindern kollidieren – ist die Art und Weise, wie die Bindung wiederhergestellt wird. Eine Wiederannäherung, ohne Schuld- und Schamgefühle zu wecken (siehe Kapitel 6), sagt Kindern, dass die Eltern selbst in schlimmen Situationen für sie da sind. Sie brauchen dieses tiefe Vertrauen, die feste Überzeugung, dass sie zu ihnen stehen, in guten wie in schlechten Zeiten. Andernfalls ist für sie das Risiko zu groß, die Welt zu erkunden, sich abzulösen oder Risiken gleich welcher Art einzugehen. Das alles ist Teil des Perspektivwechsels, wenn Eltern beginnen, die Interaktionen mit ihrem Kind neu zu gestalten.

In meiner Praxis sehe ich ständig, wie die unterschiedlichen Bedürfnisse von Eltern und Kindern aufeinanderprallen. Ein häufiger Grund für das Beratungsgespräch sind Schlafprobleme. Es kommt oft vor, dass Eltern ein zwei- oder zweieinhalbjähriges Kind in ein großes Bett legen, weil sie denken, es sei jetzt »so weit« oder »alt genug«, mit dem Ergebnis, dass es dort nicht bleibt. Das ist nur ein Beispiel für den Wunsch der Eltern, ihr Kind zu mehr Selbstständigkeit zu erziehen, bevor es einer Aufgabe gewachsen ist. Ein anderes Elternpaar erzählte mir, dass ihr Sohn zum Einschlafen immer noch den Schnuller brauchte. Als sie zu der Ansicht gelangten, jetzt sei er alt genug, auch im Bett darauf zu verzichten (»Schließlich ist er schon drei!«), nahmen sie ihm den Schnuller weg. Der Grund für das Beratungsgespräch mit mir? Das Kind hatte plötzlich Schlafstörungen. Es war an seinen Seelentröster gewöhnt, während die Eltern darauf drängten, der Entwicklung auf die Sprünge zu helfen. Das Problem war also nicht der Schnuller, sondern die Bedürfnisse von Eltern und Kind, die in diesem Augenblick kollidierten.

In einem weiteren Beispiel ging es um einen vierjährigen Jungen, der plötzlich unter massiven Wutausbrüchen litt. Die Eltern waren geschockt. Sie wollten in Kürze zu einem Verwandtenbesuch ins Ausland reisen. Sie hatten ihren Sohn wochenlang darauf vorbereitet, ihm von dem Flug und den Leuten erzählt, die er kennenlernen würde. Der ordnungsliebende kleine Junge hatte ganz alleine Bücher und Spielsachen in seinen Rucksack gepackt, die er mit ins Flugzeug nehmen wollte, und schien sich auf das Abenteuer zu freuen. Ich hatte den Verdacht, dass die Eltern vielleicht zu oft über die Reise redeten und damit die Geduld des Jungen auf eine harte Probe stellten, denn zwei Wochen sind eine lange Wartezeit für ein Kind in diesem Alter. Doch sie versicherten mir: »Er weiß, dass bis dahin noch einige Zeit vergeht, und er mag es lieber, wenn er sich lange im Voraus auf ein solches Ereignis einstellen kann.« Die Wutausbrüche wurden jedoch immer schlimmer und jeder noch so geringfügige Anlass führte zu einem Mordstheater, bis die Mutter eines Tages auf die Idee kam, ihn zu fragen, ob er Angst vor der bevorstehenden Reise habe.

»Ja«, gab Nick unumwunden zu.

»Wovor hast du denn Angst?«, hakte die Mutter überrascht nach. »Du lernst doch deine Großmutter und deine Cousins und Cousinen kennen.«

»Ich will nicht so klein werden. Davor habe ich Angst«, erwiderte Nick mit Tränen in den Augen.

Die Mutter stand vor einem Rätsel. »Wenn ein Flugzeug startet, wird es immer kleiner«, erklärte Nick. »Ich will nicht so klein werden. Dann kannst du mich nämlich nicht mehr sehen.« Er begann zu weinen. Ein großer Junge? Mag sein. Aber einer, der nach wie vor wie ein kleiner Junge denkt. Und daran sollten wir uns erinnern.

Was Ihr Kind einzigartig macht

Die zahlreichen Veränderungen und Bedürfnisse im Kleinkindalter mögen auf den ersten Blick kompliziert erscheinen. Wenn man jedoch versucht, die einzelnen Bausteine der Entwicklung von Kindern zwischen dem dritten und sechsten Lebensjahr genauer unter die Lupe zu nehmen, stellt man fest, dass sich das Puzzle aus zahlreichen Einzelteilen zusammensetzt. Neben den unglaublichen Wachstumsschüben, die in dieser Zeit stattfinden, fällt auch die große Bandbreite der individuellen Unterschiede ins Gewicht. Jedes Kind ist anders, keine Frage. Doch bevor wir uns den einzigartigen Persönlichkeitsmerkmalen zuwenden, werfen wir einen Blick auf die Gemeinsamkeiten. Abgesehen von den

Denkprozessen, die bei der Suche nach dem »Ich« aktiviert werden, gibt es auch weitgehende Übereinstimmungen in den Verhaltensweisen und in der Art, wie sich Kinder in dieser Entwicklungsphase zum Ausdruck bringen, wie sie sich bewegen, wachsen und lernen. Diese Muster lassen Schlussfolgerungen zu, was in einem bestimmten Alter als typisch gelten kann. Doch innerhalb dieses Rahmens ist jedes Kind ein Individuum, denn keines gleicht haargenau dem anderen. Das bezeichnet man in der Fachsprache als »individuelle Variabilität«.

Warum ist es für Eltern und andere Betreuer so wichtig, sich diese Unterschiede bewusst zu machen? In unserer heutigen Zeit, in der Kindern ein Höchstmaß an Aufmerksamkeit zuteil wird und eine Fülle von Informationen zum Thema Erziehung zur Verfügung steht, vergleichen viele Eltern ihre Kinder mit anderen im gleichen Alter – als gelte es, ihren Leistungsstand im Wettbewerb zu messen: »Mein Kind konnte schon mit zehn Monaten laufen.« »Meine Tochter hat bereits als Zweijährige ganze Sätze formuliert.« »Mein Henry führt Diskussionen mit mir wie ein Profi, dabei ist er erst drei!« »Sophia spricht immer noch nicht, dabei ist sie schon dreieinhalb. Stimmt etwas nicht mit ihr?« »Unser Ältester hat mit vier lesen gelernt; seine Schwester ist jetzt fünf und macht keinerlei Anstalten in der Richtung. Was mag da los sein?«

Eltern wundern sich. Eltern machen sich Sorgen. Sie machen sich mehr Sorgen als früher, finde ich. Sie wollen letztendlich wissen, ob ihre Kinder alle Voraussetzungen mitbringen, das Leben zu meistern. Manchmal möchten sie sich Gewissheit verschaffen, ob ihre Entwicklung »normal« verläuft. Solche Fragen und Anwandlungen, Kinder zu vergleichen, sind völlig verständlich, aber man sollte sich stets vor Augen halten, dass Kinder bei allen Gemeinsamkeiten auch unterschiedlich sind – sie entwickeln sich in unterschiedlichem Tempo, drücken sich auf unterschiedliche Weise aus, zeigen Stärken und Schwächen in unterschiedlichen Bereichen und unterschiedlichem Kontext. Ein Kind lässt sich beispielsweise bei seinem Mittagsschlaf nicht stören, obwohl seine vier älteren Geschwister durchs Haus toben, während ein anderes Kind aufwacht, wenn auch nur eine Stecknadel zu Boden fällt. Kein Kind gleicht einem anderen aufs Haar, und Fähigkeiten und Fertigkeiten werden nicht alle zur gleichen Zeit »am Fließband« geliefert. Kinder unterscheiden sich voneinander, und genau das macht sie zu etwas Besonderem, zu einer Persönlichkeit mit ur-eigenen Merkmalen. Und nicht einmal diese Persönlichkeit ist immer gleich, sondern verändert sich situationsbezogen, genau wie ihr Verhalten, das an einem Tag so und am nächsten Tag völlig anders sein kann.

Jedes Kind hat seine eigene Art, sein einzigartiges Persönlichkeitsprofil. Sich das bewusst zu machen, ist für Eltern wichtig. Manchmal lieben und begrüßen wir bestimmte Aspekte dieser Persönlichkeit, zu anderen Zeiten lösen sie Besorgnis oder Verwirrung aus. Wie Ihr Kind mit neuen Situationen umgeht, sich in der Welt zurechtfindet, das Leben erforscht, auf Veränderungen reagiert, Gefühle zum Ausdruck bringt und sich mit Menschen und Informationen auseinandersetzt, hängt nicht zuletzt von seiner individuellen Persönlichkeitsstruktur ab. Jedes Kind versucht auf seine Weise, die Welt zu erfahren, obwohl es bei allen Kindern Gemeinsamkeiten gibt (und Variabilität, wie bereits erwähnt). Wenn Sie die Weltsicht Ihres Kindes verstehen wollen, sollten Sie sowohl sein Entwicklungsstadium als auch sein Persönlichkeitsprofil berücksichtigen.

Die nachfolgenden Fragen sollen Ihnen dabei helfen, die Lebenssicht Ihres Kindes zu entschlüsseln. Damit können Sie sich Klarheit über sein Verhalten in bestimmten Situationen und die wahren Bedürfnisse verschaffen, die sich wahrscheinlich dahinter verbergen.

Diese Fragen können nur Sie beantworten. Es gibt keine richtigen oder falschen Antworten, aber die Fragen führen zu einem besseren Verständnis, wie Ihr Kind das Leben wahrnimmt. Einige Aufgaben und Verhaltensweisen mögen für die meisten Kinder dieser Altersgruppe typisch sein, aber Zeitangaben und Einzelheiten der Entwicklungslandkarte sind völlig individuell. Manche Kinder machen auf der emotionalen Ebene schneller Fortschritte, während bei anderen der Schwerpunkt auf der physischen Ebene liegt, als würden sie die kognitive oder emotionale Dimension ihrer Erfahrungen ignorieren. Einen Monat später kann bereits eine Kehrtwende um 180 Grad eingetreten sein! Und kein Entwicklungsmuster ist richtig oder falsch.

- Wie wohl fühlt sich Ihr Kind in seinem Körper? Haben Sie den Eindruck, dass ihm neue körperliche Aktivitäten Angst einflößen?
- Scheint Ihr Kind nachhaltig auf Veränderungen in gewohnten Abläufen zu reagieren? Wenn ja, wie verhält es sich?
- Bringt Ihr Kind Gefühle wie Wut oder Traurigkeit offen zum Ausdruck? Wie oft hat es Wutausbrüche?
- Wie zeigt Ihr Kind, dass es frustriert ist? Kapselt es sich schweigend ab und gibt auf? Wirft es sich auf den Boden oder stampft mit den Füßen auf, um den Frust abzubauen?
- Wie oft genießt es Ihr Kind, sich alleine zu beschäftigen?
- Wie oft genießt es Ihr Kind, mit anderen Kindern, die es kennt, zu spielen?
- Wie oft hält sich Ihr Kind an Ihre Anweisungen und Regeln?
- Fühlt sich Ihr Kind immer wohl, wenn es Abschied nehmen muss? Neigt es dazu, sich innerlich zu verschließen, zu weinen oder Szenen zu machen?
- Wie verhält sich Ihr Kind in einer neuen Situation, wenn es beispielsweise Freunde besuchen darf oder zu einer Geburtstagsparty eingeladen ist? Braucht es Zeit, um das Geschehen zu beobachten und sich mit der fremden Umgebung vertraut zu machen? Müssen Sie zur Sicherheit noch eine Weile in Sichtweite bleiben? Oder kann es kaum erwarten, sich alleine ins Abenteuer zu stürzen?

Sollten Sie diese Fragen später noch einmal durchlesen, werden Sie vielleicht feststellen, dass Ihre Antworten anders ausfallen. Warum? Weil sich der Umgang Ihres Kindes mit dem Leben und den eigenen Fähigkeiten in stetigem Fluss befindet. Heben Sie die Antworten auf, als Erinnerung an die dynamischen Veränderungen und Entwicklungsschritte Ihres Kindes im Lauf der Jahre!

3
Die individuelle Sichtweise
Ihres Kindes

Die Verbesserung der Interaktionen durch
einen Perspektivwechsel

Erziehung aus der kindorientierten Perspektive erfordert ein radi-
kales Umdenken: Statt aus der »Top-down-Position« zu führen,
das heißt den Standpunkt eines Erwachsenen einzunehmen, der
das Geschehen von einer höheren Ebene aus lenkt, versetzen Sie
sich in Ihr Kind hinein, denken und sehen die Welt mit seinen
Augen. Für Kleinkinder sind viele Situationen Neuland, faszinierend oder beängstigend, sie haben kein Zeitempfinden und sind
unendlich neugierig auf das Leben. Sie wissen nicht, warum etwas
geschieht oder was einem Ereignis vorausging. Aus ihrer Sicht ist
es sinnvoll, eine Idee unverzüglich in die Tat umzusetzen.

Aus dieser Perspektive sieht die Welt eindeutig anders aus. Erwachsene denken normalerweise rational und in logischer Abfolge; Ereignisse werden zeitlichen Sequenzen zugeordnet. Kleinkinder ticken anders. Die Mutter eines dreijährigen Jungen erklärte:
»Wochenlang gab es zur Bettgehzeit Machtkämpfe mit meinem
Sohn – er wollte einfach nicht schlafen. Er bat ständig, ihm ›noch
eine‹ Geschichte vorzulesen. Er bettelte: ›Bleib hier. Ich will nicht
alleine bleiben. GEH NICHT WEG!‹ Ich wurde laut. Ich machte
die Tür zu seinem Zimmer zu. Ich flehte ihn an: ›Bitte, bitte,
bitte, schlaf endlich!‹ Manchmal dauerte die ganze Prozedur zwei
Stunden, und wenn er endlich einschlief, war ich auf hundert-
achtzig. Das machte die Situation natürlich nicht besser. Sie änderte sich erst, als mir klar wurde, dass die Bettgehzeit Abschied

nehmen für ihn bedeutete, genau wie jeden Morgen, wenn ich zur Arbeit fuhr. Was ich als Feierabend und Zeit für mich selbst betrachtete, war für ihn eine weitere Trennung. Nach dem Gespräch mit Tovah Klein ging ich zu einer anderen Methode über. Ich küsste ihn auf beide Wangen, wie morgens, und sagte: ›Wir sehen uns morgen früh, wie immer, aber meine Küsse bleiben die ganze Nacht bei dir.‹ Es dauerte ein paar Nächte, bis sich dieses neue Ritual eingespielt hatte und ihm ein Gefühl der Sicherheit vermittelte, doch von da an waren die Kämpfe vorbei.«

Einem Vater gelang es auf diese Weise, ein weitverbreitetes, störendes Verhalten zu unterbinden: Seine zweieinhalbjährige Tochter machte sich einen Spaß daraus, mit Spielsachen um sich zu werfen und zu beobachten, wie ihr Vater »Nein!« sagte und dabei zunehmend lauter wurde. Er versuchte, ihr die Unart abzugewöhnen und schickte sie zur Auszeit in ihr Zimmer oder nahm ihr das Spielzeug weg. Beide Strategien scheiterten, und die Frustration des Vaters wuchs.

Statt das Verhalten zu bekämpfen, schlug ich vor, sich darauf einzulassen, wenngleich in einem vernünftigen, eingeschränkten Rahmen. Meine Empfehlung? Einen Raum schaffen, in dem die Kleine ihrer Neigung ungestraft nachgehen durfte. Zweijährige können sehr impulsiv sein. Sie erproben sowohl ihre eigene Kraft (»Aha, bis dahin kann ich schon werfen!«) als auch ihre Macht gegenüber den Eltern (»Wenn ich mit Spielsachen werfe, fängt Papa an zu brüllen – interessant!«).

Der Vater zögerte, auf meinen Vorschlag einzugehen. »Ich möchte nicht, dass sie sich zu diesem Verhalten noch ermutigt fühlt«, meinte er.

Ich versicherte ihm, dass das Gegenteil eintreten würde.

Aus der Sicht des Kindes macht Werfen nicht nur Spaß, sondern ruft auch eine starke Reaktion beim Vater hervor. Sich auf das Verhalten einlassen bedeutet, dass der Vater nicht mehr überreagieren, sondern seiner Tochter das Gefühl geben sollte, dass er ihr Bedürfnis verstand. Anfangs hielt er noch an den Auszeiten und dem Spielzeugentzug fest. Doch trotz der Strafmaßnahmen trat keine Besserung ein, das Verhalten wurde sogar noch schlimmer. Mit seinem Latein am Ende, besorgte er einen kleinen Abfalleimer und erklärte ihr, wie man Korbball spielt und dass sie jederzeit versuchen könne, Spielzeug hineinzuwerfen. Schon bald wurde ihr das Spiel zu langweilig und der Impuls, Spielsachen wild durch die Gegend zu pfeffern, ließ nach. Kleinkinder möchten, dass man ihre Bedürfnisse versteht und als legitim anerkennt. Deshalb sollte der Vater seiner Tochter einen bestimmten Raum zugestehen, in dem Werfen erlaubt war. (Ein Basketballkorb, in erreichbarer Höhe angebracht, kann ebenfalls gute Dienste leisten.)

Eltern lassen sich auf unterschiedliche Weise auf diesen Perspektivwechsel ein. Und er erfordert Zeit. Wie das erste Beispiel zeigt, hatte die Mutter ein Aha-Erlebnis, als ich ihr bewusst machte, dass die Bettgehzeit die schwerwiegendste Trennung des Tages darstellte. Dadurch, dass sie in den gleichen Bezugsrahmen wie die morgendliche Trennung gesetzt wurde, auf die ein Wiedersehen folgte, fühlte sich das Kind getröstet und befähigt, ohne Machtkämpfe einzuschlafen.

Die Welt aus der Perspektive eines Kindes zu betrachten kann eine seltsame Erfahrung sein. Schließlich sind wir sozialisierte Erwachsene. Der Gedanke, aus einer Laune heraus einen gefüllten Wasserbecher quer durch den Raum zu feuern oder einem Kind einen Stoß zu versetzen, weil es im Weg steht, befremdet. Doch auf diese Weise lässt sich mehr erreichen: Als der Vater dem Bedürfnis seiner Tochter Rechnung trug, mit Spielsachen um sich zu werfen, und ihr mit der Einführung des Korbballspiels einen begrenzten Raum für diese Erfahrung zubilligte, fühlte sich das Kind verstanden und änderte sein Verhalten.

Wichtig ist, nicht zu streng mit sich selbst zu sein und sich daran zu erinnern, dass die Kleinkindphase Teil eines wesentlich längeren Entwicklungsprozesses ist. Sie bietet die Chance, die eigenen Werthaltungen und Erwartungen an das Verhalten des

Kindes zu überprüfen. Manchmal sind wir blind durch die Mut-maßungen oder vorgefassten Meinungen, die verhindern, dass wir uns in ein Kind hineinversetzen oder uns daran erinnern, dass seine Weltsicht ganz anders ist als unsere eigene.

Die reflexartige Reaktion der Eltern eines kleinen Tyrannen, der schon mit zwei Jahren jeden herumkommandiert, oder eines manipulativen Vierjährigen, der stets anderen die Schuld für sein Handeln zuweist, besteht entweder in dem Versuch, das Verhalten des Kindes durch harte Disziplinarmaßnahmen und Regeln zu steuern und zu kontrollieren oder es zu beschönigen und den Dingen ihren Lauf zu lassen. Verwirrt, peinlich berührt oder außer sich über das »unsägliche« Benehmen, das ihr Kind an den Tag legt, greifen manche rigoros durch, um ihm das störende Verhalten auszutreiben. Dahinter verbirgt sich die unausgesprochene Einstellung oder Überzeugung: »Wehret den Anfängen!«

Am entgegengesetzten Ende der Reaktionsskala resignieren manche Eltern und rechtfertigen ihre Kapitulation mit allen nur erdenklichen Entschuldigungen: »Meine Tochter hat einen starken Willen, den möchte ich nicht brechen.« »Ich halte diese Machtspielchen einfach nicht mehr aus – ich kann nur noch hoffen, dass sie sich von alleine auswachsen.« Oder: »Das ist doch typisch für das Trotzalter, oder?«

Die meisten Eltern fühlen sich zwischen den beiden Extremen hin- und hergerissen, legen Regeln fest, ordnen an oder werfen das Handtuch. In Familien mit zwei Elternteilen scheiden sich bisweilen die Geister – ein Elternteil tendiert zum Kontrollverhalten, zu »Wehret den Anfängen!«, während der andere kapituliert. Auch Eltern sind nicht perfekt und wir *alle* kennen beide Extreme aus eigener Erfahrung – manchmal durchlaufen wir sie an ein und demselben Nachmittag. Aber es gibt zweifellos eine wirksamere Methode, die Interaktionen mit Ihrem Kind zu gestalten, einen Ansatz, der den sicheren Halt und das Vertrauen gewährleistet, die es braucht, um die schwierige Phase der Ablösung und Selbstfindung zu bewältigen.

Damit können und werden Sie eine Oase des Friedens schaffen, in der Sie Ihr Kind mit all seinen Höhen, Tiefen und widersprüchlichen Verhaltensweisen genießen, lieben und annehmen, ohne Ihre Autorität als Eltern aufzugeben. Und nicht nur das, Sie werden auch das Gefühl haben, besser für Ihre Erziehungsaufgaben gerüstet zu sein. Viele Eltern haben bestätigt, dass sie nach dem Perspektivwechsel imstande waren, im Umgang mit Ihrem Kind gelassener und kompetenter zu reagieren. Und, was vielleicht noch wichtiger ist: Sie können die Chancen, die diese kritische Phase im Leben ihres Kindes bietet, optimal nutzen, um die Belastbarkeit, Entschlossenheit und die geistigen Fähigkeiten zu fördern, die den Weg zu einem erfüllten und erfolgreichen Leben ebnen.

Die fünf Eckpfeiler eines kindorientierten Erziehungsansatzes

Der kindorientierte Erziehungsansatz stützt sich auf fünf Eckpfeiler, die dazu beitragen, die Welt aus dem Blickwinkel Ihres Kindes zu betrachten, ohne Ihre Autorität aufzugeben. Eltern geben Ihrem Kind eine Landkarte mit auf den Weg. Die fünf Eckpfeiler stellen Wegmarken dar, die Ihnen helfen, Ihr Kind und Ihre eigenen Reaktionen zu verstehen, sodass Sie sich entspannt auf seine Erfahrungen und Bedürfnisse einstellen und Ihr Verhalten entsprechend anpassen können.

1. Bleiben Sie in der Nähe, selbst wenn es schwerfällt

Unser Kinder brauchen uns. Sie brauchen unsere Nähe, auch wenn sie auf Distanz gehen. Sie brauchen einen starken Halt (zumindest nach außen hin), wenn sie aus dem Tritt geraten. Sie brauchen Eltern, die gelassen reagieren, wenn sie überdreht, aufgebracht oder einfach schwer zu bändigen sind. Warum? Weil wir für sie ein Fels in der Brandung sind, die Menschen, auf die sie sich blind verlassen, wenn es hart auf hart kommt. Wir sind die größte, wichtigste Konstante in ihrem Leben und sollten sie ständig und konkret daran erinnern, dass wir sie lieben, beschützen und auf die meisten ihrer Bedürfnisse – wenn auch nicht alle – eingehen. Ungeachtet ihres Verhaltens, ihrer Reaktionen oder ihrer Gefühle. Wir sind für sie da, gleichgültig, was sie tun oder sagen, auch dann, wenn ihr Verhalten zu wünschen übriglässt. Heißt das, wir sollten ihnen alles durchgehen lassen? Keineswegs. Aber wir sollten akzeptieren, dass Kinder gute und schlechte Zeiten haben (führen Sie sich das noch einmal vor Augen, wenn die Pubertät beginnt!). Manchmal machen sie uns stolz, und manchmal können wir kaum glauben, wie sie sich aufführen. Aber unsere Kinder müssen wissen, dass wir sie lieben, auch wenn sie sich in einer Krise befinden, Dinge tun, die uns missfallen oder uns zwingen, mithilfe von Grenzen und Steuermaßnahmen eine Kursänderung einzuleiten.

2. Sagen Sie klar, wo's langgeht

Welche Folgen hat es, wenn Sie klar die Führung übernehmen? Es ist oft schwer, Ruhe zu bewahren und nach vorne zu schauen! Wir vergessen oft, wie klein und verletzlich Kinder in diesem Alter noch sind. Vor allem, wenn ihr Verhalten verwirrend, irrational und frustrierend für uns ist.

Diana und Mark hatten eine Tochter, Lara. Ein »Traumkind«, wie sie sagten – immer gut gelaunt, leicht zu beruhigen, sie schlief schon mit sechs Wochen nachts durch und war im Kleinkindalter absolut pflegeleicht. Sie hatte nie Wutanfälle, und die Eltern konnten sie überallhin mitnehmen. Die Zweijährige saß brav am Tisch, aß fast alles und jammerte oder weinte selten. Und sie konnte sich hervorragend allein beschäftigen. Die Leute gratulierten den Eltern zu ihrem Musterkind. Als Lara aber drei wurde, »veränderte sie sich, buchstäblich über Nacht, als hätte sich ein

Schalter umgelegt«, erklärte die Mutter. Sie wurde schwierig, unfolgsam, unkooperativ, und wenn es »Nein« hieß, wie freundlich oder entschlossen auch immer, machte sie erst recht weiter oder stellte ihre Forderungen noch lauter.

Lara entdeckte einen Handtuchhalter in der Küche, an den sie gerade heranreichte. Wenn sie sich auf die Zehenspitzen stellte, konnte sie die Stange ergreifen. Ihre Mutter ermahnte sie ständig, nicht daran zu ziehen, weil sie fürchtete, sie könnte aus der Halterung brechen, und Lara wich zurück. Doch nach geraumer Zeit sah sie ihre Mutter herausfordernd an, ohne loszulassen, und lachte. Oder sie gehorchte, um gleich darauf abermals nach der Stange zu greifen. Aus Laras Sicht war die Interaktion ein Spiel geworden. Die Mutter versuchte, ihr das Verbot mit vernünftigen Argumenten zu erklären. »Lara, du weißt, dass die Stange abbrechen kann, und ich möchte nicht, dass du dich verletzt.« Die Mutter reagierte geduldig und vernünftig (trotz wachsender Frustration). Aber Lara dachte nicht daran, folgsam zu sein. Für sie war jetzt etwas anderes wichtig: Sie hatte ihre Macht entdeckt. Wie weit kann ich gehen? Ob Mama es wirklich ernst meint mit ihrem Verbot? Sie wiederholt es ständig, interessant. Mal schauen, was passiert! Lara hob die Füße in die Höhe, sodass sie an der Stange baumelte. Ihre Mutter eilte herbei, bat sie eindringlich aufzuhören und erklärte ihr noch einmal, warum. Lara lachte, so lange, bis die Mutter sie packte, herunterzog und ein Machtwort sprach, weil sie sich in Gefahr brachte. Lara versuchte es nicht wieder, weil die Mutter eine klare Grenze gesetzt hatte. Doch die Mutter hatte ein schlechtes Gewissen: »Ich hätte sie nicht mit Gewalt davon abhalten dürfen. Das war übergriffig. Und falsch, oder?«

Manchmal werden Eltern auf diese Weise unsicher. Kinder brauchen Grenzen, sie sehen in uns Autoritätspersonen, die ihnen sagen: Jetzt ist Schluss. Nicht, um sie in ihre Schranken zu weisen, sondern zu ihrem eigenen Schutz. Im unserem Beispiel versucht die Mutter, das Problem wie eine rational denkende Erwachsene zu lösen. Lara versucht, ihre Macht auszutesten, sie verfolgt gespannt, wie weit sie reicht. Sie verlässt sich darauf, dass ihre Mutter sie in aller Deutlichkeit auf die Grenzen hinweist. Doch die Mutter ermahnt sie nur im üblichen sanften Tonfall, statt ihr Verhalten mit Nachdruck zu unterbinden. Manchmal vergessen Eltern, dass sie eine Autorität darstellen. Ich fragte Diana, warum sie nicht von Anfang an ein Machtwort gesprochen hatte. Sie zögerte: »Ich dachte, es sei besser, mein Kind ohne Zwänge zu erziehen, es ausschließlich auf positive Weise zu unterstützen. Ich hatte mir fest vorgenommen, nie laut zu werden. Ich möchte sie nicht gegen mich aufbringen. Sie soll wissen, dass sie immer auf mich zählen kann.«

Dieses Argument habe ich schon oft gehört. Einige Eltern befürchten, einen Wutanfall auszulösen, was sie unbedingt verhindern wollen (und oft passiert, wenn Kinder in diesem Alter mit einem klaren Nein oder mit Grenzen konfrontiert werden!). Doch damit verhindert man, dass Kinder entdecken, wo ihre Grenzen sind. Und wie sollen sie Wutgefühle in den Griff bekommen, wenn man ihnen von Anfang an vorbeugt? Nur wenn man Frustration und Wut zulässt, lernen sie im Lauf der Zeit, mit negativen Gefühlen umzugehen. Gleichzeitig müssen sie aber sicher sein können, dass Mama und Papa immer für sie da sind, auch wenn sich die Wut gegen sie richtet. Es mag paradox klingen, doch wenn wir Grenzen setzen, bauen wir eine Vertrauensbasis auf. Das Kind weiß so, dass auf seine Eltern Verlass ist.

3. Sorgen Sie (weitgehend) für Beständigkeit

Beständigkeit bietet Kindern, vor allem in diesem Alter, einen festen Halt. Und sie erleichtert Eltern den Umgang mit den Gefühls- und Verhaltensschwankungen ihres Kindes. Was bedeutet Beständigkeit? Beständigkeit erfordert keine strengen Regeln. Sie stellt vielmehr einen Rahmen für den Alltag des Kindes dar. Einen Rahmen, in dem sich »gute Gewohnheiten« entwickeln können. Die einzelnen Elemente lassen sich variieren, auch wenn sie in feste Strukturen und Tagesabläufe eingebunden sind. Wenn feste Strukturen und Rituale einen Großteil des Alltags gestalten, wenn sich Kinder in diesem Rahmen sicher bewegen können, sich beschützt, geborgen und geliebt fühlen, sind sie eher bereit, unvermeidliche Veränderungen zu akzeptieren. Warum? Weil ritualisierte Handlungs- oder Tagesabläufe und Beständigkeit die Grundfesten ihres Alltags bilden und sie darauf vertrauen können, dass beides wiederkehrt. Sie sind Fixpunkte in ihrem Leben, ein sicherer Hafen oder Rückzugsort, wenn sie ausziehen, um die große weite Welt zu erobern. Sie dienen der Orientierung, sodass auch gelegentliche Abweichungen von der Regel leichter verkraftet werden. Kinder sind durchaus belastbar, wenn man es zulässt!

Beständigkeit bedeutet, dass man zuerst feste Strukturen und Handlungs- oder Tagesabläufe einführt (mehr darüber im Kapitel 5). Sie sind unerlässlich. Warum? Weil Kleinkinder kein Zeitgefühl haben. Selbst bei Fünfjährigen ist es noch nicht sehr ausgeprägt (wenngleich besser als bei Zweijährigen). Zeit ist schließlich ein abstrakter Begriff. Man kann sie nicht sehen. Man kann sie nicht berühren. Es handelt sich um eine »Sinneswahrnehmung«, die sich mit der kindlichen Entwicklung schärft. Für Erwachsene ist es nur schwer vorstellbar, den Tagesablauf nicht in aufeinanderfolgende Zeitintervalle zu unterteilen oder keine Ahnung zu haben, was eine Viertelstunde ist oder wie sie sich anfühlt. Kleinkinder verlassen sich darauf, dass wir ihren Tagesablauf organisieren, ihnen Hinweise geben, was als Nächstes geschieht, dass wir sie von einer Aktivität (beispielsweise beim Frühstück) zur anderen geleiten (beispielsweise:»Jetzt ziehen wir die Schuhe an, damit wir nach draußen gehen können.«).

Da Kleinkindern dieses Zeitgefühl fehlt und ihr Gehirn sich noch in der Entwicklung befindet, haben sie bestimmte Fähigkeiten noch nicht verinnerlicht, die Erwachsenen (den meisten jedenfalls) ermöglichen, ihre Zeit gut einzuteilen, Impulse zu steuern, Bedürfnisse zum Ausdruck zu bringen, ihre Aktivitäten sorgfältig zu planen und Stress zu bewältigen. Diese Fähigkeiten gehören zu den exekutiven Funktionen oder Lebenskompetenzen, von denen im zweiten Kapitel die Rede war. Als Eltern sollten wir unseren Kindern helfen, sie so früh wie möglich zu entwickeln, damit sie künftig darauf zurückgreifen können. Studien bestätigen die Bedeutung der exekutiven Funktionen für den Erfolg in vielen Lebensbereichen. Beständigkeit und ritualisierte Handlungs- und Tagesabläufe sind vor allem in dieser prägenden Entwicklungsphase ein wichtiger Baustein des Fundaments, das Kinder brauchen, um die Komplexität des späteren Lebens zu bewältigen. Sie machen das Leben überschaubarer und vermitteln ein tief verwurzeltes Gefühl der Sicherheit. Die Kinder wissen, womit sie rechnen können: Nach dem Baden kommt das Vorlesen, oder nach der Kindersendung im Fernsehen steht Schuheanziehen und draußen Spielen auf dem Programm. Sich auf diesen geregelten Ablauf verlassen zu können, ist ein gutes Gefühl. Sonst würden sich Kinder bei jeder neu angekündigten Aktivität überrumpelt fühlen (oder sie gar als Schock empfinden!). Feste Strukturen und Rituale fördern die Entwicklung des Kindes!

Obwohl es Kleinkindern an der Fähigkeit mangelt, ihre Zeit einzuteilen, möchten sie das Gefühl haben, dass ihr Tag strukturiert ist. Damit stehen sie nicht allein da. Die meisten Menschen – Kinder, Heranwachsende und Erwachsene – fühlen sich unwohl, wenn alles drunter und drüber geht. Eine wichtige Aufgabe der Eltern und Bezugspersonen besteht in der Organisation des Tagesablaufs, bis Kinder diese Aufgabe irgendwann allein übernehmen können. Mit Organisation ist hier das verinnerlichte Gefühl gemeint, dass der Tag einen bestimmten Rhythmus haben sollte, einen Rahmen für die Ordnung der Dinge, einen festgefügten Ablauf. Wenn dieses Gefühl, gut organisiert zu sein, in Fleisch und Blut übergeht, fühlt sich das Kind sicher und geborgen, kann das Leben unbeschwerter genießen und das Auf und Ab des Tages bewältigen. Ohne diese Struktur geraten Kinder leicht aus der Spur (und Erwachsene ebenso!). Das Gegenteil von Organisation ist Desorganisation oder Chaos. Ein Gefühl, das Unbehagen weckt, vor allem bei kleinen Kindern.

Führen Sie also ritualisierte Handlungs- und Tagesabläufe ein, um das Leben Ihres Kindes zu strukturieren – bei den Mahlzeiten, beim Anziehen, Schlafengehen, Baden oder wenn es gilt, das Haus zu einer bestimmten Zeit zu verlassen. Sie geben einem Kind Hinweise auf das, was folgt: Was passiert jetzt? Und danach? Ein Beispiel: »Ich höre, wie das Wasser in die Wanne läuft, also muss ich gleich baden. Nach dem Baden ziehe ich meinen Schlafanzug an und dann lesen wir ein Buch.« Feste Handlungs- oder Tagesabläufe sind keine in Stein gemeißelten Regeln. Sie lassen sich eher mit kleinen orangefarbenen Wimpeln vergleichen, die Kindern den Weg durch den Tag weisen, damit sie nicht aus der Spur geraten: »Zeit fürs Frühstück«, »Zeit fürs Mittagessen«, »Zeit für den Kindergarten«, »So benehmen wir uns bei Tisch«, »So kann beim Baden nichts passieren«.

Das heißt nicht, dass Sie sich immer strikt an den festgelegten Tages- oder Handlungsablauf halten müssen. Kinder können – und sollten – belastbar sein und gelegentliche Abweichungen oder Änderungen verkraften. Mit jeder Änderung (wenn beispielsweise die Großeltern am Wochenende zu Besuch kommen) und späteren Rückkehr zur gewohnten Regelung lernt das Kind, flexibel zu reagieren. Das gilt vor allem, wenn Sie die Unterbrechung als solche wahrnehmen und offen ansprechen: »Dieses Wochenende haben wir nicht wie sonst in der Küche zu Mittag gegessen, weil Oma und Opa da waren. Aber jetzt sitzen wir wieder auf unseren Plätzen in der Küche.« Ritualisierte Abläufe müssen flexibel sein, weil Kinder Abwechslung brauchen. Wenn Ihr Kind statt zweimal am Tag zu schlafen nur noch einen Mittagsschlaf macht, hat es sich seinen Bedürfnissen angepasst. Der Tag bietet dadurch neue Gestaltungsmöglichkeiten, aber das Ritual ist grundsätzlich gleich geblieben, nur in abgeänderter Form.

4. Seien Sie realistisch

Damit Kinder die unvermeidlichen Ablösungsprozesse vertrauensvoll, belastbar und selbstsicher bewältigen, sollten Eltern realistische Erwartungen haben, was der Nachwuchs bereits alleine kann und was nicht. Zugegeben, jedes Kind ist anders, was seine Persönlichkeitsmerkmale und die Art betrifft, sie zum Ausdruck zu bringen. Aber grundlegend haben alle Kinder in diesem Alter eines gemein: das Bedürfnis, sich auf die Hilfe und Unterstützung der Eltern verlassen zu können, ungeachtet ihres eigenen Verhaltens. Um Ihrem Kind zu zeigen, dass es auf Sie zählen und den Mut aufbringen kann, sein Potenzial voll zu entfalten, sollten Sie Ihre Erwartungen überprüfen, ob sie wirklich realistisch sind.

Eines Nachmittags blieben ein viereinhalbjähriges Mädchen und ihre zweijährige Schwester einen Moment lang unbeaufsichtigt, als es an der Tür läutete und die Großmutter öffnen ging. Die jüngere der beiden ergriff die Gelegenheit, sich selbstständig zu machen und eine Rolle Klopapier in die Toilette zu stopfen. Als die große Schwester loslief, um die Großmutter zu holen, schüttelte diese nur lachend den Kopf. Geraume Zeit später rief die Viereinhalbjährige die Großmutter zu sich ins Badezimmer, eine Rolle Toilettenpapier in der Hand, und machte Anstalten, sie ebenfalls in die Toilette zu stopfen. Doch dieses Mal wurde die Großmutter wütend und schimpfte, sodass das Mädchen in Tränen ausbrach. Warum hatte die Großmutter bei der kleinen Schwester gelacht?

Manche Eltern betrachten ein solches Verhalten in diesem Alter als Manipulationsversuch. Aber man könnte es auch anders deuten. Das ältere Mädchen war vielleicht eifersüchtig und hatte das Gefühl, Aufmerksamkeit auf sich zu lenken, wenn es sich wie die kleine Schwester verhielt. Wenn dieses Bedürfnis angesprochen und ihm auf ruhige Weise eine Grenze gesetzt wird (»Das ist keine gute Idee, um Aufmerksamkeit zu wecken. Komm, wir spielen etwas.«), handelt man situationsbezogen und erfüllt das eigentliche Bedürfnis.

Mit anderen Worten: Die Reaktion auf das Verhalten einer Vierjährigen sollte sich von der Reaktion auf das Verhalten einer Zweijährigen unterscheiden. Das Alter des Kindes ist ein wichtiger Faktor, um das kindliche Verhalten in einem bestimmten Kontext besser einzuordnen.

Eltern verlieren leicht aus den Augen, was sie realistischerweise von ihrem Kind erwarten können. Auch wenn sich innerhalb von Minuten, Tagen oder Wochen rasante Fortschritte bei einem Kind bemerkbar machen – ein Zweijähriger verzichtet vielleicht unverhofft auf den Schnuller, eine Dreijährige besteht plötzlich darauf, Strümpfe und Schuhe alleine anzuziehen, wie es ihr beigebracht wurde, und eine Vierjährige macht sich endlich ohne Protest oder Trödeln für den Kindergarten bereit –, sollte man sich daran erinnern, dass Kinder solche Anforderungen nicht jeden Tag gleich gut bewältigen (oder auch zweimal an einem Tag!). Nochmals: Schwankungen sind im Kleinkindalter gang und gäbe. Wenn es Abweichungen vom Zeitplan oder Veränderungen im Leben eines ansonsten folgsamen zweijährigen Kindes gibt (es ist krank oder die Tagesmutter macht Urlaub), reagiert es unter Umständen mit Rückzug auf eine frühere Entwicklungsstufe, verlangt wieder mit ohrenbetäubendem Gebrüll nach seinem »Schnulli«. Und ein dreijähriges Kind, das stolz darauf ist, sich alleine für den Kindergarten fertig zu machen, pfeffert eines Morgens aus scheinbar unerfindlichen Gründen Strümpfe und Schuhe durch die Gegend.

In solchen Situationen sollten Sie realistisch sein und sich das Alter des Kindes bewusst machen. Mit zwei erinnert sich der kleine Toby nicht immer rechtzeitig daran, die Toilette aufzusuchen. Er hat vergessen, dass er sich gestern auch ohne Schnuller sicher und geborgen gefühlt hat. Die vierjährige Cora mag gezeigt haben, dass sie schon »groß« ist, weil sie vier Nächte in Folge in einem großen Bett geschlafen hat. Doch am Wochenende ändert sich der gewohnte Tagesablauf und sie rastet aus, weil sie alleine in ihrem Zimmer schlafen soll, in dem nur ein Nachtlicht brennt. Und der Vierjährige, mit dem man noch am Freitagmorgen pünktlich das Haus verlassen konnte? Nachdem er das ganze Wochenende mit der Familie verbracht hat, kann er am Montag seinen Rucksack nicht finden und wirft sich in einem Wutanfall auf den Boden, weil die falsche Jacke am Haken hängt.

Ein solches Regressionsverhalten ist normal. Jedes Mal, wenn Ihr Kind einen weiteren Wachstums- und Entwicklungsschritt macht (die Toilette benutzen, in einem großen Bett schlafen, in den Kindergarten gehen oder das Klettergerüst auf dem Spielplatz erklimmen), wird es daran erinnert, wie sehr es Sie noch braucht. Der Gedanke, völlig auf sich selbst gestellt zu sein, weckt Unbehagen (auch wenn es nicht den Anschein hat). Er macht ihm Angst. Ein Fünfjähriger, der gerade Zweiradfahren gelernt hatte, erklärte: »Ich will nicht zur Schule gehen oder heiraten oder groß werden. Ich möchte bei dir bleiben, Mama, für immer.« Und eine Dreijährige, die gerade erst in ein großes Bett umgezogen war, erkundigte sich: »Können wir, wenn ich groß bin, ein größeres Haus haben, damit ich bei euch wohnen und mein neues Bett mitnehmen kann?« Diese Beispiele zeigen, dass das Gefühl, etwas »Großes« geleistet zu haben, sowohl aufregend (»Ich habe es geschafft! Ganz alleine! Ich bin schon groß!«) als auch beängstigend sein kann.

Das ist auch für die Eltern verwirrend. Eine Mutter erklärte, ihre Tochter habe es kurz vor ihrem dritten Geburtstag innerhalb einer Woche geschafft, die Toilette zu benutzen und auch nachts trocken zu bleiben. Eine angenehme Überraschung. Doch dann stellte sie fest, dass ihre Tochter wieder in der Babysprache zu reden begann und am Daumen lutschte. Auch dieses Beispiel erinnert daran, dass Kinder in diesem Alter schon groß und gleichzeitig noch klein sind. Im Kapitel 7 erfahren Sie mehr über den Umgang mit diesem Aspekt des Entwicklungsprozesses und die Bedürfnisse, die sich hinter dem Regressionsverhalten verbergen.

Wir sollten den Entwicklungsstand unserer Kinder und andere Einflussfaktoren, die Rückschläge im Verhalten verursachen können, realistisch beurteilen. Die Entwicklung verläuft sprunghaft und nicht in einer stetigen, geraden Linie. Was an einem Tag gelingt, kann am nächsten Tag schiefgehen. Eine Mutter sagte über ihre zweieinhalbjährige Tochter: »Ich hatte es endlich geschafft, ihr abzugewöhnen, Essen auf den Boden zu werfen, und wir konnten unser Abendessen zum ersten Mal entspannt genießen. Aber zwei Tage später kletterte sie aus ihrem Gitterbett, und jetzt will sie nicht mehr schlafen. Wenn ich wählen dürfte, würde ich mich für das Essenwerfen entscheiden.« Die Lösung des Problems besteht darin, sich nicht in die Welt des Kindes hineinziehen zu lassen (denn sonst laufen wir Gefahr, die Kontrolle zu verlieren) und zu vergessen, dass wir als Erwachsene die Verantwortung tragen, was bei einem Kind das Gefühl weckt, noch weniger selbst bestimmen und steuern zu können.

Wenn Sie Ihrem Kind Leitlinien vorgeben, die sich an realistischen Erwartungen ausrichten, und Ihren Sinn für Humor bewahren, ebnen Sie ihm den Weg, um irgendwann von selbst zur Ruhe zu kommen, sich an Vorgaben zu halten und alleine zu schlafen. Zu den realistischen Erwartungen gehört auch das Wissen, dass Entwicklungsfortschritte nicht immer bedeuten, eine Hürde ein für alle Mal überwunden zu haben. Und selbst wenn, können in anderen Bereichen gleichzeitig Rückschritte eintreten und Verhaltensweisen zum Vorschein kommen, die für eine frühere Stufe der Entwicklung charakteristisch waren.

Selbst kleine Veränderungen wirken sich in diesem Alter auf ein Kind aus. Es ist nicht immer leicht für Eltern, sich vor Augen zu halten, dass selbst geringfügige Abweichungen vom gewohnten Tagesablauf das Gleichgewicht stören oder eine Situation schaffen können, die für ein Kind alles andere als ideal ist. Ist es beispielsweise realistisch, zu erwarten, dass eine Zweijährige bei einer Familienfeier »brav« ist, wenn sie zwei Tage hintereinander keinen Mittagsschlaf gehalten hat oder dabei gestört wurde, weil im Raum nebenan Trubel herrschte? Ist es realistisch, zu erwarten, dass sich ein dreijähriges Kind in einem Spielwarenladen vorbildlich benimmt? Oder dass ein Vierjähriger während einer einstündigen Veranstaltung mucksmäuschenstill auf seinem Stuhl sitzen bleibt? Als Eltern erkennen wir nicht immer auf Anhieb, dass überhaupt eine Veränderung stattgefunden hat oder eine Situation nicht altersgemäß ist. Für ein Kind verändert sich aber etwas, wenn ein Elternteil auf Geschäftsreisen geht, selbst wenn das häufig der Fall ist. Der Besuch der Großeltern, auch wenn er Spaß macht, bringt Veränderungen mit sich. Ein einstündiges Konzert, mag es auch noch so kinderfreundlich sein, dauert aus der Sicht des Kindes lange. Schon der Wechsel vom Wochenende zum Montagmorgen stellt für Zwei- bis Fünfjährige eine große Veränderung dar. Wenn Kinder mit unkalkulierbaren Veränderungen in ihrem Leben konfrontiert werden, ist mit Regressionsverhalten oder Trotzreaktionen und Wutausbrüchen zu rechnen.

5. Machen Sie sich klar, dass Ihr Kind eine eigenständige Persönlichkeit ist

Sich diese Tatsache bewusst zu machen, trägt dazu bei, objektiv zu urteilen, statt in die Welt des Kleinkindes abzudriften, diesen diffusen Raum der ungereimten Gedanken und intensiven Gefühle, in die nebulöse innere Landschaft eines Dreijährigen. Sie verhindert, dass wir uns von der Wut und Frustration eines Vierjährigen vereinnahmen lassen, für den alles »unfair« ist. Sich klarzumachen, was für ein Päckchen wir selbst mit uns herumtragen, hilft bisweilen. Manchmal setzen Temperaments- oder Persönlichkeitsunterschiede die Nähe-Distanz-Dynamik in Gang, die für Kleinkinder und ihre Eltern oder primären Bezugspersonen typisch ist.

Kleinkinder sind weder Mini-Erwachsene noch unser »Ebenbild«. Viele Eltern sind unsicher und frustriert, wenn Reibungen mit ihrem Kind entstehen, das sich in Temperament und Persönlichkeit von ihnen unterscheidet. Das gilt besonders, wenn der Nachwuchs ein Charaktermerkmal oder eine Eigenart offenbart, die wir unverständlich, ärgerlich oder unliebsam finden. Manchmal handelt es sich dabei um einen Wesenszug, der uns völlig fremd erscheint. Oder um eine Eigenschaft, die wir selbst verkörpern, eine Unsicherheit oder ein Verhalten, die wir selbst als störend empfinden.

Eine Mutter war stolz auf ihr ausgeprägtes Sozialverhalten und ihre tief verwurzelten Freundschaften. »Für mich gibt es nichts Wichtigeres im Leben als Freunde, auf die man sich verlassen kann.« Sie verstand nicht, warum Freundschaften ihrem fünfjährigen Sohn wenig bedeuteten. »Ich werde nicht schlau aus ihm. Es reicht ihm, mit seiner Schwester zusammen zu sein. Die anderen Kinder mögen ihn, aber offenbar ist ihm das egal. Er wird nie zu Spieltreffen eingeladen, und es gibt auch kein bestimmtes Kind, mit dem er gerne spielen würde. Allem Anschein nach kommt er mit jedem Kind gut aus, aber er hat keinen einzigen richtigen Freund.« In diesem Fall waren die Eltern sportlich und erinnerten sich, wie gerne sie bei Mannschaftssportarten mitgemacht hatten. Im Gegensatz dazu war ihr Sohn von zarter Statur und interessierte sich mehr für Malen und Musik. Eine Diskrepanz? Mit Sicherheit. Doch wenn die Eltern einen Schritt zurücktreten würden und sich bewusst machten, dass ihr Sohn eine eigenständige Persönlichkeit ist, könnten sie besser auf ihn eingehen.

In einem anderen Fall regte sich der Vater über seinen sanften und gutmütigen dreijährigen Sohn auf, der körperlich aktiven und aggressiven Kindern aus dem Weg ging und sich nie an gröberen Spielen beteiligte. Der Vater erinnerte sich, dass er sich in seiner eigenen Kindheit ausgeschlossen gefühlt hatte – er war klein gewesen für sein Alter und hatte oft unter Ängsten gelitten. Die gleichen Eigenschaften bei seinem Sohn entdecken zu müssen, ärgerte ihn und hinderte ihn daran, ihn auf positive Weise zu unterstützen.

Eine Mutter klagte in meiner Sprechstunde über die mangelnde Fähigkeit ihres zweieinhalbjährigen Sohnes, sich Kindern im gleichen Alter anzuschließen. Selbst mein Argument, dass jedes Kind sein eigenes Entwicklungstempo hat, half nicht. Also schlug ich vor, mit ihm ins Kinderzentrum zu kommen. Der Kleine stand am Rande des Raumes und sah den anderen Kindern beim Spielen zu. Er schien sich für ihre Aktivitäten zu interessieren, hielt sich aber in sicherer Entfernung. Ich hatte den Eindruck, als würde er das Geschehen beobachten, die Einzelheiten registrieren und versuchen, sich einen Reim darauf zu machen, aber seine Mutter deutete sein Verhalten anders. »Sehen Sie, dass er Angst hat? Angst, dass keiner ihn mag«, lautete ihr Kommentar. Ich wollte wissen, wie sie auf die Idee käme, schließlich sei ihr Sohn noch nicht einmal drei. »Ich kenne das«, erwiderte sie. »Mit mir wollte auch niemand spielen. Das ist ein schreckliches Gefühl.«

Wir müssen zwischen unserer eigenen Vergangenheit und der Realität unserer Kinder unterscheiden, um sie so zu sehen, wie sie wirklich sind – und nicht, wie wir sie uns wünschen.

Das Gepäck, das Eltern mitbringen

Wie fügen Sie sich in dieses Bild ein? Das ist eine herausfordernde Frage. Wir alle bringen unsere eigene Geschichte (sprich Gepäck) mit, wenn wir Eltern werden. Es ist wichtig, dass wir uns klarmachen, wer wir selbst sind, mit welchen Werthaltungen, Erwartungen und Erfahrungen wir unseren Erziehungsansatz beeinflussen. Vielleicht entdecken wir, dass unsere eigene Vergangenheit große Wirkung auf die Beziehung zu unserem Kind hat!

Sich bewusst zu machen, wie voreingenommen wir durch unsere eigene Erziehung im Elternhaus und unsere bisherigen Lebenserfahrungen sind, ist nicht leicht. Aber eines kann ich Ihnen versprechen: Wenn wir objektiv urteilen und unsere Kinder als eigenständige Persönlichkeiten wahrnehmen, sind wir mit Sicherheit eher in der Lage, ihnen liebevoll und unterstützend, aber dennoch mit festen Orientierungspunkten den Weg ins Leben zu weisen. Und wir werden bessere Eltern. Diese erste Abgrenzung hat zur Folge, dass wir uns selbst besser kennenlernen, überlegen,

welche Reize bestimmte Reaktionen auslösen (welche Verhaltensweisen oder Eigenschaften bringen Sie auf die Palme? Gibt es Aktivitäten, mit denen Ihr Kind Ihre Nerven strapaziert? Die Sie
wütend machen oder ärgern?). Wir lernen dadurch auch mehr
über die eigene Persönlichkeit (wie wir soziale Kontakte knüp-
fen, welche Situationen wir als leicht oder schwierig empfinden).

Je besser wir uns kennen und über unser Kommunikationsver-
halten und unsere Reaktionen nachdenken können, desto eher
sind wir imstande, einen Schritt zurückzutreten und zu sehen,
wie die Persönlichkeit unseres Kindes wirklich beschaffen ist, getrennt von uns selbst. Dadurch sind wir außerdem gezwungen,
uns vor Augen zu führen, wie wir selber aufgewachsen sind, und
diese Erkenntnisse in die Beziehung zu unserem Kind einzubrin-
gen. Wenn Ihr Kind ein Verhalten an den Tag legt, das Sie rasend
macht (um was es sich dabei handelt, ist bei allen Eltern unterschiedlich), sollten Sie überlegen, warum Sie so und nicht anders
reagieren. Wenn Sie Widerworte hassen, beispielsweise »Nein,
muss ich nicht!«, sollten Sie überlegen, warum sie dieses Gefühl
bei Ihnen auslösen. Durften Sie Ihren Eltern gegenüber grundsätzlich keine eigene Meinung geltend machen? Waren Ihre Eltern übermäßig streng, sodass Sie sich lieber an die Regeln gehalten haben, auch wenn Sie sich missverstanden fühlten?

Eltern sind oft Gefangene ihrer eigenen Erfahrungen, wenn sie
feststellen, dass ihre Sprösslinge sich »ungebührlich« verhalten.
Ihr Kind weigert sich zum Beispiel, die Großmutter zu begrüßen,
oder versteckt sich, wenn Besuch naht. Das kann beschämend
sein, wenn Sie als Kind selbst angehalten wurden, auf Etikette zu
achten, stets Bitte und Danke zu sagen, bei der Begrüßung Blick-
kontakt zu suchen und höflich zu sein. Sie denken vielleicht: »So
ein ungehobeltes Benehmen. Das wäre mir früher nie eingefallen!« Dieses Benehmen könnte jedoch altersabhängig sein und
Ihr Kind braucht vielleicht Ihre Unterstützung, um über dieses
Stadium hinauszugelangen. Mit anderen Worten: Je genauer Sie
sich selbst und die Erziehung in Ihrem eigenen Elternhaus unter

die Lupe nehmen, desto eher werden Ihre Reaktionen auf das Verhalten Ihres Kindes verständlich. Und das trägt wiederum dazu bei, Ihr Kind als eigenständige Persönlichkeit mit eigenständigen Bedürfnissen zu sehen.

Wenn wir uns bewusst machen, wie voreingenommen wir das Verhalten unserer Kinder bewerten (und woher diese Vorurteile stammen), welche Maßstäbe wir für unsere Aktivitäten als Eltern setzen und welches Kräftespiel in der Eltern-Kind-Beziehung als angemessen gilt, können wir uns leicht ausrechnen, was die Situation erschwert, in der wir uns gegenwärtig befinden.

Wenn sich ein Kleinkind in einen kleinen Tyrann verwandelt, was oft mit zweieinhalb oder drei Jahren geschieht, lassen sich manche Eltern in seine Welt hineinziehen. Statt das Verhalten als das zu erkennen, was es ist – das Bedürfnis, seine Grenzen auszutesten –, werden die Eltern Teil der Macht- und Kontrollkämpfe.

Eine Mutter kam an diesem Punkt vom Kurs einer liebevollen Erziehung ab. Ihr süßes, kleines Baby entwickelte sich zu einer herrschsüchtigen, sturen Dreijährigen. Die Mutter ließ sich auf Auseinandersetzungen ein, die bei einem älteren Kind angemessen gewesen wären, wobei es um die Auswahl der Kleidung, das Essen oder die Anzahl der Spielsachen ging, die sie mitnehmen durfte, wenn sie das Haus verließen. Aus den Kämpfen wurde ein regelrechter Stellungskrieg. Aus der Erzählung der Mutter hätte man den Eindruck gewinnen können, das Kind sei eine Jugendliche, eine 16-Jährige. Die Mutter leugnete, dass ihre Tochter sie an jemanden erinnerte, den sie kannte, jetzt oder früher einmal. Es war mir ein Rätsel, dass sie ihre Tochter nicht als Dreijährige sehen konnte. Doch im Verlauf der Gespräche stellte sich heraus, dass die Mutter eine ältere Schwester gehabt hatte, die hohe Ansprüche stellte und ständig Kritik an ihr zu üben pflegte, ein Verhalten, dass sich bis zum heutigen Tag fortgesetzt hatte. Die Mutter hatte zu ihrer Schwester aufgeschaut, aber das Gefühl gehabt, es ihr nie recht machen zu können. Sie kämpfte noch immer um ihre Anerkennung. Diese Beziehung verhinderte, dass die Mutter die wahren Bedürfnisse ihrer dreijährigen Tochter wahrnehmen konnte. Sie ließ sich auf Machtkämpfe mit ihr ein, weil sie sich gegen ihre Schwester nicht zur Wehr setzen konnte. Sobald ihr das bewusst wurde, konnte sie einen Schritt zurücktreten. Sie nahm das Verhalten ihres Kindes nicht länger persönlich. Sie begann sogar, die Stärke ihrer kleinen Tochter zu bewundern, eine Eigenschaft, die ihr in der Beziehung zur Schwester fehlte. Und sie begann das Verhalten, das sie beide an den Tag gelegt hatten, komisch zu finden. Sie hörte auf, sich auf Machtkämpfe einzulassen. Das Kontrollbedürfnis des Mädchens verschwand innerhalb kürzester Zeit. Dieses Beispiel veranschaulicht, wie die eigene Vergangenheit Eltern daran hindern kann, die Bedürfnisse ihres Kindes zu erkennen.

Ein weiteres Beispiel: Tina stammte aus einer Familie, in der es nur wenige feste Regeln gab. Sie erklärte, dass ihre Eltern ihr von Kindesbeinen an »völlig freie Hand« gelassen hatten. Sie hatten sich selten in ihre Aktivitäten eingemischt, aber ihr immer aufmerksam zugehört. »Wenn ich etwas nicht tun wollte, war das für sie in Ordnung, deswegen gab es nie Streit.« Sie hatte an einem Elite-College studiert, Karriere gemacht und außerdem drei Kinder zur Welt gebracht (zwei, vier und acht Jahre alt), die sie ebenfalls ohne jeden Zwang erziehen wollte. Ihr Mann war im Gegensatz dazu in einem Elternhaus aufgewachsen, in dem ein strenges Regiment herrschte und hohe Anforderungen gestellt wurden: »Man darf nie aufgeben. Was man angefangen hat, muss man auch zu Ende führen. Ohne Ausnahme.« Er führte seinen eigenen beruflichen Erfolg auf dieses Pflichtbewusstsein zurück. Es überrascht wohl nicht, dass die Eltern im Hinblick auf die Kindererziehung oft geteilter Meinung waren.

Eines Tages kam es zum Eklat. Sie wollten eine Freundin besuchen, die nur drei Häuserblocks entfernt wohnte. Der vierjährige Sohn klagte, der Weg sei zu weit zum Laufen, er sei müde. Er setzte sich auf den Gehsteig, schmollte und rührte sich nicht vom

Fleck. Der Vater verlangte streng, er solle sich zusammenreißen und weitergehen. Die Mutter versuchte ihn mit gutem Zureden und Scherzen zum Aufstehen zu bewegen. Nichts half. Schließlich beschloss Tina, das Auto zu holen und die kurze Strecke zu fahren. Der Vater war wütend. »Wer hatte Recht?«, wollten sie von mir wissen. Den Umgang mit der Situation fand ich weniger besorgniserregend als den Kampf, der dadurch zwischen den Eltern entbrannte. Dem Vater fiel es aufgrund seiner Vergangenheit schwer, zu erkennen, dass es manchmal völlig in Ordnung sein kann, sich auf die Wünsche des Kindes einzulassen, auch wenn sie nicht den eigenen entsprechen. Und für die Mutter war es infolge ihrer eigenen Kindheit schon immer schwierig gewesen, Grenzen zu setzen oder Nein zu sagen. Beide reagierten auf eine Weise, die durch ihre jeweilige Vergangenheit geprägt war, statt die Bedürfnisse ihres Kindes im Kontext der Gegenwart wahrzunehmen.

Eltern, die Probleme haben, ihre eigenen negativen Gedanken, Gefühle oder Verhaltensweisen zu akzeptieren, fällt es oft schwerer, mit Wutausbrüchen und Trotzreaktionen oder »Ungezogenheiten« ihres Kindes umzugehen. Es fällt uns nicht leicht, Frieden mit Persönlichkeitsanteilen zu schließen, die uns missfallen, und sie zu integrieren. Einige Eltern nehmen es persönlich, wenn sich ihr Kind schlecht benimmt oder verbal ausfallend wird: »Ich hasse dich!« Besonders hart trifft es Eltern, die als Kinder nie rebelliert oder den eigenen Eltern die Stirn geboten haben. Sie haben alles in sich hineingefressen und aufs Wort gehorcht, haben negative Gefühle unterdrückt und nie gewagt, sie zum Ausdruck zu bringen. Manche Eltern sind noch heute bemüht, die Anerkennung oder Zustimmung ihrer Eltern zu gewinnen: Sie kämen nie auf die Idee, ihnen zu widersprechen, nicht einmal als Erwachsene. Dann kann es schwerfallen, auf die negativen Emotionen und Verhaltensweisen des eigenen Kindes in einer Weise zu reagieren, die den Bedürfnissen dieser Altersstufe gerecht wird. Als Erwachsene zu akzeptieren, dass wir unsere guten und schlechten Seiten haben, einschließlich solcher Eigenschaften, die wir nicht mögen oder als beschämend empfinden, trägt dazu bei, uns zurückzunehmen und die individuelle Persönlichkeit des Kindes in den Vordergrund zu rücken.

●●

Kindorientierte Perspektive
Das Gepäck, das wir aus unserer Vergangenheit mitbringen

Die nachfolgenden Fragen sollen Ihnen helfen, charakteristische Merkmale Ihrer eigenen Persönlichkeit zu ermitteln, die sich unbeabsichtigt auf die Interaktionen mit Ihrem Kind auswirken könnten. Vielleicht überrascht es Sie, wie sehr die eigene Kindheit Ihre Kindererziehung beeinflusst!

●●

Nehmen Sie sich Zeit, um über die folgenden Fragen nachzudenken. Vielleicht möchten Sie Ihre Antworten auch in einem Heft oder Notizbuch festhalten. Es geht darum, sich einen Überblick über Ihre Vergangenheit zu verschaffen und zu überprüfen, wie sie sich auf die Erziehung Ihrer Kinder auswirkt. Wenn wir uns als Eltern bewusst machen, wie sehr die eigene Kindheit unsere Persönlichkeit geprägt hat (zum Vorteil oder Nachteil), können wir die Bedürfnisse unserer Kinder besser verstehen und künftig so darauf reagieren, dass wir sie auf ihrem individuellen Weg ins Leben bestmöglich unterstützen. Überlegen Sie bei den folgenden Fragen, wie die Erziehung in Ihrem Elternhaus verlaufen ist und wie Ihre Beziehungen zu Gleichaltrigen waren. Die Erkenntnisse, zu denen Sie gelangen, erleichtern Ihnen sowohl das Verständnis des Verhaltens Ihres Kindes als auch Ihrer eigenen Reaktionen darauf.

Elternhaus und Familie
Rufen Sie sich in Erinnerung, wie Sie aufgewachsen sind:

- Wie war die allgemeine Atmosphäre in Ihrer Familie? Harmonisch, fürsorglich und liebevoll? Haben Ihre Eltern Sie so akzeptiert, wie Sie sind, mit Ihren guten und schlechten Seiten? Waren Ihre Eltern bei aller Liebe eher auf Distanz bedacht und kühl? Gab es in der Familie viele Konflikte, Spannungen oder Brüche?
- Waren Ihre Eltern streng, haben sie klare Regeln gesetzt, die zu befolgen waren? Wurden Sie bei Regelverstößen bestraft oder beschämt? Mussten Sie sich fügen und sich an die Verhaltensanforderungen halten, ungeachtet Ihrer Gefühle?
- Wurde Ihre Meinung gehört, respektiert oder in Betracht gezogen?
- Wurde von Ihnen verlangt, dass Sie »Bitte« und »Danke« sagen und sich wie ein wohlerzogenes Kind benehmen?
- Durften Sie Wutgefühlen freien Lauf lassen, wenn Sie sich über Ihre Eltern geärgert haben? Waren Sie gezwungen, Ihre Wut zu unterdrücken und sich nichts anmerken zu lassen, obwohl Sie innerlich kochten? Haben Sie Ihren Eltern jemals widersprochen oder offen Stellung gegen sie bezogen?
- Falls Sie Geschwister haben: Standen Sie sich nahe, selbst wenn es sich um eine Hassliebe handelte (sich bekriegen und gleich darauf ein Herz und eine Seele sein)? Wie ist es jetzt um Ihre Beziehung bestellt?
- Hatten Sie das Gefühl, im Schatten zu stehen – beispielsweise im Schatten eines Geschwisterkinds, das der »Superstar« oder das »Hätschelkind« der gesamten Familie war? Oder standen Sie im Schatten eines Problemkinds, das mehr Aufmerksamkeit als alle anderen brauchte oder für das Sie sich verantwortlich fühlten?
- Wurden Sie von einem älteren Geschwisterkind bevormundet, um dessen Anerkennung Sie stets gerungen haben?

- Hatten Ihre Eltern ständig etwas an Ihren Aktivitäten, Entscheidungen oder an Ihrem Verhalten auszusetzen? Haben sie Ihre Entscheidungen oder Ihr Urteil infrage gestellt? Haben sie Ihre Ideen, Handlungsoptionen oder Entscheidungen respektiert, auch wenn sie nicht ihren Vorstellungen entsprachen?
- Waren Ihre Eltern immer für Sie da, liebevoll und unterstützend, wenn Sie sich vom Leben überfordert oder frustriert fühlten? Wie haben sie reagiert, wenn Sie etwas nicht geschafft oder Fehler gemacht haben?
- Haben Sie sich geschämt, Ihren Eltern gegenüberzutreten, wenn Ihnen Fehler unterlaufen sind, kleine oder große?
- Hatten Sie jemals Angst, Ihren Eltern Fehler zu gestehen? Wie haben sie reagiert – liebevoll und mit Verständnis?
- Wurden Sie von Ihren Eltern immer liebevoll unterstützt, ungeachtet Ihres Verhaltens? War die Zuwendung eher an Leistungen gebunden oder an Dinge, mit denen Sie sie glücklich gemacht haben?
- Wie haben Sie sich gefühlt, wenn Sie Ihre Eltern enttäuscht haben? Hatten Sie das Gefühl, dass sie Ihnen verzeihen und Verständnis aufbringen? Hatten Sie Angst, ihre Liebe und Anerkennung zu verlieren?
- Mussten Sie hart kämpfen, um die Anerkennung Ihrer Eltern zu erringen? Glauben Sie, dass Sie dieses Ziel erreicht haben?

Schulzeit
Überlegen Sie, wie es Ihnen in der Schule ergangen ist:

- Woran erinnern Sie sich am besten? Sind Sie gerne zur Schule gegangen? War die Schule für Sie ein notwendiges Übel, weder gut noch schlecht? War die Schule für Sie ein Ort, der mit Sorgen, Abneigung oder Ängsten verbunden war?
- Wie waren Ihre schulischen Leistungen? Gut? Gehörten Sie zu den Einserschülern?

Der Kleinkind-Code

- War Ihr Betragen immer mustergültig und regelkonform? Waren Sie vielleicht sogar der Liebling des Klassenlehrers?
- Waren Sie in einigen Fächern gut, hatten aber in anderen zu kämpfen?
- Hatten Sie das Gefühl, intelligent zu sein? Waren Sie stolz? Fühlten Sie sich begriffsstutzig? Haben Sie sich oft geschämt?
- Hatten Sie Angst, andere könnten herausfinden, dass Sie nicht so intelligent waren, wie es schien?
- Fiel Ihnen der Schulbesuch und das Lernen schwer?
- Waren Sie der Klassenclown oder die notorische Unruhestifterin? Haben Sie die Autorität Ihrer Lehrer infrage gestellt?
- Wurden Sie jemals aus dem Unterricht entfernt, zeitweilig von der Schule suspendiert oder hinausgeworfen?
- Fiel es Ihnen schwer, stillzusitzen und sich zu konzentrieren? Waren Sie gelangweilt und desinteressiert?
- Haben Ihre Eltern Ihnen gezeigt, dass sie stolz auf Ihren schulischen Erfolg waren? Haben sie Ihre Leistungen kritisiert, ungeachtet guter Noten? Haben sie schulischen Angelegenheiten wenig Aufmerksamkeit gewidmet? Haben sie ständig Leistungssteigerungen erwartet, trotz persönlicher Bestleistungen? Haben sie auf schulischer Ebene nicht viel von Ihnen erwartet?
- Hatten Sie das Gefühl, dass Sie Ihren Eltern mit schlechten Leistungen (in der Schule, auf der sportlichen Ebene oder bei anderen Aktivitäten) Sorgen bereiten würden? Dass sie enttäuscht gewesen wären?
- Konnten Sie in einem bestimmten Bereich erstklassige Leistungen vorweisen, beispielsweise im Sport-, Musik- oder Kunstunterricht oder bei einem bestimmten schulischen Projekt? Mussten Sie mit viel Kraftaufwand lernen und üben, um dieses Ziel zu erreichen? Finden Sie, dass auch Ihr Kind so früh wie möglich lernen sollte, dass Disziplin, harte Arbeit und Ausdauer für den Erfolg unerlässlich sind?

Umgang mit Gleichaltrigen und soziale Erfahrungen

Denken Sie an Ihre Erfahrungen mit Gleichaltrigen und Freunden aus Kindertagen:

- Welche Erfahrungen haben Sie mit anderen Kindern gemacht? Haben Sie sich in Ihrem Freundeskreis im Allgemeinen wohlgefühlt oder waren Sie eher ein Außenseiter oder ein unbeliebtes Kind? Haben Sie immer einen großen, wechselnden Freundeskreis um sich geschart?
- Waren Sie lieber mit einer Gruppe Gleichaltriger zusammen oder mit einem oder zwei handverlesenen Freunden?
- Erinnern Sie sich an einen besten Freund/eine beste Freundin oder an enge, von Fürsorge geprägte Freundschaften und gute Zeiten mit Ihren Freunden?
- Wurden Sie von anderen Kindern gemieden, schikaniert oder gemobbt? Gab es jemanden, der Sie herumkommandiert und Ihnen Angst gemacht hat, auch ohne übergriffig zu werden?
- Erinnern Sie sich, dass Sie gerne engeren Kontakt zu einem bestimmten Kind geknüpft hätten, aber das Gefühl hatten, nicht willkommen zu sein oder nicht zu wissen, wie man Freunde gewinnt?

Diese Fragen sollen Ihnen die Überlegung erleichtern, welche Kindheitserfahrungen in Ihren heutigen Erziehungsansatz einfließen könnten. Nehmen Sie sich Zeit, um herauszufinden, ob die Beziehungen, die in Ihrer Kindheit geformt wurden, denen Ihres Kindes gleichen oder völlig anders geartet sind.

Erziehung mit Augenmaß

Grenzen setzen und Regeln aufstellen, die Kinder in diesem Alter zu ihrem eigenen Schutz brauchen, bedeutet nicht, dass Sie deren Verhalten auf Schritt und Tritt steuern und kontrollieren müssen. Es bedeutet nicht, dass Sie Zwang ausüben oder Ihre Stimme erheben müssen, um Ihrem Kind Gehorsam beizubringen. Es bedeutet aber auch nicht, dass Sie resignieren und dem Kind das Regiment zu Hause überlassen sollten. Versuchen Sie stattdessen, sich in Ihr Kind hineinzuversetzen und eine Situation aus *seinem* Blickwinkel zu betrachten, während Sie gleichzeitig im Auge behalten, dass *Sie* sagen, wo's langgeht, da Sie als Erwachsener die Verantwortung tragen. Dieser Perspektivwechsel kann eine nachhaltige Veränderung der eingespielten Erziehungsmethoden zur Folge haben. Wenn Eltern verstehen, warum sich ihr Kind so und nicht anders verhält, wenn sie die wichtigsten Entwicklungsherausforderungen erkennen, mit denen alle Kinder in diesem Alter konfrontiert sind, können sie dazu übergehen, es anzuleiten, statt sein Verhalten zu steuern und zu kontrollieren.

Was bedeutet es, Liebe und Akzeptanz zum Ausdruck zu bringen, auch wenn uns das Verhalten des Kindes missfällt oder ärgert? Das ist die große Herausforderung der Erziehung mit Augenmaß. Auch Zwei- und Dreijährige brauchen die Bestätigung, dass sie geliebt und akzeptiert werden, insbesondere wenn sie glauben, etwas angestellt zu haben. Der dreijährige Ben hatte gerade erfahren, dass seine Mutter ein Baby erwartete. Eine aufregende Neuigkeit, die ihm aber auch Sorgen bereitete. Was hatte das zu bedeuten? War er dann nicht mehr Mamas Baby? Er kam völlig überdreht ins Kinderzentrum. Am Basteltisch beanspruchte er die gesamte rote Knetmasse für sich und hortete seinen Schatz. Als ein anderer Junge etwas davon abhaben wollte, stieß er ihn sofort weg und umklammerte seine Knete. »Nein, alles meins!«, schrie er. Die Gruppenleiterin erkannte sein Bedürfnis, alleine zu spielen und die Knete für sich zu behalten. Sie bestätigte dieses Bedürfnis: »Keine Angst, es ist immer genug Knete da, auch für dich. Aber ich kann nicht zulassen, dass du jemanden verletzt.«

Ben wandte den Blick ab. Das ist der Moment, in dem ein Kleinkind bezweifelt, ob es noch geliebt wird. Das mag extrem klingen, entspricht aber den Tatsachen. Die Gruppenleiterin sagte: »Ich

mag dich trotzdem, auch wenn du die Knete nicht teilen willst.«
Beruhigt (und erleichtert) angesichts dieser Bestätigung, hellte
sich seine Miene schnell wieder auf und er knetete weiter.

Das oft unberechenbare und widersprüchliche Verhalten von
Kleinkindern kann für die Eltern sehr stressbeladen sein. Sie
raufen sich die Haare, verlieren die Geduld, überlegen krampfhaft, was sie falsch gemacht haben, und greifen teilweise sogar
auf Interaktionsmuster zurück, die sich als unproduktiv erwiesen
haben. Wir kennen das alles aus eigener Erfahrung. Es gibt keine
perfekten Eltern. Die Mutter eines vierjährigen Jungen gestand:
»Ich wusste, dass ich meinen Erziehungsstil ändern musste, als
mein Sohn mir zuckersüß erklärte: ›Mami, heute warst du brav –
du hast mich nicht angeschrien. Dafür bekommst du ein Klebe-
bild.‹« Und eine andere Mutter sagte:»Meine Tochter hat mich
aufgefordert, in mein Zimmer zu gehen und eine Auszeit zu nehmen, als ich sie angebrüllt habe. Da wurde mir klar, dass ich etwas
ändern musste.«

Veränderung ist ein absolutes Muss. Selbstwahrnehmung auch.

4
Die emotionale Befindlichkeit
Ihres Kindes: Scham

Was passiert, wenn Sie sich nicht in Ihr Kind hineinversetzen

Wenn wir unbewusst (und zeitweilig vielleicht sogar absichtlich) versuchen, das Verhalten unserer Kinder zu steuern und zu kontrollieren, oder uns weigern, die Welt aus ihrer Perspektive zu sehen, bauen wir nicht nur eine negative Eltern-Kind-Beziehung auf, sondern untergraben auch die Persönlichkeitsstruktur des Kindes, die sich gerade im Aufbau befindet. Die Entwicklung des Selbstgefühls ist ein fortlaufender Prozess, der leicht aus dem Ruder laufen kann. Das Selbstverständnis (Wer bin ich?) ist weder stabil genug noch voll ausgereift. Nicht nur das Gehirn befindet sich in einem Zustand der rasanten Entwicklung, sondern auch das innere Identitätsgefühl, das Selbstvertrauen und die Selbstsicherheit – Elemente, die für die langfristige Leistungsmotivation und den Lebenserfolg des Kindes von zentraler Bedeutung sind. Deshalb sind Kleinkinder so verletzlich und abhängig von den Interaktionen mit Eltern und anderen primären Bezugspersonen. Da Eltern die wichtigsten Rollenvorbilder in ihrem Leben sind, diejenigen Menschen, denen sie uneingeschränkt vertrauen und auf die sie sich verlassen, haben ihre Reaktionen großen Einfluss. Prägenden Einfluss. Was passiert also, wenn wir versuchen, ihr Verhalten zu steuern und zu kontrollieren oder allein vom Standpunkt eines Erwachsenen aus zu beurteilen? Wir rufen unbewusst Schamgefühle bei ihnen hervor, eine Falle, in die wir blindlings stolpern.

Scham zielt auf den Kern des Selbstgefühls ab. Wenn das Selbstgefühl noch neu und unausgereift ist, wenn ein Kleinkind nach vorne schaut und sich bestens entwickelt, kann Scham den Weg blockieren und unnötigen Kummer verursachen. Scham kann Fortschritte ausbremsen. Wenn wir Kinder mit List und Tücke dazu bringen, ins Bett zu gehen, ihnen Druck machen, damit sie sich morgens beeilen, sie nötigen, bestimmte Nahrungsmittel zu essen, die von uns ausgesuchte Kleidung anzuziehen, immer rücksichtsvoll zu sein und mit anderen zu teilen, ist das ein gut gemeinter, aber fehlgeleiteter Versuch, Kindern etwas über das Leben und zwischenmenschliche Beziehungen beizubringen oder sie auch nur vor Schaden zu bewahren. Doch dieser Erziehungsstil kann unerwünschte Folgen haben. In unserem heutigen, von Hektik und Druck geprägten Erziehungsklima gibt es nur wenige Bereiche, die wir nicht zu steuern und zu kontrollieren versuchen, und das in einem Alter, in dem der Instinkt dem Kind sagt: »Das muss ich selber machen!« Bei Kleinkindern, die gerade erst beginnen, selbstständig zu werden, lösen die unbeabsichtigten Folgen der elterlichen Kontrolle ohne Berücksichtigung ihrer eigenen Perspektive das Gefühl aus, unfähig oder nicht gut genug zu sein, nicht wertgeschätzt zu werden. Wir lösen Schamgefühle bei ihnen aus, auch wenn das keineswegs unserer Absicht entsprach.

Wie Scham die Entwicklung von Empathie beeinträchtigt

Warum richten Schamgefühle in diesem Entwicklungsstadium so großen Schaden an? Kleinkinder lernen, dass ihre Gefühle und Verhaltensweisen sowohl positiv (sie sind glücklich, freuen sich, kommen gut mit anderen aus) als auch negativ sein können (Wut, Angst, Aggressivität, Trotz). Das sind natürliche Empfindungen und Reaktionen in diesem Alter, aber Kinder brauchen unsere Hilfe, um zu akzeptieren, dass sie nicht nur gute, sondern auch schlechte Seiten haben. Viele Menschen haben noch weit über dieses Alter hinaus damit zu kämpfen, diese Vorstellung zu verinnerlichen. Aber wir müssen daran arbeiten, um im späteren

Leben ein Fehlverhalten eingestehen zu können, ohne uns von Schamgefühlen lähmen zu lassen, und um uns entschuldigen oder Fehler korrigieren zu können.

Es sind diese Schamgefühle, die verhindern, dass wir die Schattenaspekte unserer Persönlichkeit akzeptieren. Kinder wissen intuitiv, wie man glücklich ist und ein gutes Selbstgefühl entwickelt, doch die Schattenseiten und negativen Gefühle anzunehmen, ist wesentlich schwieriger und kann in einen lebenslangen Kampf ausarten. Scham kann die Fähigkeit eines Kindes beeinträchtigen, seine Gefühle in dieser kritischen Entwicklungsphase des Gehirns und der eigenen Identität offen und ehrlich zum Ausdruck zu bringen. Die Entwicklung wird behindert, wenn die Fokussierung auf »gut« oder »böse« und die damit verbundene Angst überhandnehmen. Statt neugierig auf die Welt zu sein, sie zu erforschen und zu ergründen, steht die Frage im Mittelpunkt: »Bin ich gut? Bin ich gut genug?« – aus Angst, Fehler zu machen oder »böse« zu sein. Wenn die Reaktionen der Eltern einem Kind das Gefühl vermitteln, »nicht gut genug« zu sein, stehen ihm nur zwei Möglichkeiten zur Verfügung: Entweder es trennt sich von dem Gefühl ab, um es nicht länger wahrnehmen zu müssen, mit dem Ergebnis, dass eine »emotionale Paralyse« eintritt, oder es stauen sich heimlicher Groll und Wutgefühle auf.

Diese beiden Extreme blockieren die natürliche Verbindung des Kindes zu seinen realen Gefühlen – in Bezug auf sich selbst, seine Gedanken, Wünsche und Bedürfnisse und schließlich auch gegenüber anderen Menschen. Aus diesem Grund beeinträchtigt Scham die Entwicklung von Empathie. Wenn ständig Schamgefühle ausgelöst werden, verhindert man nicht nur die Konzentration auf die eigenen Bedürfnisse, sondern schürt auch die Überzeugung, dass mit einem etwas nicht stimmt. Das Kind lernt nicht einmal ansatzweise, Beziehungen zu anderen Menschen herzustellen, geschweige denn, Anteil an deren Gedanken und Gefühlen zu nehmen.

Die Hirnforschung ist noch zu jung, um die genauen Mechanismen benennen zu können, die durch Scham in Gang gesetzt werden und eine gesunde Entwicklung im Kleinkindalter beeinträchtigen. Es gibt jedoch Indizien dafür, wie die schädlichen und dauerhaften Auswirkungen zustande kommen könnten. Genau wie toxischer Stress die Hirnentwicklung im Säuglingsalter lähmen kann, können Situationen, die mit intensiven Schamgefühlen verbunden sind, die Selbstregulierungsfähigkeit bei Kleinkindern stören. Wie soll ein Kind lernen, seine Emotionen zu steuern, wenn es außerstande ist, sie ungeschönt zu erkennen oder zu verstehen, oder wenn man ihm Schuldgefühle einimpft, weil es negative Gedanken, Verhaltensweisen oder Gefühle hat? Wie kann man von einem Kind erwarten, die Ruhe zu finden, die es braucht, um eine Situation in den Griff zu bekommen, wenn es aufgrund seiner Schamgefühle zwischen zwei Extremen schwankt – völlig zuzumachen und sich innerlich zurückzuziehen oder seiner Wut freien Lauf zu lassen? Wie soll es ruhig und aufmerksam zuhören und Anweisungen befolgen? Wie kann es das Gefühl haben, dass am Ende alles gut wird, wenn gerade alles aus dem Lot geraten ist? Wie kann es in Stresssituationen in der eigenen Mitte bleiben, statt sich bei jeder Kleinigkeit in Wutausbrüche zu flüchten? Die Fähigkeit zur Selbstregulation, die im Kleinkindalter beginnt und sich fortlaufend weiterentwickelt, basiert auf dem Konzept, dass Eltern ihren Kindern helfen, mit Stress und dem Gedanken umzugehen, dass man auch negative Gefühle aushalten muss oder seinen Willen nicht immer durchsetzen kann. Die Eltern sind trotzdem für sie da, egal, was auch geschieht. Scham ist in dieser Hinsicht völlig kontraproduktiv. Kein Wunder, dass sie eine gesunde Entwicklung des kindlichen Gehirns massiv beeinträchtigt.

Wie wir Schamgefühle auslösen

Schamgefühle, die bewusst oder unbewusst als sogenanntes Erziehungs- oder Steuerinstrument eingesetzt werden, bedrohen eine gesunde Entwicklung des Kindes, weil sie einer natürlichen Festigung des Selbstgefühls entgegenwirken. Sie beeinträchtigen die Fähigkeit, ein grundlegendes Identitätsgefühl zu entwickeln, und lösen stattdessen Selbstzweifel aus. Sie fragen sich vielleicht, was Eltern motivieren könnte, Schamgefühle bei ihrem Kind zu initiieren, das sie lieben. Der Grund ist, dass den meisten gar nicht bewusst ist, was sie bewirken. Sie sehen nicht, dass sie durch unbedachte Äußerungen, Bloßstellen oder Verhaltenskontrolle Scham verursachen können. Wenn Sie versuchen, das Verhalten ihres Kindes »zu seinem eigenen Besten« in die richtigen Bahnen zu zwingen, untergraben sie sein fragiles Selbstgefühl, was wiederum die Entwicklung wichtiger Lebenskompetenzen gefährdet.

Ein bekanntes Gefühl

Scham. Allein der Begriff beschwört tief verwurzelte Erinnerungen herauf, an ein Gefühl des Unbehagens, an sorgenvolle oder unangenehme Gedanken – vielleicht während Ihrer Schulzeit oder in der Wohnung der allerbesten Freundin. Weil Sie etwas falsch gemacht hatten? Sich töricht benommen haben? Im Beisein anderer Kinder? Ein Schimpfwort, herbe Kritik, ein Lachen oder Augenverdrehen hinter vorgehaltener Hand reichten vermutlich aus, und schon waren Sie den Tränen nahe. Was fällt Ihnen beim Begriff Scham ein? Wir alle kennen dieses Gefühl aus eigener Erfahrung. Die damit verbundenen Erinnerungen werden schon in frühester Kindheit abgespeichert, im Kleinkindalter beginnend.

Überlegen Sie einen Moment: Haben Sie schon einmal eine abfällige Bemerkung zur Kleiderwahl Ihres Kindes gemacht oder Kritik daran geübt? Haben Sie in seiner Gegenwart mit anderen über Ihr Kind gesprochen, als wäre es nicht vorhanden? Das ist vermutlich schon jedem passiert. Als Eltern können wir aus Liebe oder Sorge Schamgefühle hervorrufen, aber auch aus dem Bedürfnis heraus, unsere Autorität geltend zu machen. Wenn wir darauf bestehen, dass wir genau wissen, wie unser Kind sein sollte und wie es sich in die Welt einfügen sollte, verursachen wir ungewollt Schamgefühle, wenn es diesen Erwartungen nicht entspricht. Und das in einer Entwicklungsphase, in der es besonders verletzlich ist. In der Regel geschieht das nicht in böser Absicht. Ganz im Gegenteil: Wir versuchen vielmehr, es vor Schaden zu bewahren, es mit den besten Vorsätzen und nach bestem Wissen zu erziehen. Doch genau das ist das Problem: Wenn wir in dem Moment, in dem die Persönlichkeit eines Kindes Form anzunehmen beginnt, schon vorgefertigte Pläne für sein weiteres Leben oder genaue Vorstellungen haben, wie es sein sollte, legen wir ihm ungewollt Steine in den Weg und beeinträchtigen eine selbstbestimmte Entwicklung. Das Kind weiß nicht, dass wir bestimmte Vorstellungen hinsichtlich seiner Zukunft haben. Es weiß nur, dass es selbst entscheiden will, wie es sein möchte. Wenn wir bestimmte Verhaltensweisen von ihm verlangen oder es anders haben wollen, als es ist, verwehren wir ihm das Recht auf seine wahre Persönlichkeit oder seine eigenen Gefühle. Wir wecken Schamgefühle hinsichtlich seiner Charaktereigenschaften, seiner Bedürfnisse und seines Selbstgefühls, das sich gerade erst zu entwickeln beginnt.

Kleinkinder sind bekanntlich eigensinnig und hören nicht besonders gut zu. Sie neigen außerdem zum einen oder anderen Extrem – entweder sind sie überängstlich und gehemmt, oder so draufgängerisch, dass sie keinerlei Vorsicht kennen. In diesem Alter sind sie ständig in Bewegung. Sie folgen ihrem unerschöpflichen Forscherdrang, sind versessen darauf, die Welt zu erobern, ohne die erforderlichen Fähigkeiten mitzubringen. Und genauso wünschen wir sie uns – neugierig und abenteuerlustig! Das ist eine Ausgangsposition, die Selbstvertrauen und Aktivität fördert. Für Eltern besteht die Herausforderung darin, Kindern zwischen dem dritten und sechsten Lebensjahr genug Freiraum zu geben, um damit zu beginnen, einige der Entscheidungen eigenverant-

Der Kleinkind-Code

wortlich zu treffen, ihre eigenen Fehler zu machen und dazu zu stehen. Was wir als Fehler betrachten, ist für sie Teil eines natürlichen Wachstumsprozesses.

Klingt schwierig? Vielleicht für uns Erwachsene, aber nicht für Kinder. Sie haben noch kein ausgeprägtes Bewusstsein oder Urteilsvermögen bezüglich des eigenen Verhaltens. Sie stürzen sich in Aktivitäten und bringen sich in Situationen, die sie nicht durchdacht haben. Sie leben im gegenwärtigen Augenblick. Auf dem Schlitten mit Volldampf einen Abhang hinuntersausen? Eine tolle Sandburg bauen, um sie gleich darauf zu zerstören? Gummistiefel anziehen, wenn draußen die Sonne scheint? Solche Entscheidungen mögen unlogisch erscheinen, aber für ein Kleinkind können sie Sinn machen. »Stiefel? Ist doch egal, ob es draußen warm ist und die Sonne scheint, schließlich habe ich neue Stiefel, die ich ausprobieren muss!« Solche Haltungen bringen viele Eltern aus der Fassung. Die Reaktion? Sie neigen zu Überreaktionen, versuchen das Verhalten ihres Kindes zu steuern und zu kontrollieren, mit dem Ergebnis, dass sie sein Selbstgefühl schwächen und Schamgefühle hervorrufen.

Wie können Eltern vermeiden, Scham auszulösen? Indem sie einen Schritt zurücktreten und sich vor Augen halten, dass sich ihr Kind in einem Lernprozess befindet. Lernen bedeutet Versuch und Irrtum, Dinge in eigener Regie herauszufinden. Eltern sollten ihrem Kind mehr Raum für eigene Erfahrungen geben, sein Verhalten weniger steuern und kontrollieren, sich mit Kritik zurückhalten, ihm etwas zutrauen, es ihm überlassen, eine Aufgabe zu lösen, auch wenn ihnen der Lösungsweg falsch erscheint, oder darauf verzichten, ihm die Lösung abzunehmen. Gleichzeitig sollten sie aber auch da sein, wenn das Kind sie braucht, um es zu trösten, wenn Frustration, Unbehagen und Wut entstehen.

Ein anschauliches Beispiel ist der dreijährige Jeremias, der eine Vorliebe für ein ganz bestimmtes blaues T-Shirt hatte. Er bestand darauf, immer dieses T-Shirt zu tragen, wenn er in den Kindergarten ging, ungeachtet dessen, wie das Wetter war oder wie dringend es einer Wäsche bedurfte. Jeden Tag gab es deswegen Macht-kämpfe mit seiner Mutter. Sie versuchte es im Guten: »Du kannst das nicht jeden Tag anziehen. Man muss die Kleidung ab und zu auch mal wechseln.«

Jeremias pflegte sie ausdruckslos anzuschauen und trotzig zu er-widern: »Ich brauche aber mein blaues T-Shirt.«

»Von brauchen kann keine Rede sein. Zieh das rote an. Oder das blau-weiß gestreifte, das ist auch blau.«

»Nein!«

An einigen Tagen gewann Jeremias das Kräftemessen und durf-te sein blaues Lieblings-T-Shirt anziehen. Manchmal versteckte seine Mutter es, sodass er in Tränen aufgelöst war oder schwei-gend und geknickt das Haus verließ und den ganzen Weg bis zum Kindergarten schlechte Laune hatte.

Wie ließ sich das Problem lösen? Werfen wir zuerst einen Blick auf die Situation, sowohl aus der Sicht des Kindes als auch der der Mutter. Als Jeremias sagte, er brauche sein T-Shirt, war das ernst gemeint. Er brauchte es, um sich getröstet, geborgen und geliebt zu fühlen. Irgendwann hatte das T-Shirt für ihn eine besondere Bedeutung angenommen. Vertraute Dinge haben etwas Tröst-liches, und in seinem Alter schon zu wissen, was man braucht, ist eine große Sache. Wir wollen ja, dass sich Kinder ihrer wahren Bedürfnisse bewusst werden und begreifen, was ihnen guttut. Das stärkt das Selbstgefühl und die Selbstsicherheit – Eigenschaften, die sie lebenslang auf ihrem Weg voranbringen.

Jeremias' Mutter dachte dagegen wie eine Erwachsene: »Mein Sohn soll nicht jeden Tag dasselbe anziehen, wenn er in den Kin-dergarten geht. Er muss lernen, sich so zu benehmen, wie es sei-nem Alter entspricht. Ich möchte nicht, dass er deswegen gehän-selt wird.«

Leider war Jeremias noch nicht in der Lage, zu verstehen, dass seine Mutter es gut mit ihm meinte. Aus dem fortwährenden Kräftemessen zog er nur eine Schlussfolgerung: dass sein Bedürf-nis, das blaue T-Shirt anzuziehen, falsch waren. Die Erklärung, von brauchen könne keine Rede sein, rief unbeabsichtigt negative Gefühle hervor, weil er sehr wohl ein Bedürfnis nach dem T-Shirt hatte, als Seelentröster. Doch da er wusste, wie dringend er diesen brauchte, kämpfte er weiter darum.

Solche Bemerkungen der Eltern können Kleinkinder nicht differenzieren. Sie hören nur:»So wie ich bin, bin ich nicht richtig«, »Mit mir stimmt etwas nicht!« oder »Mama mag mich nicht mehr«. Natürlich verbirgt sich etwas ganz anderes dahinter, aber Kindern mangelt es in diesem Alter noch an der intellektuellen und emotionalen Fähigkeit, den Standpunkt der Eltern nachzuvollziehen. Das sollten sie auch gar nicht. Sie leben in einer Welt, die mit ihren Bedürfnissen beginnt (und endet). Aus den wohlgemeinten Korrekturversuchen der Eltern las Jeremias die vereinfachte Bedeutung heraus:»Wenn ich dieses Bedürfnis habe, von dem ›keine Rede sein kann‹, muss ich böse sein.«

Ein weiteres Beispiel: Ihr dreijähriger Sohn findet Bauklötze faszinierend. Er legt sie in einer geraden Linie aus, die er gleich darauf zerstört. Er stapelt sie übereinander zu einem Turm, sorgfältig und konzentriert, und plötzlich stößt er ihn absichtlich um. Sie ertappen sich oft dabei, dass Sie sagen:»Schatz, das macht man anders. Versuch doch mal einen Turm so hoch wie möglich zu bauen. Und ihn nicht umzukippen. Damit richtest du nur ein heilloses Durcheinander an.« Sie zeigen ihm, wie man einen schönen Turm baut.

Die folgende Situation ist ebenfalls gut bekannt. Ihre dreijährige Tochter legt gerne Puzzles. Sie freuen sich, weil Sie wissen, dass sie dabei eine Menge lernt. Als Sie sich zu ihr auf den Boden setzen, die einzelnen Teile ringsum verstreut, fällt Ihnen auf, dass Ihre Tochter angesichts der vergeblichen Versuche, die richtigen Teile zu finden und einzupassen, immer frustrierter wird. Damit sie nicht vollends die Lust am Spiel verliert, sagen Sie:»Pass auf, ich zeig dir, wie's geht!« Schließlich sollte sie froh sein, dass ihr jemand zeigt, wie man es macht. Beim nächsten Mal kann sie es dann vielleicht schon alleine.

Statt sich zu freuen, stößt Ihre Tochter das Puzzle beiseite und stapft davon. Sie bleiben verwirrt und etwas ungehalten zurück. »Komm her, jetzt komm schon. Wir versuchen es noch einmal!« Sie machen sich Sorgen, denn Ihre Tochter scheint kein Durchhaltevermögen zu besitzen und vorschnell aufzugeben, wenn ihr eine Aufgabe zu schwer wird.

Was steckt hinter dem Verhalten?

Als Sie eingegriffen haben, um das Problem zu »lösen« und die Puzzleteile an den richtigen Platz zu legen, haben Sie Ihrer Tochter unbewusst die Botschaft übermittelt, dass sie unfähig dazu ist. Mit Sicherheit war sie frustriert, weil sie selbst nicht darauf gekommen ist, wie es geht. Doch dadurch, dass Sie »dazwischengefunkt« haben, statt ihr zu helfen, die Frustration auszuhalten (siehe Kapitel 6), hatte sie keine Chance zu lernen, sich durch eine Situation durchzubeißen, sich durch Rückschläge nicht entmutigen zu lassen und es erneut zu versuchen, entweder gleich oder später. Ihr Verhalten war gut gemeint, doch es verwehrte dem Kind die Möglichkeit, Eigeninitiative zu entwickeln oder den Wunsch, es nochmals zu probieren, gleich im Anschluss oder irgendwann. Die Botschaft, die Ihre Tochter aus der Situation mitnimmt: »Fehler zu machen ist schlecht. Ich habe es falsch gemacht. Mama glaubt nicht, dass ich das alleine kann. Sie hat recht, ich kann es nicht.«

Das sind Alltagssituationen, von denen man keine für sich allein allzu ernst nehmen sollte. Aber wenn Eltern oder andere Erziehungsberechtigte ständig Fehler korrigieren, Entscheidungen kritisieren oder Probleme vorschnell selbst lösen, entwickeln Kinder Schamgefühle, die das Selbstgefühl und die Einstellung zur eigenen Lernfähigkeit beeinträchtigen.

Dass Eltern ihrem Kind den richtigen Weg weisen möchten, ist völlig natürlich. Sie wissen, wie man eine Aufgabe am besten löst, und können es ihm zeigen – angefangen bei der Wahl der Kleidung bis hin zur Vervollständigung von Steck- oder Sortierspielen. Aber es ist Ihr Kind, das lernen muss. Als Erwachsene nehmen wir manchmal an, Lernen sei ein einfacher, linearer Prozess, nach dem Muster:»Ich zeige dir, wie es geht, dann weißt du es.« Leider funktioniert das nicht so. Lernen ist ein Vorgang, der sich gemeinsam mit dem entfaltenden Selbstgefühl des Kindes entwickelt. Wenn Sie Ihrem Kind diesen Prozess des erfahrungsbasierten Lernens abnehmen, geben Sie ihm das Gefühl, dass es die Aufgabe nicht alleine bewältigen kann. Das Ergebnis? Es weicht vor einer Herausforderung zurück und traut sich kaum, neue Dinge auszuprobieren.

Aber Kleinkinder lernen vor allem durch Versuch und Irrtum. Wenn sie einen Versuch als Fehler abspeichern, wenn sie denken, sie hätten versagt, geben sie auf. Kleinkinder lernen durch Handeln und eigene Überlegungen, wie etwas funktionieren könnte. Wenn man ihnen die Gelegenheit bietet, versuchen Sie ein anderes Mal auf andere Weise, das Problem zu lösen – so lange, bis sie den Bogen raus haben. Dabei entwickeln sich Eigeninitiative und Lernfreude.

Wenn Eltern oder andere Bezugspersonen (Großeltern, Betreuer, ErzieherInnen) darauf bestehen, dass es immer nur einen richtigen Lösungsweg gibt, haben Kinder keine Chance, Selbstständigkeit zu üben, ein positives Gefühl angesichts ihrer Entscheidungen und Bedürfnisse zu entwickeln und aus Fehlern zu lernen. Außerdem wird damit die unmissverständliche Botschaft übermittelt, dass ihr Lösungsansatz oder Bedürfnis falsch oder schlecht ist. In diesem Fall kann Korrigieren gleichbedeutend mit Kontrollieren sein, und beides verwehrt Kindern die Möglichkeit zu beweisen, dass sie an einer Aufgabe wachsen können, dass sie zu ihren Wünschen und Bedürfnissen stehen dürfen und in der Lage sind, eigenständig neue Fertigkeiten zu erwerben und diesen Lernprozess als etwas Positives zu betrachten. Kinder möchten, dass diese Fortschritte wahrgenommen und anerkannt werden. Auf diesem Weg finden sie heraus, was sie schon alles können, dass ihre Wünsche und Bedürfnisse akzeptabel sind und dass ihre Entscheidungen und Wahlmöglichkeiten geschätzt werden. Kleinkinder lernen ausschließlich aus eigenen Fehlern und Überlegungen. Der Moment des Erfolgs, wenn eine Aufgabe auf eigene Faust bewältigt wurde (oft nach mehreren fehlgeschlagenen Versuchen), ist ein Aha-Erlebnis, ein innerlicher Jubel: *Ich habe es geschafft!* Und genau das spornt dazu an, weitere Experimente zu wagen.

Schamgefühle bei einem umgänglichen Kind

Alle Eltern wünschen sich ein pflegeleichtes Kind. Ein Kind, das schon mit vier Monaten nachts durchschläft. Das alles isst, nicht trödelt und weiß, wann es aufhören muss. Das auf Kommando lächelt, im Restaurant nie Theater macht und friedlich mit anderen Kindern spielt, selbst im zweiten und dritten Lebensjahr, eine Zeit, die generell als schwierig gilt.

Manchmal sind die pflegeleichten Kinder die Erstgeborenen. Wir glauben, das liegt daran, dass sie sich unserer ungeteilten Aufmerksamkeit sicher sein konnten.

Manchmal kommen die pflegeleichten Kinder als Nummer zwei oder drei zur Welt. Wir glauben, dass sie deshalb so problemlos sind, weil sie gesehen haben, wie schwierig die älteren Geschwister waren und wie viel Ärger dadurch im Haushalt entstanden ist. Sie empfinden sich im Vergleich dazu als »einfach«.

Manchmal hat es den Anschein, als sei ein Kind von Geburt an pflegeleicht. Umgänglicher. Weniger fordernd. Weniger mäkelig. Ein Kind, das selten widerspricht und sich nie gegen die Eltern auflehnt.

Ist ein pflegeleichtes, umgängliches Kind das Nonplusultra?

Nicht unbedingt, wenn das Umgängliche von dem Wunsch bestimmt wird, es Mama und Papa, Betreuern und anderen Bezugspersonen um jeden Preis recht zu machen.

Natürlich möchten wir, dass unsere Kinder folgen, kooperativ und respektvoll sind – doch nicht auf Kosten ihres Selbst.

Ich lernte Lisa mit 18 Monaten kennen, ein Musterkind bis

zum dritten Lebensjahr. Mit zwei war sie sauber. Sie kam gut mit anderen Kindern aus. Sie war ein rundum bezauberndes kleines Mädchen, immer gut gelaunt und ausgeglichen, wenn sie ins Kinderzentrum gebracht und wieder abgeholt wurde. Ich war daher überrascht, als ich nach den Winterferien von den Eltern erfuhr, dass sie ihnen zu Hause mit einem Mal das Leben schwer machte. »Ich will nicht ins Kinderzentrum!«, hatte sie ihrer Mutter erklärt. Und dabei stampfte das sonst so ruhige, pflegeleichte Mädchen vor Wut mit den Füßen auf oder warf sich in Tränen aufgelöst auf den Boden.

Meine erste Frage lautete: »Hat sich zu Hause irgendetwas verändert?«

»Nicht dass ich wüsste«, erwiderte die besorgte Mutter rasch.

Ich wartete ein paar Minuten, begrüßte Lisa und bat die Mutter, sich zu verabschieden. Vielleicht würde uns das Mädchen dann ja den Grund für den Wutanfall verraten. Im Verlauf des Vormittags machte Lisa ohne Probleme bei sämtlichen Gruppenaktivitäten mit, spielte wie üblich mit ihren Freundinnen und ließ keinerlei Anzeichen erkennen, dass sich irgendetwas Ungewöhnliches ereignet oder sie in Wut versetzt hatte.

Als die Kinder abgeholt wurden, zögerte Lisas Mutter noch eine Weile, bevor sie mich ansprach.

»Ich habe darüber nachgedacht, was zu Hause anders sein könnte als sonst. Wir haben uns vor ungefähr einem Monat einen Hund angeschafft. Es war Lisas Idee – sie wünschte sich sehnlichst einen Hund, seit ihre Lieblingscousine einen bekommen hat. Mein Mann und ich fanden, das sei eine gute Gelegenheit, ihr Verantwortung zu übertragen. Und da sie ein Einzelkind ist, hat sie außerdem noch einen Spielgefährten. Lisa liebt die kleine Lulu.«

Ich wollte von der Mutter wissen, wer die meiste Zeit mit dem Welpen verbrachte, in der Annahme (die sich bestätigte), dass es nicht die dreijährige Lisa war, die mit ihm Gassi ging, Futter hinstellte usw. »Ich natürlich«, antwortete die Mutter.

Ich äußerte die Vermutung, dass die Situation mit dem neuen

Haushaltsmitglied der Grund für Lisas Wutausbrüche sein könnte. Die Eltern hatten angedeutet, es sei Lisas Aufgabe, sich um den Hund zu kümmern, womit sie ihr das Gefühl gaben, die Verantwortung läge bei ihr. Doch in Wirklichkeit hatte die Mutter den Großteil der Betreuung übernommen (was durchaus nachvollziehbar ist). Lisa befand sich im Zwiespalt – war sie nun für Lulu verantwortlich oder nicht? Und da die Eltern gesagt hatten, dass sie sich um den Hund kümmern sollte, diese Aufgabe aber dann selbst übernahmen, war es kein Wunder, dass Lisa frustriert war, oder? Und verwirrt. Und wütend.

Die unverhofften Trotz- und Tränenausbrüche verrieten mir, dass Lisa verärgert und enttäuscht war, ganz natürliche und verständliche Gefühle angesichts ihres Dilemmas.

Wie bereits erwähnt, haben alle Kinder von Zeit zu Zeit negative Gefühle, und das ist vollkommen in Ordnung, denn nur so lernen sie, damit umzugehen. Doch umgängliche Kinder neigen dazu, sie in sich zu vergraben oder zu unterdrücken, um den Erwartungen der Erwachsenen zu entsprechen. Wenn sie an ihre Grenzen stoßen oder von einer Situation überfordert sind, explodieren die aufgestauten Gefühle. Das ist nicht nur völlig normal, sondern auch eine gesunde Reaktion.

Negative Gefühle wie Wut, Frustration oder Traurigkeit zu unterdrücken ist für kein Kind gut, und erst recht nicht für pflegeleichte Kinder, die sich angewöhnt haben, Emotionen gleich welcher Art zu verdrängen. Sie haben gelernt, sich den Vorstellungen ihrer Eltern in einem solchen Maß anzupassen, dass sie davor zurückschrecken, ihre wahren, authentischen Gefühle zu zeigen. Wenn sie tatsächlich einmal ihre Frustration oder Wut zum Ausdruck bringen, reagieren die Erwachsenen entgeistert oder ablehnend, womit sie, bewusst oder unbewusst, nur bestätigen, dass solche Gefühle fehl am Platz, also beschämend sind. Damit ist das Fundament für die Einstellung gelegt, dass man nur dann gut und anständig ist, wenn man immer nett und freundlich ist, Ja sagt und sich nach den Wünschen anderer richtet.

In einem anderen Fall zogen die Eltern mit ihrem Sohn ins Ausland. Der Junge war fünf und schlief schon seit einigen Jahren im eigenen Bett. Nachdem die Familie das neue Haus bezogen hatte, entwickelte Adam plötzlich Schlafstörungen: Er wachte mitten in der Nacht auf und kroch zu seinen Eltern ins Bett. Dieses ungewohnte Verhalten machte den Eltern Sorgen, vor allem dem Vater. Er hatte kein Verständnis für Adams Bedürfnis nach Geborgenheit und Nähe.

»Du bist zu alt, um bei uns im Bett zu schlafen«, wies er seinen Sohn zurecht. »Deine kleine Schwester ist erst drei und schläft in ihrem eigenen Bett. Warum schaffst du das nicht?«

Beschämt und verlegen wich Adam seinem Blick aus und schmollte.

»Pass auf«, fiel die Mutter ein. »Wenn du brav in deinem eigenen Bett schläfst, bekommst du von mir einen Goldstern als Belohnung.«

Sticker gehören zu den Erziehungsinstrumenten, die so gut wie nie ihren Zweck erfüllen. (Mehr darüber an späterer Stelle.)

In der nächsten Nacht wachte Adam abermals auf und trottete in das Schlafzimmer seiner Eltern. Morgens klebte neben dem Namen seiner Schwester Ella ein goldener Stern; der Platz neben Adams Namen blieb leer.

Noch mehr Scham und Verlegenheit.

Nach fast zwei Wochen mit langen Tagen und noch längeren Nächten rief Adams Mutter bei mir an, schilderte, was sich seit dem Umzug zugetragen hatte, und bat mich um eine Einschätzung der Situation. Sie war frustriert, wusste nicht weiter und litt unter akutem Schlafmangel.

Ich erkundigte mich nach den Schlafzimmern im neuen Zuhause. Die Mutter beschrieb das Stadthaus: Das Schlafzimmer der Eltern war im ersten und die Kinderzimmer waren im zweiten Stock.

Ich deutete an, dass Adams Schlafprobleme vielleicht darauf zurückzuführen waren, dass sich Kinder- und Elternschlafzimmer nicht mehr auf der gleichen Etage befanden, was in meinen Augen eine einschneidende Veränderung darstellte.

»Ella macht es nichts aus«, entgegnete die Mutter zweifelnd.

»Aber Adam offensichtlich schon«, erwiderte ich.

»Oh.« Jetzt schien die Mutter zu verstehen.

Ich empfahl ihr, auf Adams Gefühle einzugehen. »Machen Sie ihm begreiflich, dass der Umzug in eine fremde Stadt und dazu noch in ein fremdes Land große Veränderungen mit sich bringt und dass Sie ihm helfen werden, sich darauf einzustellen. Und sagen Sie ihm, wenn er das nächste Mal mitten in der Nacht das Bedürfnis hat, zu Ihnen ins Schlafzimmer zu kommen, dass Sie ein Matratzenlager auf dem Boden neben Ihrem Bett für ihn vorbereitet haben.«

Ich ging davon aus, dass Adam sich in der neuen Umgebung eingewöhnen und auch wieder im eigenen Bett schlafen würde, wenn er einige Nächte die tröstliche Gegenwart seiner Eltern erfahren hatte. Wenn dieses Bedürfnis nach Geborgenheit verstanden und offen angesprochen wird, muss sich ein Kind deswegen nicht mehr schämen.

Vier Tage später erhielt ich morgens eine E-Mail von der begeisterten – und erleichterten – Mutter. Adam ging es bestens! Er fühlte sich wohl in seinem neuen Zimmer und freute sich auf das Kinderzentrum. Die ganze Familie kam zur Ruhe. Statt darauf zu bestehen, dass er in seinem Bett blieb, akzeptierten die Eltern sein Bedürfnis, nachts in ihrer Nähe zu sein. Als sie den Umzug mit seinen nachhaltigen Veränderungen aus der Perspektive ihres Sohnes betrachteten, auf seine negativen Gefühle eingingen und ihm erlaubten, in ihrem Zimmer zu schlafen, fühlte er sich verstanden und sicherer in der neuen Umgebung. Wenn wir Kinder so akzeptieren, wie sie sind, und ihre Bedürfnisse wertfrei anerkennen, ermöglichen wir ihnen, schwierige Situationen zu bewältigen.

Kommt Ihnen das bekannt vor?

Haben Sie schon einmal mit Verwunderung oder Entsetzen feststellen müssen, dass Ihre »pflegeleichte« Tochter irgendwann ausflippt und den kleinen Bruder schlägt, nachdem dieser sie eine Stunde lang auf dem Rücksitz des Autos geärgert hat?

Sind Sie voll des Lobes, wenn es um Ihren Erstgeborenen geht, weil er so »brav« und »so süß« ist?

Zweifeln Sie die Absichten Ihres umgänglichen Kindes indirekt an, wenn sie einmal nicht Ihren Vorstellungen entsprechen: »Bist du sicher, dass du noch einen Schokoriegel möchtest?« »Bist du sicher, dass du bei dieser Kälte ein T-Shirt mit kurzen Ärmeln anziehen willst?«

Manche Kinder sind aufmüpfig, explodieren bei jeder Kleinigkeit und machen beinahe ständig Probleme. Andere verschließen sich, und da sie nach außen hin kooperativ erscheinen, freuen sich die Eltern: »Da haben wir aber Glück!«, »Ein pflegeleichtes Kind«, »Was für eine Wohltat nach dem älteren Bruder.« Doch Vorsicht! Umgängliche Kinder richten sich oft in solchem Ausmaß nach den Wünschen der Eltern, dass sie ihr Selbst aus den Augen verlieren. Den Kampf zwischen dem Streben nach Autonomie einerseits und dem Bedürfnis nach Liebe und Schutz andererseits gewinnen dann nicht die Kinder, sondern immer die Eltern. Gefügigkeit kann den Willen eines Kindes brechen. Und wenn Eltern dieses äußerliche »Wohlverhalten« ständig verstärken, besteht die Gefahr, dass sie die vielschichtigen inneren Bedürfnisse und Gefühle, die sich hinter der Fassade verbergen, entwerten.

Schamgefühle durch Bloßstellung

Haben Sie schon einmal im Gespräch mit einer Kindergärtnerin oder anderen Eltern erwähnt, dass Ihr dreijähriger Sohn immer noch nicht sauber ist – in seinem Beisein?

Haben Sie schon einmal einer Freundin erzählt, wie amüsant es ist, wenn Ihr Kind Worte verwechselt, oder wie sich Ihre Tochter letzte Nacht in Ihr Bett geschlichen hat, obwohl sie sich in Hörweite befand?

Damit sprechen Sie einen Entwicklungsknick Ihres Kindes eher beiläufig, aber in einer Weise an, die Ihr Kind vor anderen bloßstellt und Schamgefühle weckt.

Schamgefühle durch Überbehüten

Haben Sie schon einmal Ihren Sohn von einem Vorhaben abgehalten, auch wenn er es vermutlich gemeistert hätte, weil Sie ihn vor Schaden bewahren wollten? Haben Sie ihn beispielsweise gewarnt, das Klettergerüst, das er unbedingt ausprobieren wollte, sei zu hoch?

Haben Sie schon einmal eine Einladung zum Geburtstag abgesagt, weil Sie Angst hatten, Ihre Tochter würde sich dort langweilen?

Haben Sie schon einmal behauptet, etwas sei gefährlich, obwohl Sie wussten, dass das nicht stimmt?

Kleinkinder lassen sich selten auf Aktivitäten ein, denen sie sich nicht gewachsen fühlen. Die physischen Risiken, die damit verbunden sind, müssen für sie überschaubar sein. Und wenn sie zögerlich und unschlüssig sind, brauchen sie Hilfestellung von Erwachsenen. Oft legen wir ihnen durch unsere eigene Angst, das Bedürfnis, sie vor Schaden zu bewahren, oder die Annahme, sie würden sich in bestimmten sozialen Situationen nicht zurechtfinden, Steine in den Weg. Was ist, wenn unser Kind traurig ist? Was ist, wenn ein anderes Kind nicht mit ihm spielen will? Was ist, wenn es stolpert und sich die Knie aufschürft? Kinder müssen

negative Erfahrungen machen, damit sie lernen, damit umzugehen. Wenn Kinder Missgeschicke und schwierige Situationen in
den Griff bekommen und dabei mit der Unterstützung der Eltern
rechnen können, bauen sie Selbstvertrauen auf (»Kann ich alleine!«). Oft trauen Eltern ihrem Kind so wenig zu, dass sie ihm alle
nur erdenklichen Aufgaben abnehmen – Schuhe anziehen, Rucksack tragen und füttern, um sicherzugehen, dass sie auch genug
essen. Damit untergraben sie die Fähigkeiten des Kindes, die sich
gerade zu entwickeln beginnen, und das Selbstwertgefühl: »Ich
kann das nicht.« Eltern, die versuchen, ihr Kind vor Fehlern zu
bewahren, oder ihnen nicht zutrauen, dass sie eine Aufgabe bewältigen, wecken Schamgefühle. Das Kind verinnerlicht die Botschaft, dass es unfähig ist und nicht einmal daran denken sollte,
etwas Neues auszuprobieren.

Schamgefühle durch verbale Kommunikation

Haben Sie Ihr Kind schon einmal mit den Worten »Ich dachte,
du bist schon groß, aber da habe ich mich wohl getäuscht« beschämt, wenn es quengelig war, einen Wutanfall hatte oder sich
nicht altersgemäß verhalten hat?

Haben Sie schon einmal mit Sarkasmus oder Hänseleien auf
sogenannte kindische Verhaltensweisen reagiert? Haben Sie Ihr
Kind schon einmal sanft ermahnt, indem Sie sein Verhalten als
»albern« bezeichnet haben?

Als Reaktion auf ihre eigene Wut, auf Scham oder Frustration benutzen viele Erwachsene im Umgang mit Kindern eine
Sprache, die diese verletzt und Minderwertigkeits- und Schamgefühle hervorruft. Statt auf den Grund einzugehen, der sich hinter
dem Widerstreben verbirgt, vom Kinderbett in ein großes Bett
umzuziehen, beharren Eltern darauf, dass sie schließlich alt genug
dafür seien (ohne wahrzunehmen, dass sie sich trotzdem noch
klein und schutzbedürftig fühlen). Statt sich bewusst zu machen,
dass es eine Ursache für das ohrenbetäubende Gebrüll und hys-

terische Gelächter des Kindes geben könnte, bezeichnen sie sein Verhalten als »töricht«. Solche Reaktionen setzen das Kind und seine Empfindungen herab. Es fühlt sich alleingelassen und unverstanden. Und das führt wiederum dazu, dass es sich schämt, überhaupt ein solches Bedürfnis zu haben.

Die Dynamik von Schamgefühlen

Wie wir in diesem Buch schon immer wieder gesehen haben, verlassen Kinder zwischen dem dritten und sechsten Lebensjahr zunehmend den liebevollen, vertrauten Orbit der Eltern. Sie folgen einem instinktiven Impuls nach Ablösung und Abgrenzung und begeben sich auf Entdeckungstour, um herauszufinden, wer sie sind und wo sich ihr Platz in der Welt befindet. Im Verlauf dieses Individuationsprozesses sind Kinder mehr als jemals zuvor darauf angewiesen, zu wissen, dass die Eltern für sie da sind, wenn sie Geborgenheit, Ermutigung und Fürsorge brauchen. Es mag sich nicht so anfühlen, aber dieser Widerspruch gehört zu den wichtigsten Entwicklungsschritten in diesem Alter: Um sich ablösen und sein Selbst entfalten zu können, ist eine sichere Bindung zu den Eltern unerlässlich. Ihr Kind muss die Erfahrung gemacht haben, dass es sich auf Sie verlassen kann, was immer auch geschieht. Dieses Vertrauen beruht auf dem Wissen, dass Sie seine Bedürfnisse (zumindest die meisten) kennen und verstehen. Diese Bedürfnisse sind vielschichtig, egal, ob ein Kind zwei, drei, vier oder fünf Jahre alt ist. Es handelt sich dabei nicht mehr um die einfachen Grundbedürfnisse eines Säuglings. Kleinkinder erleben einen massiven Wachstums- und Entwicklungsschub auf mentaler, emotionaler und sozialer Ebene, wobei es ihnen extrem schwerfällt, alles, was in ihnen vorgeht, zum Ausdruck zu bringen. Zu verstehen und zu kommunizieren, was sie bewegt, gehört zu den wichtigsten Lernaufgaben in diesem Alter, bei deren Bewältigung Eltern helfen können.

In dem Bemühen, den Eltern ihr wahres Selbst zu zeigen (für Kinder in diesem Alter fühlt sich das wie ein Kampf an), werden Kinder von verwirrenden und widersprüchlichen Gedanken und Gefühlen heimgesucht. Sie haben das Bedürfnis nach Nähe – und gleich darauf nach Distanz. Sie lieben und hassen ihre Eltern. Sie wollen Hilfe und bestehen im nächsten Moment darauf, etwas alleine zu machen. Sie wissen nicht, ob sie lachen oder weinen sollen. Es ist ein lebenslanger Kampf, ein Ringen um die Entfaltung der eigenen Persönlichkeit.

Wenn Sie diesen inneren Kampf Ihres Kindes, die Einstellung, die sich dahinter verbirgt (wie seltsam sie auch erscheinen mag), oder das gerade aktuelle Bedürfnis nicht verstehen, werden Schamgefühle geweckt. Scham aufgrund der Frustration, missverstanden worden zu sein, Ihre Erwartungen enttäuscht zu haben oder nicht zu wissen, was alle anderen in seinem Umfeld zu wissen scheinen.

Wenn Sie sich jedoch auf den Entwicklungsstand und das Weltbild Ihres Kindes in eben diesem Augenblick konzentrieren, werden Sie neue Erkenntnisse gewinnen und Möglichkeiten entdecken, Ihrem Kind einfühlsam Hilfestellung zu leisten – beim Toilettentraining, bei der Entwicklung guter Ess- und Schlafgewohnheiten, beim Umgang mit Gefühlen, bei der Bewältigung von Übergängen im Verlauf des Tages und bei anderen Aufgaben und Zielen. Sie können ihm diese Herausforderungen erleichtern, wenn Sie ihm Schamgefühle ersparen und die Fortschritte würdigen, die es bisher gemacht hat. Im zweiten Teil des Buches werden wir uns mit den kleinen und großen Hürden im alltäglichen Zusammenleben beschäftigen und anhand von Beispielen Probleme und Problemlösungen aufzeigen, wie Sie bei Ihrem Kind das wachsende Gefühl der Kontrolle und Selbstregulierung stärken, dabei einen klaren Kopf behalten und diese turbulente Zeit trotz allem genießen!

Teil 2

Der Kleinkind-Code

Problemlösungen für den Alltag

Im ersten Teil des Buches haben wir einen Blick auf die generelle Entwicklung von Kleinkindern geworfen – auf ihre Denk- und Verhaltensweisen, ihre Gefühle und ihre Art, sich selbst und ihre Bedürfnisse zum Ausdruck zu bringen. Wir sind den unterschiedlichen Entwicklungsstadien und -varianten auf den Grund gegangen. Und wir haben gesehen, warum der Austausch mit unseren Kindern in dieser prägenden Phase ihres Lebens so unerlässlich ist: Sie schaffen – durch Ihre Fürsorge, Unterstützung und Ihr Vorbild – ein Klima, das die Selbstregulierung und die Entwicklung emotionaler und kognitiver Fähigkeiten fördert, die unabdingbar sind, damit Ihr Kind sein Potenzial erfolgreich und bestmöglich entfalten kann.

Im zweiten Teil stehen die konkreten Erziehungsaufgaben im Vordergrund. Wie gelingt es Eltern, die wahren Bedürfnisse ihres Kindes zu entschlüsseln und ihnen gerecht zu werden? Wie bewältigen sie die alltäglichen Aufgaben in einer Weise, die diesen individuellen Bedürfnissen Rechnung trägt, ohne den Blick für eine widerspruchsfreie Erziehung zu verlieren? Wie legen wir im täglichen Miteinander den Grundstein für die persönlichen Kompetenzen, die sie ihr ganzes Leben lang brauchen?

Im Folgenden geht es darum, zwei scheinbar gegensätzliche Anforderungen auf einen Nenner zu bringen: die individuellen Bedürfnisse, Charaktermerkmale und Eigenheiten Ihres Kindes zu berücksichtigen und sich gleichzeitig an allgemeine Entwicklungsleitlinien zu halten, die dazu beitragen, Regeln und Grenzen als Orientierungshilfen festzulegen, damit Ihr Kind mit einem Gefühl der Selbstsicherheit und des Selbstvertrauens in die Welt hinausgeht.

Nun wäre ein guter Zeitpunkt, um noch einmal einen Blick auf die Fragen am Ende des zweiten Kapitels zu werfen. Sie sollen zum Nachdenken über die individuellen Persönlichkeitsaspekte und den aktuellen Entwicklungsstand Ihres Kindes anregen. Womöglich verstehen Sie nun eher, wie es die Welt sieht und was seine Verhaltensweisen und Aktivitäten wirklich zu bedeuten haben. Vergessen Sie nicht, dass Sie Ihr Kind am besten kennen – das Hin und Her, die Höhen und Tiefen, die emotionalen Krisen, egal, zu welcher Zeit.

- Braucht Ihr Kind Zeit, um sich mit einer neuen Situation vertraut zu machen, oder sieht es darin ein spannendes Abenteuer, in das es sich sofort stürzt?
- Beweist Ihr Kind Ausdauer, wenn ihm etwas nicht sofort gelingt, oder lässt es sich leicht durch Rückschläge entmutigen?
- Wird Ihr Kind schon durch eine geringfügige Änderung im Tagesablauf aus der Bahn geworfen, oder gelingt es ihm problemlos, sich darauf einzustellen?

Im zweiten Teil des Buches geht es nun darum, diese allgemeinen Leitlinien oder Tipps praktisch umzusetzen, im Einklang mit den individuellen Charaktereigenschaften und der Weltsicht Ihres Kindes. Ihre Antworten auf diese Fragen werden heute vermutlich anders ausfallen als in ein paar Monaten, wenn Sie sich noch einmal damit beschäftigen sollten. Dennoch bleiben einige Persönlichkeitsmerkmale Ihres Kindes ziemlich konstant. Sie ziehen sich wie ein roter Faden durch die verschiedenen Lebensphasen, werden jedoch auf neue Weise zum Ausdruck gebracht. Meiner Meinung nach besteht die Aufgabe der Eltern darin, Aufschluss über die Persönlichkeit des Kindes zu gewinnen – unabhängig davon, zu welcher Zeit und in welcher Situation – und ihre Erziehung auf die jeweils aktuellen Bedürfnisse abzustimmen.

Stellt sich Ihr Kind im Allgemeinen leicht auf neue Situationen und Veränderungen im Tagesablauf ein? Mag sein, aber vielleicht ist Schluss damit, wenn die Familie Zuwachs bekommen hat. Klammert sich Ihr Kind zu Beginn einer Geburtstagsparty immer an Mama oder Papa? Normalerweise schon, nur dieses Mal nicht, weil sein Lieblingscousin ebenfalls eingeladen ist. Findet Ihr Kind Erbsen oder Spinat ekelig? Ja, aber das war letzte Woche; diese Woche schmeckt ihm beides.

Beständigkeit und Wandel sind ein Teil der Entwicklung jedes Kindes. Sich das bewusst zu machen, hilft Ihnen, Ihr Kind im täglichen Miteinander zu verstehen und seine Weltsicht nachzuvollziehen – eine wichtige Orientierungshilfe, wenn es herauszufinden gilt, was es aktuell braucht. Behalten Sie den roten Faden im Blick, damit Sie bei der nächsten Herausforderung (welcher Art auch immer) sowohl die *Beständigkeit* (»Jannis reagiert immer so, wenn sich etwas im gewohnten Tagesablauf ändert. Kein Wunder, dass er heute wieder ziemlich frustriert war.«) als auch *Veränderungen* (manchmal zum Besseren) erkennen (»Er war auch heute ziemlich frustriert, aber er hat einsichtiger reagiert und weniger Theater gemacht, als ich ihm erklärt habe, warum wir nach dem Kindergarten nicht auf den Spielplatz gehen können.«) Abneigung gegen Veränderungen? Ja, nach wie vor. Eine bessere Reaktion darauf? Ja. Beides spielt mit.

Wie bereits erwähnt, gibt es für die Kindererziehung kein Patentrezept. Eine fürsorgliche, unterstützende und liebevolle Erziehung stützt sich darauf, wie gut Sie die Bedürfnisse Ihres Kindes im täglichen Kontext seines Lebens entschlüsseln. In diesem zweiten Teil des Buches finden Sie anschauliche Beispiele für den Umgang mit problematischen Situationen. Sie sollen Ihnen helfen herauszufinden, was für Sie und Ihr Kind am besten ist, wie Sie gelassen bleiben, einen kühlen Kopf bewahren und Ihr Augenmerk darauf richten, das Verhalten Ihres Kindes differenziert, verständnisvoll und objektiv anzuleiten und liebevolle Grenzen und Regeln zu setzen.

Sind Sie bereit? Beginnen wir mit dem Bedürfnis nach Ritualen, immer wiederkehrenden Handlungs- und Tagesabläufen, die wesentliche Bedeutung in der Kindererziehung haben.

5
Der Ritualcode: Die Bedeutung fester Handlungs- und Tagesabläufe

Essen, Schlafen und Toilettentraining

Die Bedeutung von Ritualen

Rituale geben Halt. Bei Kleinkindern, die noch kein Zeitgefühl haben und glauben, morgen sei eine Ewigkeit entfernt und gestern sei vor 14 Tagen gewesen, fördern verlässliche und regelmäßig wiederkehrende Handlungs- und Tagesabläufe Flexibilität und Belastbarkeit. Diese Eigenschaften sind für die emotionale Entwicklung und die Kompetenz bei der Bewältigung künftiger Herausforderungen unerlässlich. Sie dienen darüber hinaus als Grundlage der Selbstorganisation, auf die sich die Entwicklung der bewährten exekutiven Funktionen stützt, mit denen Menschen ihr Verhalten unter Berücksichtigung der Umweltbedingungen steuern. Zum Beispiel planen, folgerichtig denken und handeln oder die Aufmerksamkeit fokussieren. Nach meiner Auffassung verkörpern Rituale praxistaugliche Grenzen und Regeln, die Eltern setzen, um ihren Kindern die Verinnerlichung zu erleichtern und den Erwerb von Lebenskompetenzen zu fördern, die für Lern- und Sozialisationsprozesse eine ebenso wichtige Rolle spielen wie für den allgemeinen Lebenserfolg. Durch die Wiederholungen verleihen sie Aktivitäten eine Struktur (erst essen, dann ins Bett gehen). Wiederholungen sind außerdem für Lernprozesse und den Erwerb von Fähigkeiten und Fertigkeiten erforderlich. Kinder lernen am liebsten und besten, wenn sie etwas so lange wiederholen, bis sie wissen, wie etwas funktioniert. Der immer gleiche Ablauf, den Erwachsene als langweilig empfinden würden, festigt das Wissen und verleiht Kleinkindern ein Gefühl der Sicherheit: »Aha, das kenne ich schon!«

Das ist ein weiterer scheinbarer Widerspruch in der Erziehung: Je fester diese Strukturen und Rituale verankert sind, desto freier fühlt sich das Kind, neue Erfahrungsräume zu entdecken und die inneren Mechanismen zur Steuerung seiner Gefühle, Gedanken und Verhaltensweisen zu entwickeln – Grundvoraussetzungen, die das Reifen, Wachsen und Lernen ermöglichen. Anders ausgedrückt: Regelmäßig wiederkehrende ritualisierte Abläufe fördern die Flexibilität. Man kann nicht genug betonen, wie wichtig sie sind, um den Tagen Struktur zu verleihen, vor allem bei Kleinkindern (aber auch bei älteren Kindern, Jugendlichen und, nicht zu vergessen, auch bei Erwachsenen). Sie weisen Kinder darauf hin, welche Schritte wann erfolgen, sodass sie durch die Wiederholung leichter lernen, eine Aufgabe in eigener Regie zu bewältigen. Rituale verleihen ihnen ein Gefühl der Kontrolle, weil sie wissen, was sie zu erwarten haben. Andernfalls werden sie von den Ereignissen überrumpelt, was ein Gefühl der Ohnmacht und Desorientierung hervorrufen kann.

Eine Freundin berichtete, dass ihr zweijähriger Sohn vor dem Schlafengehen Bilderbücher anzuschauen pflegte und eine Seite nach der anderen umblätterte. Als die Mutter erklärte, es sei an der Zeit, ins Bett zu gehen, erwiderte er: »Ich will lesen. Will nicht ins Bett.« Für ihn war die Freude, ein Buch anzuschauen, das Gebot der Stunde. Den Gedanken, ins Bett zu gehen, schob er weit von sich. Hier würde ein allabendliches (oder zumindest an den meisten Abenden) festes Schlafritual den Übergang und den Verzicht auf das Vergnügen erleichtern: »Ich weiß, wie sehr du deine Bilderbücher liebst. Du darfst es dir noch zu Ende anschauen, aber dann ist es an der Zeit zu schlafen.«

Ritualisierte Handlungs- und Tagesabläufe bringen Kinder in Bewegung. Wenn sie am Abend hören, dass das Badewasser eingelassen wird, können sie daraus schließen: »Aha, Badezeit«. Und was danach folgt: Schlafanzug anziehen, Zähne putzen, vorlesen oder ein Buch anschauen, Gutenachtkuss, Licht aus und schlafen. Warum das so wichtig ist? Weil Kleinkinder im Gegensatz zu uns Erwachsenen ihren Tag nicht anhand der Zeit strukturieren können, da sich die Hirnstrukturen, die für die Organisation von Gedanken und Aktivitäten zuständig sind, noch in der Entwicklung befinden. Sie brauchen unsere Hilfe. Rituale bieten genau das: Sie dienen als Wegweiser, die von einer Etappe zur nächsten führen. Das bringt sie dem von Ihnen gesetzten Ziel näher (Schlafengehen) und sorgt durch die Wiederholung für die Verankerung einer geordneten Struktur im Gehirn – jeder Tag läuft in etwa nach dem gleichen Muster ab –, sodass der Ablauf irgendwann in Fleisch und Blut übergeht (mit Anleitung und Erinnerungshilfen Ihrerseits). Diese Form der Selbstorganisation gehört zu den Bausteinen der Selbstregulierung.

Rituale können sich im Lauf der Zeit ändern

Rituale sind wichtig und sorgen für Struktur. Doch das heißt nicht, dass Sie jeden Handlungs und Tagesablauf nach dem gleichen Muster gestalten müssen. Wichtig ist, ein Grundgerüst zu errichten, das Kindern bei der Bewältigung täglich wiederkehrender Aufgaben – essen, anziehen, rausgehen, zu Bett gehen – als Orientierungshilfe dient, aber gleichzeitig Flexibilität und Anpassungsfähigkeit fördert, wenn sich die Umstände ändern. Rituale stellen einen Fixpunkt oder Halt im Leben dar, eine bewährte Ordnung, und bieten die Sicherheit des Vertrauten. Flexibilität entsteht dann, wenn man sich befähigt fühlt, vom gewohnten Ablauf abzuweichen, um Neues zu erkunden, im Wissen, dass man zu Vertrautem zurückkehren kann. Es ist ein weiteres Paradox in der Kindererziehung, dass feste Tagesabläufe und Strukturen die Flexibilität fördern.

Bevor das Jahr einer Kindergruppe endet, gehen unsere Kleinen im Kinderzentrum im letzten Monat zum Spielen in einen nahe gelegenen Park. Der Park ist Neuland für sie und stellt eine große Veränderung dar. Wir bereiten sie mit einer Abschiedsparty im Zentrum darauf vor und erzählen ihnen, was sie dort erwartet. Die Veränderung zu meistern braucht indes seine Zeit. Beim ersten Mal spielte die dreijährige Irena mit Feuereifer im Sandkasten. Plötzlich hörte sie auf, setzte sich auf die Umrandung und verkündete: »Ich bin fertig mit Spielen. Jetzt will ich wieder ins Kinderzentrum zurück.« Die Erzieherin erinnerte sie daran, dass sie sich vom Kinderzentrum verabschiedet hatten, dass es im Frühjahr immer eine Pause macht und dass sie nun eine Weile im Park spielen würden. Ihr war dabei durchaus klar, dass Irena die vertraute Umgebung vermisste. Nachdenklich nahm die Kleine wieder im Sandkasten Platz und schien sich dem geänderten Ablauf zu fügen. Doch hin und wieder unterbrach sie das Spiel, setzte sich wieder auf die Umrandung und wiederholte, dass sie jetzt zur Rückkehr ins Kinderzentrum bereit sei. Nach dem zweiten Ausflug in den Park war ihr der Ablauf jedoch klar. Sie rannte los, als es Zeit für den kleinen Imbiss war, noch bevor die Betreuerinnen die Pause ankündigen konnten. Wie man sieht, kann es etwas dauern, bis sich neue Abläufe eingespielt haben.

Das Ausmaß an Ritualen und Hilfestellungen, die ein Kind braucht, um sich auf Veränderungen vom gewohnten Ablauf einzustellen, ist unterschiedlich. Es hängt von der Persönlichkeit des Kindes (auch hier spielen individuelle Bedürfnisse wieder eine Rolle) und seiner aktuellen Lebenssituation ab.

Der dreijährige Micha ist das älteste Kind in der Familie und hat gerade erst mit dem Kindergarten begonnen. Ihm gefällt der Kalender, der dort hängt, und er wiederholt zu Hause genau, wer an diesem Tag Gruppenführer sein durfte und wer morgen und übermorgen an der Reihe sein wird. Er kann jeden einzelnen Wochentag benennen, in der richtigen Reihenfolge. Er liebt die Regelmäßigkeit und Ordnung der Dinge, die festgefügte Struktur

Der Kleinkind-Code

des Kalenders und seine tägliche Aufgabe im Kindergarten, die einzelnen Wochentage laut anzukünden und im Auge zu behalten. Der Kalender und die Vorstellung, dass ein Tag dem anderen folgt, behagen ihm. Er weiß, was ihn erwartet:»Nach Montag kommt Dienstag. Und Dienstag bin ich Gruppenführer.« Bald kennt er den Ablauf im Schlaf und ist stolz auf sein Wissen.

Im nächsten Monat fällt der Kindergarten mitten in der Woche aus, weil Feiertag ist. Aber Micha hat gerade erst gelernt, dass er an jedem Werktag in den Kindergarten geht – er ist sogar schon imstande, diese Information lückenlos wiederzugeben:»Montag, Dienstag, Mittwoch, Donnerstag und Freitag gehe ich in den Kindergarten. Samstag und Sonntag nicht. Da sind Mama und Papa auch zu Hause.« Die Ankündigung der Mutter, dass der Kindergarten ausfällt, obwohl Dienstag ist, ist für ihn unbegreiflich. Er beginnt zu schluchzen und brüllt tränenüberströmt:»Ich will aber in den Kindergarten! Heute ist Dienstag. Dienstag ist Kindergartentag!« Micha klammert sich an den gewohnten Ablauf, der Ordnung in seinen Tag und in die Woche gebracht hat. Doch kaum hat er sich gemerkt, wie das Ganze funktioniert, gerät alles durcheinander. Das ist ihm zu viel.

Solche scheinbar unlogischen Veränderungen können für Kleinkinder verwirrend sein, vor allem, wenn sie wie Micha feste Abläufe und Strukturen lieben. Manche Kinder sind flexibler, aber für Micha hat die Ordnung der Dinge – gleich, ob Kindergartentage oder die präzise Ausrichtung seiner Spielzeugautos – hohe Priorität (zumindest jetzt), und deshalb ist er am Boden zerstört. Er beschäftigt sich beispielsweise auch lange und konzentriert damit, die Schienen seiner Eisenbahn und das Zubehör alleine und nach einem bestimmten Muster aufzubauen. Wenn ein Teil in Unordnung gebracht wurde, rastet er aus, wie Sie sich sicher vorstellen können:»Reparier es! Reparier es! Das ist kaputt!«

Nach wiederholten Ausbrüchen dieser Art kam seine Mutter Rat suchend in meine Sprechstunde.»Stimmt etwas nicht mit Micha?«, lautete ihre besorgte Frage.

Natürlich bestand kein Anlass zur Besorgnis. Ich machte ihr klar, dass Michas Ordnungssinn im späteren Leben eine positive Eigenschaft sein kann: Er würde in der Lage sein, seine Vorstellungen, wie die Dinge sein sollten, zielstrebig in die Tat umzusetzen. Bei älteren Kindern oder Erwachsenen bezeichnen wir das als Beharrlichkeit oder Durchhaltevermögen, eine Eigenschaft, die sowohl für komplexe Problemlösungsprozesse als auch für akademische und andere Formen des Lebenserfolgs wichtig ist. (Dazu kommt, dass die Flexibilität im Lauf der Zeit mit der Entwicklung der Hirnstrukturen und zunehmenden Erfahrungen wächst.)

Ich erklärte der besorgten Mutter auch, dass Micha in diesem Entwicklungsstadium noch nicht begreifen kann, dass Abweichungen von der Norm oder eine andere Anordnung der Eisenbahnschienen kein Weltuntergang sind. Ihm fehlen noch die Flexibilität und das rationale Denkvermögen, Veränderungen zu verstehen, zum Beispiel, dass am Dienstag, einem Feiertag, alles ganz anders ist als sonst. Das Gehirn ist in diesem Alter außerstande, den gewohnten Verarbeitungsmodus zu ändern, um sich auf die neue Situation einzustellen. Im Laufe der Zeit wird Micha, mit Anleitung und Erinnerungshilfen der Mutter, flexibler werden.

Gilt das für alle Dreijährigen? Nicht unbedingt. Einige Kinder passen sich schwerer an, was mehr Arbeit vonseiten der Eltern erfordert. Was aber nicht bedeutet, dass mit ihnen etwas nicht stimmt. Sie brauchen nur mehr Unterstützung.

Manche Kinder geraten völlig aus dem Tritt, wenn von eingespielten Abläufen abgewichen wird. Andere stellen sich rasch um. Und wieder andere scheinen Veränderungen kaum wahrzunehmen. Mit der Zeit lernen jedoch fast alle Kinder damit umzugehen. Die Sorge und Aufregung, die sich bei einem solchen Umbruch bemerkbar machen, wurzeln in der Angst, die Sicherheit des Vertrauten zu verlieren. Die ständige Wiederholung von festgefügten Abläufen vermittelt das Gefühl der Berechenbarkeit von Ereignissen, das verlässliche Wissen, was als Nächstes kommt, und dieses Wissen um eine vertraute Ordnung stärkt das Sicher-

Der Kleinkind-Code

heitsempfinden. Kinder haben das Gefühl, dass sie ein gewisses Maß an Kontrolle haben, dass sie sich in diesem Rahmen souverän und entspannt bewegen können. Doch plötzlich gelten die Regeln nicht mehr! Das ist ein Schock, auch wenn die Veränderung Erwachsenen unerheblich erscheint. Veränderungen können bei einem Kind Ängste oder Orientierungslosigkeit hervorrufen. »Was ist jetzt mit meinem Wissen um die Ordnung der Dinge und die Berechenbarkeit der Abläufe?« Der vermeintlich feste Boden gerät mit einem Mal ins Wanken.

Eine Mutter berichtete, dass ihr vierjähriger Sohn an einem Abend partout nicht schlafen wollte. Das Schlafritual, das bis zum Löschen des Lichts normalerweise eine halbe Stunde dauerte, zog sich über mehr als zwei Stunden hin. Der Junge bat um ein weiteres Glas Wasser, ging nochmals zur Toilette, verlangte, dass die Mutter noch eine Weile blieb, weinte, kam wiederholt aus seinem Zimmer. Er ließ keinen Trick aus, um sich vor dem Schlafengehen zu drücken. Ich versuchte gemeinsam mit der Mutter herauszufinden, ob irgendwelche Vorkommnisse im Elternhaus oder Kinderzentrum ihm zu schaffen machten. Doch alles schien in bester Ordnung. Irgendwelche Neuerungen? Besucher? Bevorstehende Ereignisse? Nichts. Veränderung von Gewohnheiten? Fehlanzeige. Plötzlich hielt die Mutter inne. Ihr war eine Abweichung von der Regel eingefallen, die ihr minimal erschien, es möglicherweise aber nicht war. »Nach dem Vorlesen singe ich ihm gewöhnlich ein Schlaflied vor und dann folgt ein kurzes Gutenachtritual. Gestern Abend wollte ich jedoch unbedingt mit meinem Mann zusammen eine Fernsehsendung anschauen. Ich war erst spät von der Arbeit zurückgekehrt und musste ihn schnell ins Bett zu bringen. In der Eile habe ich vergessen, ihm etwas vorzusingen und auf die gewohnte Weise Gute Nacht zu sagen.« Genau das hatte ihn aus der Bahn geworfen. Das Schlafritual wurde daraufhin wieder auf eine halbe Stunde festgelegt, einschließlich Schlaflied.

Heißt das, alle Eltern sollten sich an die Halbe-Stunde-Regel halten? Keineswegs. Entscheiden Sie sich für ein Ritual, das sich bei

Ihrem Kind bewährt. Manchmal versuchen Eltern, stillschweigend über Änderungen im gewohnten Ablauf hinwegzugehen, in der Hoffnung, das Kind möge nichts bemerken. Diese Vorgehensweise kann sich als Bumerang erweisen. Selbst wenn die Reaktion nicht umgehend erfolgt, kann sie sich später bemerkbar machen. Es ist am besten, offen und ehrlich mit Veränderungen umzugehen.

Was Sie tun können

Was können Eltern tun, wenn sich eingespielte Abläufe ändern? Wenn beispielsweise Verwandte zu Besuch kommen oder der Kindergarten wegen einer Teambesprechung früher schließt als sonst? Vielleicht sind Fernsehgerät oder iPad kaputt und Ihr Kind kann die *Sesamstraße* nicht sehen? Wenn Ihr Kind lernt, sich auf kleinere Veränderungen einzustellen, ist es besser darauf vorbereitet, die großen Umbrüche und Stresssituationen im Leben zu bewältigen. Wie geht man also mit Veränderungen um, ohne einen Eiertanz aufzuführen (so empfinden es viele Eltern), weil das Kind aus der Spur geraten könnte?

Zuerst sollten Sie sich bewusst machen, dass Ihrem Kind Veränderungen im eingespielten Ablauf nicht behagen, es aber Ihre Aufgabe ist, ihm in dieser Situation Orientierungshilfen und ein Gefühl der Sicherheit zu geben. Sie wissen, dass Veränderungen eine Eingewöhnungszeit erfordern, aber irgendwann wieder alles im Lot ist. Das sollten Sie auch Ihrem Kind begreiflich machen. Dieser Ansatz baut außerdem Vertrauen auf – das Kind lernt, dass es sich darauf verlassen kann, dass Sie ihn über das Geschehen aufklären (auch wenn es ihm nicht gefällt) und dass Sie ihm helfen, sich an die neue Situation anzupassen.

Bei bekannten Veränderungen: Erklären Sie bereits im Vorfeld, was sich ändern wird, aber nicht zu lange im Voraus. »Wenn du heute aus dem Mittagsschlaf aufwachst, ist Großmutter da. Ich muss früh zur Arbeit, deshalb passt sie auf dich auf. Zum Abendessen bin ich wieder zu Hause, dann sehen wir uns.« Kinder freuen sich nicht zwangsläufig über solche Veränderungen, deshalb ist es wichtig, ihre Enttäuschung ernst zu nehmen: »Es könnte sein, dass es dir nicht gefällt, aber morgen (Dienstag) ist ein ganz besonderer Tag. Normalerweise gehst du dienstags in den Kindergarten, aber dieser Dienstag ist anders, nämlich ein Feiertag – da ist der Kindergarten geschlossen.«

Bei unverhofften Veränderungen: Es wird mit Sicherheit Veränderungen geben, die nicht abzusehen waren. In solchen Situationen ist Ihre tröstliche und hilfreiche Reaktion noch wichtiger als sonst. Ich erinnere mich, dass ich meinen damals vierjährigen Sohn an einem warmen Frühlingstag morgens in den Kindergarten brachte. Da es die ganze Woche zuvor geregnet hatte, hatten die Erzieherinnen beschlossen, das Morgenritual auf die Dachterrasse des Gebäudes zu verlegen, die mein Sohn noch nicht kannte. Wir erfuhren erst bei der Ankunft im Kindergarten davon. Für ihn war das keine gute Neuigkeit: Er blieb wie angewurzelt stehen, mit ausdrucksloser Miene. Dann brach er in Tränen aus. Der festgefügte Tagesablauf war außer Kraft gesetzt, ein Drama für ein Kind, das immer genau wissen will, was es zu erwarten hat (was bei ihm bis heute der Fall ist). Vermutlich dachte er ungefähr Folgendes: »Halt! Ich kenne den Ablauf, ich weiß, was ich tun muss, sobald ich im Kindergarten ankomme. Alles war doch in bester Ordnung! Wer hatte die blöde Idee, das Ganze über den Haufen zu werfen?«

Die Erzieherin, die uns in Empfang genommen hatte, erkannte auf Anhieb, dass er einer Panik nahe war, und versicherte, dass sich die Gruppenleiterinnen um ihn kümmern und sie später wieder in die gewohnten Räume zurückkehren würden. Um ihm bei der Bewältigung der unverhofften Änderung zu helfen, begleitete ich ihn auf die Dachterrasse und zeigte ihm, dass seine Gruppenleiterinnen und Freunde schon da waren. Danach diskutierten wir eine Woche lang jeden Morgen darüber, was für ein Tag ihn im Kindergarten erwarten könnte – ein Spielzimmer- oder ein Dachterrassentag. Schließlich gelang es ihm, sich problemlos von mir zu verabschieden, egal, wo das Morgenritual stattfand.

Auch Eltern fällt es schwer, mit Änderungen in eingespielten Abläufen umzugehen

Im Lauf der Jahre habe ich festgestellt, dass auch Eltern durch Änderungen in eingespielten Abläufen aus dem Tritt geraten können. Wenn Sie zu den Menschen gehören, die angesichts einer neuen Situation nervös werden, überträgt sich diese Unruhe mit Sicherheit auf Ihr Kind. Flexibilität und Anpassungsfähigkeit werden gefördert, wenn Sie ihm klarmachen, dass eine Veränderung vorübergehender Natur ist und man bald wieder zur gewohnten Ordnung der Dinge zurückkehren wird: »Heute machen wir mittags ein Picknick und essen draußen. Das ist anders als sonst. Abends sitzt du dann wieder zu Hause auf deinem Stuhl.« Viele Eltern machen sich übermäßige Sorgen, dass es schlimme Folgen haben könnte, wenn nicht alles so läuft wie gewohnt. Vielleicht war es ein hartes Stück Arbeit, bis ihr Kind kampflos ins Bett gegangen ist, und sie befürchten, den schwer errungenen Erfolg wieder zunichtezumachen, wenn sie einmal später als sonst nach Hause kommen. Oder sie verzichten auf ein Treffen mit einer Freundin, die sich gerade in der Stadt aufhält, weil sie das Mittagessen auf einen späteren Zeitpunkt verschieben müssten und ihr Kind seinen festen Tagesablauf braucht.

Das gilt auch für den Mittagsschlaf. Einige Eltern lehnen Nachmittagsprogramme im Kindergarten generell ab, selbst wenn es sich nur um einen Tag in der Woche handelt, weil sie Angst haben, den Mittagsschlaf des Kindes zu verschieben. Aber Kinder passen sich an, sie sind wesentlich flexibler, als man meint. Einige verzichten an solchen Tagen problemlos auf den Mittagsschlaf, andere halten ihn kürzer oder früher. Manchmal fällt es den Eltern schwerer als den Kindern, sich auf Veränderungen im gewohnten Ablauf einzustellen.

Schlafen

Wir leben in einer Gesellschaft, in der notorischer Schlafmangel herrscht. Das gilt vor allem für Kinder. Es gibt Richtwerte dafür, wie viel Schlaf Kinder brauchen, und eines ist gewiss: Der Umgang mit dem Verhalten und den Höhen und Tiefen des Lebens fällt erheblich leichter, wenn Kinder (und Erwachsene) ausgeruht sind. Und wie bei allen anderen in diesem Buch angesprochenen Themen sind auch die Schlafgewohnheiten von Kindern unterschiedlich. Einige sind auf diesem Gebiet von Geburt an gut strukturiert: Sie schlafen problemlos durch, schlafen schnell ein und wachen ausgeruht und ausgeglichen auf. Andere brauchen Hilfestellung. Wie viel Schlaf ein Kind braucht, ist ebenfalls unterschiedlich. Einige Eltern haben das Glück, dass ihre Kinder nachts zwölf Stunden und länger schlafen. Anderen Kindern genügen neun Stunden. Einige halten am Tag zwei bis drei Stunden Mittagsschlaf, andere wachen schon nach einer Dreiviertelstunde wieder auf. Einige Kinder sind Frühaufsteher (trotz aller Bemühungen der Eltern sind sie schon um halb sechs Uhr morgens wach und putzmunter); andere sind Langschläfer und bleiben bis acht im Bett. Schlafmuster sind höchstwahrscheinlich angeboren. Aber alle Kinder brauchen genug Schlaf (in welcher Menge auch immer) und Nachtruhe. Eltern spielen eine wichtige Rolle bei der Entwicklung gesunder Schlafgewohnheiten, eines der größten Geschenke, die sie ihrem Kind machen können.

Ein Kind dazu zu bringen, ohne »Theater« einzuschlafen, alleine zu schlafen oder nachts durchzuschlafen, kann für alle Beteiligten anstrengend sein. Um die Herausforderungen zu verstehen, die mit dem Schlafen verbunden sind, müssen wir uns eine der Hauptaufgaben von Kindern in diesem Alter in Erinnerung rufen: die Ablösung von den Eltern. Sie gehört zu den Schwerpunkten im Programm des Barnard Toddler Center. Der Schlaf ist für das Kind die letzte Trennung am Tag, das heißt, dass sich die Probleme, die damit einhergehen, auf die Trennungsängste beziehen. Schlaf bedeutet nicht nur Trennung, sondern auch die längste Trennung am Tag (zwischen neun und dreizehn Stunden). Erwachsene freuen sich meistens auf die Nachtruhe (und wünschen sich, länger im Bett bleiben zu können), was bei Kindern in diesem Alter nicht immer der Fall ist. Das Zubettgehen findet zu einem Zeitpunkt statt, an dem sie erschöpft und am Ende ihrer Kräfte sind. Sie wissen, was ihnen bevorsteht, nämlich in einem dunklen Zimmer liegen, höchstwahrscheinlich alleine und für viele Stunden. Eltern empfinden den Schlaf oft nicht als Trennung, doch aus der Sicht des Kindes ist er genau das. Ein weiterer Abschied. Wenn Sie sich das bewusst machen, können Sie Schlafrituale und Grenzsetzungen in einen anderen Bezugsrahmen stellen, um zu gewährleisten, dass Ihr Kind nachts genug Schlaf erhält. Auch der Tag verläuft entspannter, wenn alle ausgeruht sind!

Der Schlaf kann durch Veränderungen im Leben Ihres Kindes beeinträchtigt werden. Wurde es gerade erst in den Kindergarten aufgenommen? Ist Mama beruflich oft unterwegs? Muss Papa Überstunden machen? Hat Ihr Kind neue Fähigkeiten erworben oder befindet sich gerade mitten in einem großen Entwicklungssprung (den Sie erst im Nachhinein bemerken)? Herrschen derzeit Spannungen in der Familie oder erwarten Sie Nachwuchs? Hat Ihr Kind gerade erst eine Erkältung überstanden? Jede Veränderung, ob groß oder klein, kann sich auf das Schlafverhalten des Kindes auswirken. Auch Gefühle spielen eine Rolle. Hatten Sie heute Streit mit Ihrem Kind? Oder war es generell schlecht gelaunt? Die emotionale Befindlichkeit kann Schlafgewohnheiten aushebeln, weil nachts heimliche Ängste auftauchen. Plötzlich schreckt ein Kind mitten in der Nacht hoch und schreit »Mama!«, während es in der Nacht zuvor zwar kurz aufgewacht ist, sich aber gleich darauf umgedreht und weitergeschlafen hat.

Im Herbst, zu Beginn eines neuen Kindergartenjahres, berichten Eltern häufig von nächtlichen Schlafstörungen. Eine Mutter erzählte: »Meine Tochter geht gerne ins Kinderzentrum, sie verabschiedet sich freudestrahlend von mir und kann es kaum erwarten, hier zu spielen. Ich bin erleichtert, dass sie beim Abschied kein Theater macht. Ich weiß nicht, warum, aber jetzt wacht sie oft mitten in der Nacht auf und ruft nach mir, obwohl sie früher immer durchgeschlafen hat.« In diesem Fall hat das Kind die Trennung am Tag vielleicht verkraftet, zur großen Freude ihrer Mutter, doch die damit verbundenen intensiven Gefühle machen sich nachts bemerkbar. Man sollte also vorsichtig mit dem sein, was man sich wünscht!

Beim Zubettgehen geht es darum, Grenzen zu setzen und Regeln konsequent beizubehalten, damit Ihr Kind lernt, problemlos ein- und durchzuschlafen, denn es braucht die Nachtruhe. Wenn es Ihnen schon tagsüber schwerfällt, Nein zu sagen oder Grenzen zu setzen, kann das Zubettgehen eine besonders große Herausforderung sein. Wenn Sie schon während des Tages ständig mit ihm verhandeln und eher nachgeben, als auf die Einhaltung der Regeln zu bestehen, kann das allabendliche Zubettgehen den letzten Nerv kosten. Kinder brauchen liebevolle Unterstützung, um Rituale und Grenzen zu verinnerlichen, damit die Trennung am Abend gelingt. Vielen Eltern fällt es aufgrund ihrer eigenen Kindheitserfahrungen jedoch schwer, die erforderlichen Grenzen zu setzen. Haben Sie sich als Kind vergeblich gewünscht, Ihre Eltern würden nachts bei Ihnen bleiben? Sind Sie der Meinung, Sie hätten mehr Zuwendung gebraucht, auch außerhalb der Bettgehzeiten? Hatten Sie, wenn Sie in einer großen Familie aufgewachsen sind, immer das Gefühl, zu kurz zu kommen, auch in puncto Sicherheitsbedürfnis? Sind Sie nachts oft aufgewacht, aus Sorge oder Angst? Sind Sie auch heute noch ein Mensch, der schlecht schläft oder bis spät in die Nacht grübelt? Wenn ja, stehen Sie mit diesen Gefühlen nicht alleine da. Aber genau deshalb fällt es Ihnen möglicherweise schwer, Ihrem Kind Grenzen zu setzen, denn Sie wollen nicht, dass es ihm genauso ergeht wie Ihnen. Denken Sie an Ihre eigenen Verhaltensmuster bezüglich Schlaf und Trennung. Das eigene Gefühlschaos zu entwirren trägt dazu bei, dass Sie Ihr Kind besser unterstützen können.

Eine Mutter beklagte, dass ihre dreieinhalbjährige Tochter sich dagegen sperrte, alleine einzuschlafen: »Wenn ich Anstalten mache, das Zimmer zu verlassen, bevor sie eingeschlafen ist – was bis zu zwei Stunden dauern kann –, jammert sie: ›Geh nicht weg, geh nicht weg!‹ Es bricht mir das Herz. Ich ertrage es nicht und kehre um. Ich war die Jüngste in der Familie. Meine Eltern zwangen mich, alleine einzuschlafen. Wenn ich sie inständig anflehte, bei mir zu bleiben, wurden sie ärgerlich. Das war ein grauenhaftes Gefühl. Das möchte ich meiner Tochter nicht antun. Mit Sicherheit würde sie mir das nachtragen.«

Fakt ist, dass die Mutter dem Drängen nachgab, obwohl sie verständlicherweise frustriert war. Den Auslöser zu erkennen reicht oft aus, um anders zu reagieren. Kurz nachdem sie die Verbindung zu ihrer eigenen Kindheit hergestellt hatte, beschloss die Mutter, Grenzen zu setzen und sich konsequent daran zu halten. Sie gelangte zu der Erkenntnis: »Auch wenn meine Tochter abends wütend auf mich ist, am nächsten Morgen ist das vergessen. Und alle schlafen besser.« Sie erklärte ihr, es sei völlig in Ordnung, die Mutter nachts zu vermissen, aber am Morgen würden sie sich ja wiedersehen. Sie gab ihr ein Taschentuch, das sie immer bei sich trug, sodass ein Teil der Mutter auch nachts bei ihr war. Sie versicherte ihr, auch Weinen sei in Ordnung, aber morgen sei Mama wieder für sie da. Es dauerte ein paar Nächte, aber die Mutter hielt sich an ihren Vorsatz, nicht wieder schwach zu werden. Und plötzlich wurde das Zubettgehen leichter. Warum? Weil die Mutter unmissverständlich Grenzen für ihr Kind (und sich selbst) gesetzt hatte, was das Verhalten und das Schlafbedürfnis betraf. Kinder reagieren darauf, wenn die Eltern klare Regeln vorgeben.

Eine andere Mutter, die nach Antritt einer neuen Stellung abends länger arbeiten musste als zuvor, erklärte die neue Angewohnheit ihres Sohnes, mitten in der Nacht aufzuwachen, folgendermaßen: »Ich habe ein schlechtes Gewissen, weil ich nicht öfter zu Hause bin. Wenn er aufwacht und nach mir ruft, bringe ich es nicht über mich, ihn zu enttäuschen. Er bekommt mich im Augenblick so wenig zu Gesicht.« Nachdem sie sich ihre Gefühle bewusst gemacht und den Zusammenhang mit den Schlafstörungen ihres Sohnes erkannt hatte, fand sie eine andere Lösung: Sie sorgte dafür, dass sie eine halbe Stunde früher Feierabend machen konnte. Die Schuldgefühle, weil sie zu Hause immer in Eile war, ließen nach. Als ihr mehr Zeit für das gemeinsame Abendessen und das Schlafritual blieb, verschwanden die Schlafprobleme. Auch hier zeigt sich wieder, dass Kinder reagieren, wenn die Eltern handeln.

Unsere elterlichen Gefühle können verhindern, dass wir die wahren Bedürfnisse des Kindes erkennen. Deshalb sollten wir nicht nur auf diese Bedürfnisse achten, sondern unser Augenmerk auch auf unsere eigenen Gefühle und Erfahrungen richten.

Was Sie tun können: Schlafrituale

Es wird Sie wohl kaum mehr überraschen, dass Rituale gesunde Schlafgewohnheiten fördern. Sie weisen Ihr Kind auf die einzelnen Schritte hin, die zum Einschlafen führen, und tragen dazu bei, dass es allmählich abschalten kann. Sie sollten jeden Abend ungefähr zur gleichen Zeit und in der (grundlegend!) gleichen Reihenfolge stattfinden, damit sich der Körper an den Rhythmus gewöhnt. Schlafrituale sollten Ruhe, ein Gefühl der Sicherheit und Entspannung vermitteln. Sie stellen einen Übergang zwischen der Hektik des Tages und der Nachtruhe dar. Wenn Ihr Kind zu Bett geht, sollte es bereits auf die Schlafenszeit eingestimmt sein.

Als meine Kinder klein waren, hatte ich das Licht in ihrem Zimmer bereits gedimmt, bevor wir den Raum nach dem Baden betraten, um den Schlafanzug anzuziehen. Ich konnte sehen, dass sie sich auf das Entspannungsritual einstellten. Wenn wir uns bei gedämpftem Licht aufs Bett setzten, schaltete ich die Klimaanlage ein, die ein leises, monotones Hintergrundgeräusch lieferte, und unmittelbar nach dem Vorlesen schaltete ich den CD-Spieler mit den Schlafliedern ein. Das Ritual endete mit Umarmung und Küsschen, bevor wir uns eine gute Nacht wünschten.

Die Einzelheiten des Schlafrituals können in jeder Familie anders sein. Wichtig ist, dass es sich um einen klaren, einfachen Ablauf handelt, der sich jeden Abend wiederholt. Vor allem bei Zwei- und Dreijährigen ist die Einhaltung der einzelnen Schritte – welcher Art auch immer, beispielsweise Vorlesen, Schlaflied, Gutenachtkuss und Umarmung – eine wichtige Vorbereitung auf den Schlaf, bis sie mit vier oder fünf Jahren flexibler werden.

Tipps für Schlafrituale

- Achten Sie darauf, wie Ihr Kind auf das abendliche Bad reagiert: Manche drehen dann erst richtig auf. In diesem Fall lassen Sie es früher oder morgens baden. Auf andere wirkt es eher beruhigend.
- Verzichten Sie auf elektronische Geräte oder den Fernseher als Einschlafhilfe, denn beides kann gegenteilige Wirkung haben. Solange Kinder vor dem Fernseher sitzen, scheinen sie entspannt und schläfrig zu sein, doch kaum ist die Sendung zu Ende, werden sie wieder munter.
- Schlafrituale sollten kurz und einfach sein. Sie sollten nicht mehr als eine Stunde in Anspruch nehmen (höchstens, einschließlich Baden); eine halbe Stunde wäre besser. Dehnt man sie länger aus, haben die Kinder mehr Zeit, über die bevorstehende Trennung nachzudenken.
- Bieten Sie Ihrem Kind überschaubare Alternativen an: »Möchtest du ein Bilderbuch ansehen oder soll ich dir etwas vorlesen?« Die begrenzten Entscheidungsmöglichkeiten überfordern Ihr Kind nicht und führen schneller zum Ziel, nämlich problemlos einzuschlafen.
- Singen oder Schlaflieder anhören kann gleichermaßen beruhigend wirken. Sie können auch gemeinsam beten oder den Tag noch einmal Revue passieren lassen.

- Versuchen Sie, eine Kuschelecke im Kinderzimmer einzurichten, sobald Ihr Kind in einem großen Bett schläft. Das Bett sollte an der Wand stehen, idealerweise in einer Ecke, und eine behagliche Atmosphäre verbreiten.
- Wenn ein Elternteil spät nach Hause kommt, sollte er das Schlafritual nach Möglichkeit nicht stören. Auf viele Kinder wirkt die Rückkehr von Vater oder Mutter aufrüttelnd. Es ist besser, mit dem Wiedersehen bis zum nächsten Morgen zu warten.

Schlafprobleme

Zusätzliche Rituale

Einige Kinder brauchen ein eigenes, klar definiertes Ritual, bevor sie zu Bett gehen. Sie rücken ihre Spielsachen oder Kuscheltiere akribisch zurecht, wählen aus, was sie mit ins Bett nehmen wollen, oder räumen Autos oder Puppen an einen bestimmten Platz. Andere brauchen zum Einschlafen jede Nacht die gleichen Gegenstände. Eine Mutter schickte mir ein Foto von ihrem Sohn, der fünf zusammengerollte und rundum angeordnete Decken und zehn kleine Teddybären in seinem Bett hatte, sorgfältig aufgereiht. Er schlief tief und fest, umgeben von seinen Schätzen. Wenn Ihr Kind eine bestimmte Ordnung braucht, lassen Sie ihm Zeit, alles in seinem Sinne zu arrangieren, solange sich die Bettgehzeit dadurch nicht verzögert. Das bedeutet, dass Sie mit dem Schlafritual fünf oder zehn Minuten früher anfangen müssen. Einigen Kindern hilft dieses Ordnungsritual, abzuschalten und zur Ruhe zu finden, bevor sie Gute Nacht sagen.

Hinhaltemanöver

Achten Sie auf Hinhaltemanöver, auf flehentliche Bitten wie »Nur noch ein Buch«, »Noch ein Glas Wasser«, »Ich muss mal«, »Kann ich dir noch was sagen, Mami? Ähm, ähm … ich hab dich so lieb!« Ich betrachte sie nicht als Manipulationsversuch, wie manche Eltern glauben. In meinen Augen handelt es sich einfach um das Bemühen, die bevorstehende Trennung hinauszuzögern. Am besten geht man damit um, indem man dem Bedürfnis entgegenkommt, aber gleichzeitig *klare* Grenzen setzt. »Also gut, zwei Wünsche hast du noch frei, aber dann ist endgültig Schluss und wir sagen Gute Nacht. Bis morgen.« Wenn Sie wissen, welche Hinhaltemanöver kommen werden, können Sie schon vor dem Zubettgehen auf das Bedürfnis eingehen: »So, das Glas mit Wasser steht an deinem Bett. Geh bitte schon einmal Pipi machen. Hier, dein Häschen und deine Schmusedecke, direkt neben dir. Ich gebe dir jetzt noch drei Gutenachtküsse, aber dann wird geschlafen!« Und ja, es ist völlig in Ordnung, fortgesetzte Forderungen zu ignorieren und sowohl liebevoll als auch nachdrücklich auf die Grenzen zu verweisen (wie: »Ich sagte Gute Nacht, Schatz, bis morgen früh!«).

Wenn Ihr Kind merkt, dass jetzt ernsthaft Schluss ist, hält es sich daran. Und noch etwas verspreche ich Ihnen: Wenn es spürt, dass Sie beim Gutenachtsagen zögern, weil Sie ein schlechtes Gewissen oder das Gefühl haben, es im Stich zu lassen, »bearbeitet« es Sie weiter. Mit dem Ergebnis, dass Sie frustriert sind, Ihr Kind übermüdet und am nächsten Morgen keiner ausgeruht ist.

Durchschlafprobleme

Kinder wachen aus verschiedenen Gründen nachts auf, genau wie Jugendliche und Erwachsene. Einige schlafen danach leichter wieder ein als andere. Manche rufen nach den Eltern, aber wenn diese nicht sofort reagieren, schlafen sie meistens wieder ein. Deshalb rate ich, einen Moment zu warten, bevor Sie aktiv werden. Manche Kinder wachen schreiend auf, aus einem Albtraum oder aus unbekannten Gründen, und brauchen Trost und Zuspruch, bevor sie sich wieder beruhigen. Wichtig ist, Ihre Hilfe so ruhig und kurz wie möglich anzubieten – das Licht bleibt ausgeschaltet, möglichst wenig reden (reden macht munter), sondern lieber den Rücken reiben oder in die Arme nehmen, damit Ihr Kind weiß, dass alles gut ist.

Albträume können beängstigend sein, vor allem, wenn ein Kind schreiend aufwacht. Die Ängste und Anspannung des Tages fließen in den Schlaf ein. Niemand ist davor gefeit, sie sind normal in diesem Alter, in dem ein Kind vieles verarbeiten und lernen muss, beispielsweise mit negativen Gefühlen umzugehen, Affekte und Impulse zu steuern, sich auf Familienzuwachs, den Übergang zum Kindergarten, auf mehr Selbstständigkeit oder das Toilettentraining einzustellen. Wenn Ihr Kind aus einem nächtlichen Albtraum hochschreckt, braucht es Ihren Trost und Zuspruch. Stärken Sie sein Sicherheitsempfinden, indem Sie sagen: »Ich bin da. Alles ist gut. Du hattest einen Traum.« Oder: »Du hast schlecht geträumt. Das ist jetzt vorbei. Alles ist in Ordnung. Ich bin bei dir. Du kannst jetzt beruhigt wieder einschlafen.« Kleinkinder können nicht zwischen Realität und ihren Träumen unterscheiden, deshalb bedarf es der Zusicherung, dass das Monster in ihrem Traum nicht echt ist. Mit anderen Worten: Vermitteln Sie Ihrem Kind ein Gefühl der Ruhe und Geborgenheit, jedoch ohne großes Tamtam.

Oft tun Eltern in solchen Situationen zu viel des Guten. Sie stellen endlos Fragen, ob alles in Ordnung ist, was los war usw. Diese Besorgnis lässt sich auf unseren natürlichen Beschützerinstinkt zurückführen. Doch Kinder in einen Dialog einzubinden, hat nur zur Folge, dass sie noch wacher und aufgeregter werden. Was sie brauchen, ist die beruhigende Gegenwart der Eltern und die Zusicherung, dass der Traum nicht real ist, dass ihnen nichts Böses widerfahren kann. Es gilt also, sich mit Fragen zurückzuhalten, damit das Kind wieder einschlafen kann.

Sie fragen sich vielleicht, warum Ihr Kind plötzlich Albträume hat, vor allem, wenn das vorher nie der Fall war. Das hat höchstwahrscheinlich mit der Entwicklungsphase zu tun, in der es sich gerade befindet. Mit der Sprachentwicklung wächst auch das Vorstellungsvermögen. Tagsüber malt es sich entweder positive Szenarien – »Ich bin Superman« oder »Heute back ich Pfannkuchen für Papa« – oder furchterregende Dinge aus: Monster, Feuer, bösartige Hunde mit gefletschten Zähnen, von Mama und Papa verlassen zu werden. Ängste, Wut und Sorgen, die sich am Tag aufgestaut haben, werden in den Schlaf mitgenommen und suchen sich ein Ventil in den nächtlichen Träumen. »Was ist, wenn Mama oder Papa genauso wütend auf mich werden, wie ich auf sie war?« Albträume kommen in diesem Alter häufig vor und sind normal. Sie beginnen im dritten Lebensjahr und können noch weit über die Kleinkindphase hinaus auftreten.

Einer meiner Söhne kam um zwei oder drei Uhr nachts öfter in mein Zimmer geschossen, völlig außer Atem und mit klopfendem Herzen. Dann wusste ich, dass er wieder schlecht geträumt hatte. Manchmal war er in Tränen aufgelöst. Wenn er ein paar Minuten mit mir gekuschelt hatte, hatte er sich wieder beruhigt. Dann brachte ich ihn ins Bett zurück, gab ihm einen Kuss, und kurz darauf war er eingeschlafen. Seinem Bruder reichte es, in die Arme genommen und gewiegt zu werden, während ich ihm versicherte, dass ihm der Traum nichts anhaben könne. Dann tastete er nach seinem Bett, ein Signal, dass er bereit war, dorthin zurückzukehren. Das Ganze nahm nicht mehr als fünf Minuten in Anspruch.

Albträume können Eltern anfangs in Angst und Schrecken versetzen, vor allem, wenn es noch nie vorgekommen ist, dass ihr Kind nachts schreiend aufwacht. Doch kein Grund zur Panik: Ängste, Wut und Sorgen sind Teil des drängenden Bemühens, sich abzunabeln und eigenständig zu werden. Zu dumm, dass der Schlaf dadurch unterbrochen wird!

Falls Ihr Kind jede Nacht aufwacht, sollten Sie ihm helfen, durchzuschlafen, indem Sie ihm etwas Tröstliches mit ins Bett geben – ein T-Shirt oder Taschentuch von Ihnen oder ein kleines Kuschelkissen. Auch ein Familienfoto kann gute Dienste leisten. Sagen Sie: »Schau, das ist Mamas (Papas) T-Shirt. Du kannst es die ganze Nacht bei dir behalten. Solltest du mich vermissen, weißt du, dass ich bei dir bin, genau wie deine ganze Familie.«

Damit weisen Sie auf die räumliche Nähe zu Ihnen hin, auch während der Nacht. Nicht alle Kinder akzeptieren einen Ersatz für die Präsenz der Eltern, aber allein die Geste kann besagen: »Ich bin für dich da, auch nachts.«

Kinder fühlen sich besser, sobald sie nachts wieder durchschlafen. Das ist für sie ein Erfolgserlebnis, ein Triumph ihrer Selbstständigkeit, abgesehen davon, dass sie morgens ausgeruhter sind.

Und was ist, wenn Ihr Kind mehrmals in der Woche Albträume hat? In diesem Fall sollten Sie überlegen, ob sich irgendetwas Schwerwiegendes in seinem Leben ereignet hat. Obwohl Albträume eine Reaktion auf die Erlebnisse des Tages sind, stellen sie sich in der Regel nicht jede Nacht ein. Sträubt sich Ihr Kind gegen das Toilettentraining? Dann könnte es an der Zeit sein, einen Gang herunterzuschalten. Hat Ihr Kind Fernsehsendungen angeschaut, die ihm Angst gemacht haben könnten (auch wenn sie Erwachsenen oder älteren Geschwistern unbedenklich erschienen)? Sprechen Sie zu oft über den Kindergarten, der erst in einem Monat beginnt und mit einer Trennung verbunden ist? Versuchen Sie zu ergründen, was der Auslöser sein könnte, und schaffen Sie Abhilfe.

Nachtschreck

Der Nachtschreck kommt bei Kindern nur sehr selten vor. Meistens tritt er zu Beginn des Schlafzyklus auf, oft in Nächten, wenn Kinder übermüdet sind (durch akuten Schlafmangel, Unterbrechung eingespielter Abläufe oder seltene Besucher). Für die Eltern kann er beängstigend sein, aber ein Kind erleidet dadurch keinen Schaden. Der Nachtschreck hat große Ähnlichkeit mit einem Albtraum. Der Unterschied ist jedoch, dass sich das Kind in einer Grauzone zwischen Schlaf- und Wachzustand befindet. Es schläft, oft so fest, dass man es nicht aufwecken kann. Dabei schreit und schlägt es mit weit aufgerissenen Augen um sich. Es ruft nach Ihnen, nimmt Sie aber nicht wahr, wenn Sie zu ihm eilen, reagiert nicht auf das, was Sie tun oder sagen.

Der Nachtschreck kann für Eltern ein Horrorerlebnis sein, aber das Kind kann sich nicht daran erinnern (da es schläft) – es sei denn, Sie haken am nächsten Morgen mit Fragen nach, sodass sich Ihr Kind genötigt fühlt, sich irgendeine Geschichte auszudenken, damit Sie zufrieden sind. Ich empfehle daher, es nicht darauf anzusprechen. Normalerweise kehrt das Kind von alleine in den Tiefschlaf zurück, als sei nichts geschehen. Der Nachtschreck kann fünf Minuten oder eine halbe Stunde andauern. Wichtig ist, dafür zu sorgen, dass sich Ihr Kind nicht verletzt, wenn es versehentlich Dinge herunterzieht oder umstößt. Einige Kinder lassen sich in die Arme nehmen, andere stoßen die Eltern weg oder reagieren mit wachsender Erregung auf jede Berührung. Am besten warten Sie ab, bis der Nachtschreck abgeklungen ist, und versuchen sich selbst zu beruhigen. Die beiden ersten Male, als mein Sohn unter einem Nachtschreck litt (bevor ich überhaupt wusste, was das ist), gehören für mich noch heute zu den schlimmsten Nächten meines Lebens.

Umzug vom Kinderbett in ein großes Bett

Wenn Kleinkinder die Welt erkunden, gibt es viel zu entdecken. Dabei machen sie positive und negative Erfahrungen. Sie müssen neue Gefühle und Impulse steuern, versuchen, es Mama und Papa recht zu machen, indem sie aufs Töpfchen gehen oder aufhören, mit Spielsachen um sich zu werfen, und ihre überbordende Fantasie zügeln, die gute und schlechte Vorstellungsbilder heraufbeschwört. Die große weite Welt birgt vieles, was beängstigend ist. Ein Gitter- oder Kinderbett ist ein räumlich überschaubarer Rückzugsort, an dem sich das Kind entspannen und geborgen fühlen kann. Doch in unserem heutigen Klima der Frühförderung sind Eltern oft bestrebt, die Entwicklungsschritte ihres Kindes voranzutreiben.

Beispielsweise den möglichst frühen Umzug in ein großes Bett zu forcieren, ein Vorhaben, vor dem ich dringend warne. Vor dem dritten Lebensjahr empfinden die meisten Kinder ihr Kinderbett als sicheren Hafen, der Schutz und Geborgenheit bietet. Wenn sie ihn zu früh verlassen, sind sie angesichts der Freiräume, die ihnen zur Verfügung stehen, überfordert (Ich kann alleine aufstehen! Mich hält nichts mehr im Bett!). Es ist besser, auf der sicheren Seite zu bleiben und mit dem Umzug zu warten, bis Ihr Kind drei geworden ist. Sie bieten ihm damit die Möglichkeit, sich am Ende eines langen Tages in einem geschützten Raum auszuruhen, in dem es nicht daran arbeiten muss, Impulse zu steuern (hier der Drang, das Kinderbett zu verlassen).

● ●

Kindorientierte Perspektive
Soll ich mein Kind nachts weinen lassen?

Diese Frage bekomme ich oft zu hören. Es gibt zahllose Bücher über Methoden, mit denen man Kinder im Nu dazu bringt, alleine zu schlafen, oft schon im Alter von vier bis sechs Monaten. Doch Schlafprobleme verschwinden nicht einfach wie von Zauberhand, sobald aus dem Säugling ein Kleinkind geworden ist. Erstens sind nicht alle Kinder gleich, deshalb gilt es, auf die spezifischen Bedürfnisse des Kindes einzugehen. Zweitens sind Schlafprobleme nach meiner Einschätzung immer Trennungs- beziehungsweise Ablösungsprobleme (Probleme beim Ein- oder Durchschlafen, oder Angst, im eigenen Bett oder Zimmer zu schlafen). Drittens sollten Sie Ihr Kind, wenn es nachts aufwacht, weil es Angst hat oder sich Sorgen macht, beruhigen und ein festes Schlafritual einführen (wie zuvor beschrieben). Schlafen ist ein Stück Selbstständigkeit, und Kinder sind stolz, wenn sie diese Herausforderung alleine bewältigen können.

Doch einige Kinder brauchen Hilfe, um dieses Ziel zu erreichen. Wenn die Störungen jede Nacht eintreten und Ihrem Kind sonst nichts fehlt (kein Fieber, keine körperlichen Beschwerden oder andere Probleme, die es belasten), sollten Sie Grenzen setzen. Kinder brauchen diese Grenzen. Ihr Kind fühlt sich mit ihnen besser, und Sie auch. Alleine schlafen zu lernen ist eine beachtliche Leistung. Wenn wir unseren Kindern den Stolz auf diese Leistung wegen unserer eigenen Bedenken vorenthalten (»Enttäusche ich mein Kind? Wird es mir das übel nehmen? Was ist, wenn ich dabei ein wichtiges Bedürfnis übersehe?«), blockieren wir ihren Weg in die Selbstständigkeit. Niemand verlangt von Ihnen, Ihr Kind weinen zu lassen, wenn Sie kein gutes Gefühl dabei haben. Aber wenn Sie sich dafür entscheiden, kann ich Ihnen versichern: Kinder in diesem Alter gewinnen an Selbstvertrauen, wenn sie lernen, dass Weinen in Ordnung ist, auch nachts, und Mama und Papa sie trotzdem lieben. Ihr Kind macht einmal mehr die Erfahrung, dass Sie da sind, wenn es Sie braucht, auch wenn eine Situation anfangs schwer zu ertragen ist. Warum? Wenn es ihm gelingt, alleine zu schlafen, haben Sie ihm geholfen, eine große Hürde zu nehmen, und sein Sicherheitsgefühl gestärkt. Sie wissen, worauf ich hinaus will – von einer guten Nachtruhe profitieren alle Familienmitglieder!

● ●

Toilettentraining

Wie alle anderen Fähigkeiten, die Ihr Kind irgendwann erwirbt, einschließlich sich von den Eltern abzunabeln, nachts durchzuschlafen oder auf die Flasche zu verzichten, ist der Weg zum Ziel

Der Kleinkind-Code

oft mit zu großem Ehrgeiz gespickt, der den Lernprozess erschwert. Alle Kinder sind irgendwann so weit, dass sie auf Windeln verzichten können, wenn wir sie geduldig anleiten, den Druck abbauen, die Sorgen zerstreuen, die Erwartungen herunterschrauben, ein Malheur nicht mehr als peinlich empfinden und die Kommentare der wohlmeinenden Verwandten ignorieren (»Wie kommt das denn? Du warst selbst schon mit zwei sauber, und dir ist nie ein Missgeschick passiert!«).

Ihr Kind weiß, dass es den Topf oder die Toilette benutzen soll, keine Frage. Und das wird es auch, irgendwann. Nicht unbedingt in Übereinstimmung mit Ihren zeitlichen Vorstellungen und definitiv nicht unter Druck. Druck hat nur zur Folge, dass Sie Ihr Kind beschämen, wenn es ihm nicht gelingt, ohne Windeln auszukommen. Warum? Weil die Benutzung der Toilette ein sehr persönlicher und intimer Akt ist, dem sich das Kind dann nicht gewachsen fühlt. Außerdem löst er bei vielen Kindern in diesem Alter Ängste aus. »Was fällt außerdem noch alles aus mir heraus?« Oder: »Wird Mama oder Papa böse sein, wenn es nicht klappt und mir ein Missgeschick passiert?«

Auch der Verzicht auf Windeln ist ein Schritt in Richtung Selbstständigkeit. Ein besonders großer sogar, bei dem sich das Bedürfnis nach Autonomie (»Ich trage schon richtige Unterhosen, genau wie Mama, Papa und mein großer Bruder«) und die Angst vor Kontrollverlust die Waage halten. Denken Sie daran, dass dieses Bedürfnis nach Selbstbestimmung für Kleinkinder ungeheuer wichtig ist. Die Benutzung von Topf oder Toilette ist eine Aktivität, die sie in eigener Regie steuern können. Und ein komplizierter Lernvorgang, der einigen Kindern schwerer fällt als anderen.

Deshalb ist es ratsam, sich zurückzuhalten. Verzichten Sie darauf, bei der Erziehung zur Sauberkeit Druck zu machen, um auf die Windeln verzichten zu können, bevor Ihr Kind wirklich so weit ist. Andererseits ist der Verzicht auf Windeln ein weiterer Schritt des Kindes in die Selbstständigkeit, eine Leistung, auf die es stolz sein kann: »Ich habe es geschafft! Hurra!« Warten Sie daher mit dem Toilettentraining, bis Ihr Kind diese Hürde nehmen kann, und zwar nur mit Ihrer Unterstützung und Anleitung, und ohne Druck oder Machtkämpfe.

Was Sie tun können

- Bewahren Sie Ruhe und Geduld. Ihr Kind braucht Orientierungshilfen. Wenn Sie ungeduldig und nervös werden, übertragen sich Ihre Gefühle.
- Ermutigen Sie Ihr Kind, ohne übertriebenen Ehrgeiz an den Tag zu legen. Topf oder Toilette zu benutzen, ist eine große Leistung Ihres Kindes, die Sie anerkennen, aber nicht jedes Mal mit Goldsternchen oder Süßigkeiten belohnen sollten. Der Stolz und die Aufregung über den Erfolg reichen aus, um Ihr Kind zum Sauberwerden zu motivieren. Sie sollten es aber auch niemals bestrafen, wenn ihm ein Missgeschick widerfährt. Damit rufen Sie Schamgefühle hervor und gefährden den gesamten Lernprozess.
- Suchen Sie sich eine ruhige Zeit für den Beginn des Toilettentrainings aus, nicht gerade kurz vor dem Urlaub oder unmittelbar nach der Geburt eines neuen Familienmitglieds. Legen Sie ein Zeitfenster von zwei Wochen fest, in dem Sie sich gemeinsam und ohne Ablenkungen (zum Beispiel Besucher, berufliche Anforderungen) darauf konzentrieren.
- Kaufen Sie Unterwäsche für »große Kinder«. Erklären Sie, dass Ihr Kind »die Windeln ab morgen weglassen und dafür Unterhosen tragen darf«. Verzichten Sie darauf, Ihr Kind in den Entscheidungsprozess einzubeziehen und sich seiner Zustimmung zu versichern, wie: »Einverstanden, wenn wir die Windeln ab morgen weglassen?« Kinder sind in diesem Alter noch nicht fähig, sich an Vereinbarungen zu halten. Sie leben nur für den Moment, und was morgen ist, steht auf einem anderen Blatt.

- Begleiten Sie Ihr Kind in den ersten Wochen (bei einigen Kindern länger) zur Toilette. Verzichten Sie darauf, zu fragen, ob es muss. Die Antwort lautet meistens: »Nein.« Stellen Sie einen Zeitplan für sich selbst oder die Betreuer auf, zum Beispiel unmittelbar nach dem Aufwachen, nach dem Frühstück usw. Informieren Sie Ihr Kind über den Ablauf: »Zuerst essen wir zu Mittag, dann bringe ich dich zur Toilette.« War die Sitzung ergebnislos, erklären Sie Ihrem Kind: »Das kommt vor. Wir versuchen es später noch einmal.« Eine sachliche Reaktion, ohne Lob, ohne Vorwürfe.

- Besorgen Sie einen Hocker für die Füße oder einen Kindersitz, wenn Ihr Kind die Toilette benutzt. Viele Kinder haben Angst herunterzufallen, wenn Sie so weit oben sitzen und keine Bodenhaftung haben.

- Akzeptieren Sie Missgeschicke. Sie sind Teil des Lernprozesses und können auch dann noch passieren, wenn Sie geglaubt haben, jetzt sei diese Hürde genommen. Rechnen Sie mit gelegentlichen Rückfällen, dann sind Sie in solchen Fällen nicht enttäuscht.

- Schalten Sie einen Gang zurück, wenn sich Ihr Kind gegen das Toilettentraining sträubt. Vielleicht ist es noch nicht so weit, aus welchen Gründen auch immer. Es ist in Ordnung, wieder zu Windeln zu greifen (ohne Schamgefühle hervorzurufen). Sagen Sie Ihrem Kind: »Kein Problem. Dann warten wir eben noch ein wenig damit.« In solchen Fällen verkünden viele Kinder später von sich aus, dass sie bereit sind, Topf oder Toilette zu benutzen.

- Nächtliches Bettnässen kommt bei Kindern häufig vor, obwohl sie tagsüber schon trocken sind. Irgendwann können sie dann auch nachts auf Windeln verzichten, wenngleich nicht immer den zeitlichen Vorstellungen der Eltern entsprechend. Lassen Sie Ihr Kind ruhig noch eine Weile mit Windeln oder Windelhose schlafen. Machen Sie kein Drama daraus. Manche Kinder schlafen so tief und fest, dass sie den Harndrang nicht spüren. Bei anderen fehlt noch das innere Alarmsignal, das sie weckt. Achten Sie darauf, dass Ihr Kind vor dem Zubettgehen die Toilette benutzt, was bei manchen, aber nicht bei allen Kindern hilft. Legen Sie notfalls eine wasserdichte Unterlage unter das Laken und einen trockenen Schlafanzug griffbereit. Falls Sie sich Sorgen über das Einnässen machen, sprechen Sie mit Ihrem Kinderarzt.

Essen und Essverhalten

Jeder von uns kennt mindestens einen heiklen Esser. Warum? Weil viele Kinder in diesem Alter wählerisch sind. Vielleicht können auch Sie ein Lied davon singen? Einige Kinder sind generell mäkelig, essen nur Weißbrot und Nudeln oder Nahrungsmittel mit bestimmten Konsistenzen und Geschmacksrichtungen. Manche bestehen darauf, jeden Morgen das gleiche Frühstück in den Kindergarten mitzunehmen, fünf Tage in der Woche. Für Sie mag das eintönig sein, aber Ihr Kind kann so sicher sein, dass es das mag, was Sie ihm eingepackt haben. Andere Kinder haben Phasen, in denen sie eigenwilliger sind, was das Essen betrifft. Dahinter steckt das Bedürfnis, ihre Eigenständigkeit zu beweisen. Essen ist ein weiterer Bereich, in dem ein Kind sein wachsendes Machtgefühl ausspielen kann. »Soll ich das essen, nur weil Mama das will? Schmeckt mir das überhaupt? Wieso *muss* ich das essen?« Das alles ist Teil einer neuen Ebene der Autonomie und Entscheidungsfindung, die häufig zum Standardspruch »Mag ich nicht!« führt. Bei solchen Gelegenheiten entwickeln Kinder das Gefühl, ein gewisses Maß an Mitbestimmung und Kontrolle zu besitzen.

Die meisten Kinder essen gerne und oft, es sei denn, es stehen neue oder andere Nahrungsmittel als die gewohnten auf dem Speiseplan – insbesondere Gemüse! Hier kommt wieder das Kontrollbedürfnis ins Spiel. Je mehr sich Ihr Kind bewusst wird, dass es eine eigenständige Persönlichkeit ist, desto größer der Wunsch, selbst zu entscheiden. Autonomie und bewusst werdende Individuation bedeutet, Wahlmöglichkeiten zu erkennen und den eigenen Willen durchzusetzen. Essen gehört zu den Alltagsbereichen, in denen Kinder ihr Recht auf Selbstbestimmung geltend machen (wie auch beim Toilettentraining, bei der Auswahl der Kleidung oder beim Schlafen). Einer meiner Söhne aß ein ganzes Jahr lang zum Abendessen ausschließlich Zerealien, und nicht irgendwelche, sondern nur Cheerio-Knusperringe. Er hatte das Bedürfnis, selbst zu entscheiden, »Kontrolle auszuüben«, seine Macht auszutesten. Als die Phase vorüber war, kehrte er zu den üblicheren Nahrungsmitteln zurück, und mit zunehmendem Alter erweiterte sich die Palette. Aber Zerealien liebt er heute noch, gleich welcher Art.

Kleinkinder sind durchaus in der Lage, alleine zu essen, selbst wenn sie oft die Hände zur Hilfe nehmen. Wir leben in einer gesundheitsbewussten Zeit, in der sich Eltern Gedanken machen, was und wie viel ihre Kinder zu sich nehmen. Sie machen sich Sorgen, wenn sie zu wenig essen, sich nicht ausgewogen ernähren oder nicht wissen, wann sie aufhören sollten. Unsere Großeltern (und vermutlich auch unsere Eltern) haben solchen Fragen noch keinerlei Aufmerksamkeit geschenkt. Damals wurde einfach gegessen, was auf den Tisch kam. Die Zubereitung des Essens für unsere Kinder ist für die heutige Elterngeneration ein Akt der Liebe, der aber auch in ein Kontrollbedürfnis ausarten kann: »Noch zwei Löffel Karotten, dann darfst du Brot essen«. – »Nichts mehr? Du kannst doch unmöglich satt sein!« Ein solcher Ansatz untergräbt die Bemühungen des Kindes, gute Essgewohnheiten zu entwickeln.

Wie fast alle Eltern glaube ich an eine gesunde, ausgewogene Ernährung. Doch unter dem Strich lautet die Frage, ob das Kind satt oder hungrig ist. Und wenn es genötigt wird, zu essen (»Komm, nur noch einen Löffel!«), kann es nicht lernen, sich auf die eigenen Hungersignale zu verlassen. Eltern denken oft, beim Essen ginge es ausschließlich um Nahrungsaufnahme. Man könnte es aber auch als geselliges Beisammensein definieren. Nutzen Sie die Zeit, um in Ruhe mit Ihrem Nachwuchs zusammenzusitzen (nicht alle haben dazu sieben Tage in der Woche Gelegenheit!), sich über den Verlauf des Tages zu unterhalten und als Familie am Tisch vereint zu sein. Oft können nicht alle teilnehmen, aber wenigstens ein Erwachsener (Eltern, Babysitter, Großeltern) sollte die Mahlzeit mit dem Kind teilen (oder auch nur etwas trinken, um ihm Gesellschaft zu leisten), ohne mit Argusaugen zu überwachen, wie viel das Kind isst oder was es auf dem Teller liegen lässt. Ist dieses Ritual entspannt (zumindest so weit, wie es mit Kleinkindern möglich ist) und für alle angenehm, essen Kinder in der Regel irgendwann eigenständig und ohne Probleme.

Viele Eltern suchen mich auf, weil sie befürchten, dass ihre heiklen Esser nicht genug Nährstoffe erhalten. Meine erste Frage lautet stets, ob der Kinderarzt festgestellt hat, dass Grund zur Besorgnis besteht. Die Antwort lautet fast immer »Nein«. Wenn der Kinderarzt nichts zu beanstanden hat, besteht auch für Sie kein Grund, sich den Kopf zu zerbrechen. Dennoch setzen Eltern aufgrund ihrer eigenen mit dem Essen verbundenen Gefühle oder weil sie der Meinung sind, sie müssten dafür sorgen, dass es genug zu sich nimmt, ihr widerstrebendes drei- oder vierjähriges Kind mit dem »zusätzlichen Löffel« oder Versprechungen unter Druck, die eigentlich nicht in ihr Konzept passen (»Noch zwei Brokkoliröschen, dann gibt es Eis!«) oder schieben wortlos ein paar Bissen nach. Auch in diesem Bereich können unsere eigenen Kindheitserfahrungen in die Interaktionen einfließen. Waren Sie früher ein dickes Kind? Ein Problemesser? Waren die Mahlzeiten in Ihrem Elternhaus mit Spannungen und Machtkämpfen verbunden? Erinnern Sie sich an Kommentare darüber, was Sie früher gerne gegessen oder verschmäht haben? All diese Faktoren können sich auf Ihre Reaktion und die Einstellung zum Essverhalten Ihres Kindes auswirken.

Da Sie nun wissen, wie groß das Bedürfnis Ihres Kindes nach Eigenständigkeit ist, sollten Sie einen Schritt zurücktreten und überlegen, welches Gefühl Sie mit Ihren Interventionen auslösen.

Der Kleinkind-Code

Denken Sie daran, dass Ihr Kind nach Selbstbestimmung und Kontrolle strebt und Ihnen zeigen möchte, was es schon »alleine« kann. Das schließt auch das Essen ein, angefangen bei der Menge bis hin zum Essen ohne Hilfestellung. Jedes Mal, wenn wir Kinder bestechen, zum Essen drängen oder Bedingungen damit verknüpfen (»Erst isst du das Hühnchen auf, bevor du Kuchen essen darfst«), signalisieren wir ihnen das Gegenteil dessen, was wir erreichen möchten. Sie hören nur die Botschaft: Du weißt nicht, was am besten für dich ist. Also tu, was ich für richtig halte. Und das ist eine Kampfansage.

Statt sich auf solche Konflikte einzulassen, sollten Sie Essen und Mahlzeiten in diesem Alter als Chance betrachten, gute Essgewohnheiten einzuführen, damit Ihr Kind später alleine Entscheidungen treffen kann, die seiner Gesundheit förderlich sind – zum Beispiel, ob es Hunger hat oder nicht. Sie möchten ja schließlich sicher nicht, dass Essen zum Reizthema oder automatisch mit Ängsten und negativen Gefühlen in Verbindung gebracht wird. Denn dann wird Ihr Kind nie lernen, gute Entscheidungen bezüglich seiner Ernährung zu treffen. Meine Söhne sind aus dem Gröbsten heraus und ich kann Ihnen versichern, dass Kinder bei Freunden so gut wie alles essen oder sich früher, als Sie vielleicht glauben, selber einen Imbiss oder eine Mahlzeit zubereiten. Gute Essgewohnheiten tragen dazu bei, dass Kinder ihre Ernährung im späteren Leben relativ eigenständig regeln. Ernährungswissenschaftler behaupten sogar, dass sich die Kontrolle beim Essen als Bumerang erweisen kann. Irgendwann rebellieren die Kinder, essen heimlich, können Hungersignale nicht deuten oder fühlen sich unzureichend gerüstet, um gute Entscheidungen bezüglich ihrer Nahrung zu treffen. Was Ihr Kind in einem Zeitraum von einer Woche oder zehn Tagen zu sich nimmt, fällt ins Gewicht, aber nicht, was und wie viel es bei einer einzelnen Mahlzeit oder an einem Tag isst.

Was Sie tun können

Ich bin davon überzeugt, dass Mahlzeiten entspannend sein können, auch mit Kleinkindern. Wie sie verlaufen, hängt von uns Erwachsenen ab. Was erforderlich ist, ist Geduld, ein verlässlich wiederkehrender, ritualisierter Ablauf und die Erkenntnis, dass Kleinkinder auch in diesem Bereich noch vieles lernen müssen. Das heißt, dass Sie Ihre Erwartungen vielleicht noch einmal überdenken sollten. Verabschieden Sie sich von dem Gedanken an die romantischen Mahlzeiten zu zweit aus der kinderlosen Zeit. Wenn Sie die Kontrollkämpfe beenden, eine begrenzte Anzahl von Wahlmöglichkeiten bieten und die Mahlzeiten in ein geselliges Beisammensein verwandeln, helfen Sie Ihrem Kind, gute (oder erstklassige) Essgewohnheiten zu entwickeln. Vielleicht nicht sofort, aber irgendwann auf jeden Fall.

- Setzen Sie sich bei allen Mahlzeiten mit an den Tisch. Kinder brauchen Strukturen, um den Ablauf zu verinnerlichen, und der Tisch definiert diesen Raum. Er zeigt ihnen, wo wir zum Essen Platz nehmen und dass wir dabei nicht herumlaufen. Das Essen wird am Tisch eingenommen. Für Kleinkinder stellt ein nebenher laufendes Fernsehgerät oder ein eingeschaltetes iPad eine Ablenkung dar. Bei den Mahlzeiten sollte sich die Aufmerksamkeit auf das konzentrieren, was der Name besagt: die Zeit, in der ein Mahl eingenommen wird. Und das heißt essen und geselliges Miteinander – elektronische Unterhaltungsoptionen sind dabei überflüssig.
- Nehmen Sie möglichst feste Plätze ein. Kinder möchten bei Tisch einen Stammplatz haben und sich auf eine bestimmte Sitzordnung verlassen können. Das wird zu einem Ritual. Wie Sie bereits wissen, verleiht die verlässliche Ordnung der Dinge Kindern ein Gefühl der Sicherheit. Wenn man immer auf dem gleichen Platz sitzt, kann man den Ablauf des Essensrituals besser verinnerlichen.

- Setzen Sie sich zu Ihrem Kind, essen Sie eine Kleinigkeit mit. Vielleicht haben Sie keine Lust, schon um fünf Uhr nachmittags oder halb sechs zu Abend zu essen, und schon gar nicht in dem Chaos, das Ihr Kind bei Tisch anrichtet. Das ist verständlich. Doch da es sich um ein wichtiges Ereignis im Familienalltag handelt und Kinder von Erwachsenen den Ablauf lernen, ist es wichtig, dass Sie Ihrem Kind nicht nur Gesellschaft leisten, sondern auch mit ihm gemeinsam essen. Woher soll es wissen, wie man sich bei Tisch benimmt, wenn Sie es ihm nicht immer wieder vorleben? Ihr Kind ahmt Ihr Verhalten nach und lernt, dass Mahlzeiten einen Raum für soziale Kontakte darstellen. »Mama setzt sich zum Abendbrot an den Tisch, Papa auch, und sie unterhalten sich. Ich mach das jetzt genauso.« Wenn Sie nicht zu Hause sind, bitten Sie einfach die Person, die das Kind in Ihrer Abwesenheit betreut, ihm beim Essen Gesellschaft zu leisten, gleich, ob es sich dabei um den anderen Elternteil, um Großeltern, den Babysitter oder einen anderen Erwachsenen handelt.
- Das Essen, das sich auf dem Teller Ihres Kindes befindet, sollte bei den Mahlzeiten ein Tabuthema sein. Es gilt, Ihr Kind mit dem Verhalten bei Tisch vertraut zu machen und nicht, zu beobachten, was und wie viel es isst. Einigen Eltern fällt diese Umstellung schwer. Aber stellen Sie sich vor, wie es wäre, wenn sich Freunde in Ihrem Beisein darüber unterhalten würden, wie viel Sie von einem Gericht gegessen haben. Vielleicht erinnern Sie sich sogar an die bohrenden Fragen Ihrer eigenen Eltern und die Schamgefühle, die Sie bei Ihnen ausgelöst haben: »Schmeckt es dir nicht? Warum hast du so wenig gegessen?« Kinder essen mehr, wenn niemand darauf achtet, ob der Teller leer geworden ist, und entsprechende Bemerkungen macht. (Denken Sie daran: Was zählt, ist nicht die Nahrungsmenge pro Mahlzeit, sondern die Nahrungsmenge, die Ihr Kind im Verlauf einer Woche oder an mehreren Tagen zu sich nimmt.)

- Lassen Sie beim Essen den Tag gemeinsam Revue passieren oder reden Sie über Pläne für das Wochenende beziehungsweise Themen, zu denen Ihr Kind einen Bezug hat. »Mir ist gerade eingefallen, wie schön es im Park war. Erinnerst du dich an den Hund? Der so laut gebellt hat?« Sie können auch fragen, woran es sich erinnert, vor allem, wenn Ihr Kind älter wird. Unterhaltungen dieser Art schaffen eine entspannte Atmosphäre während der Mahlzeiten und führen Ihrem Kind vor Augen, wie man sich in Gesellschaft verhält. Gleichzeitig isst es, ohne sich ausschließlich auf das Essen zu konzentrieren. Mit anderen Worten: Versuchen Sie nicht jeden Bissen zu zählen, den Ihr Kind zu sich nimmt. Und erwarten Sie nicht, dass es sich an dem Gespräch beteiligt. Eine Zeit lang müssen Sie sich vielleicht mit einem Monolog begnügen.

- Wenn Ihr Kind mit dem Essen fertig ist, war's das in seinen Augen. Die meisten Kinder, vor allem zwei- und dreijährige, hält es dann nicht mehr am Tisch, was Sie auch nicht erwarten sollten. Es ist nichts dagegen einzuwenden, wenn Sie Ihrem Kind erlauben, aufzustehen und spielen zu gehen. Sagen Sie ihm: »Du weißt, wann du satt bist. Wenn du fertig bist, darfst du spielen gehen. Danach ist Schluss mit dem Essen.« Das hilft Ihrem Kind, Hunger- und Sättigungssignale zu erkennen. Und es zeigt ihm, dass Sie ihm zutrauen, selber zu wissen, wann es genug gegessen hat. Damit setzen Sie auch klare Regeln. Beim Essen sitzt man am Tisch. Aufstehen heißt: Ich bin fertig. Mit Essen herumspielen? Das ist ein Signal, dass Ihr Kind satt ist, und so sollten Sie es auch deuten. »Ich sehe, dass du nichts mehr essen möchtest. Du darfst jetzt aufstehen.« Räumen Sie den Teller ab, damit es sieht, was Sie meinen. Wenn es schon kurz nach Beginn der Mahlzeit mit Essen um sich werfen sollte, könnten Sie sagen: »Wir spielen nicht mit dem Essen. Wenn du fertig bist, räume ich deinen Teller ab.« Damit geben Sie Ihrem Kind die Chance, selbst zu bestimmen, ob es noch etwas essen möchte. Wenn es keinerlei Anstalten macht, sich bei Tisch zu benehmen, ist Schluss mit Essen.

- Einkauf und Zubereitung der Mahlzeiten ist Ihre Aufgabe. Einige Eltern zerbrechen sich ständig den Kopf darüber, was ihr Kind isst. Als Eltern setzen Sie die Vorgaben. Sie entscheiden, was auf dem Speiseplan steht, und besorgen die Zutaten. Sie bringen die Mahlzeiten auf den Tisch. Wenn Sie mit Ihrem Ernährungskonzept zufrieden sind, erübrigt sich die Frage, was Ihr Kind isst. Kleinkinder haben oft weniger Appetit, als wir denken, daher kann man nur schwer voraussehen, was und wie viel sie im Verlauf einer Mahlzeit essen. Am besten machen Sie Ihrem Kind einen Teller zurecht, auf dem Sie ihm von allem etwas anbieten. Überlassen sie ihm, was es davon essen möchte. Einige Kinder sind heikel und mögen es nicht, wenn sich die einzelnen Bestandteile des Essens vermischen. Das sollten Sie respektieren. Stellen Sie alternativ Beilagen auf den Tisch – Käse, Karotten, Oliven –, von denen Ihr Kind nehmen darf, was und wie viel es möchte. Das fördert die Regulierung des eigenen Essverhaltens. Ihr Kind lernt beispielsweise zu erkennen, wie groß die Portion sein sollte, die es zu sich nimmt. Kinder möchten selbst bestimmen, was sie essen. Wenn sie sich aus dem Nahrungsangebot etwas aussuchen dürfen, gesteht man ihnen überschaubare Wahlmöglichkeiten und ein gewisses Maß an Kontrolle zu. In unserem Kinderzentrum stehen immer Teller mit Reiswaffeln in der Mitte des Tisches. Jedes Kind bedient sich selbst. Sie lieben es!
- Nehmen Sie Ihr Kind zum Einkaufen in den Supermarkt oder auf einen Bauernmarkt mit. Lassen Sie es bei der Auswahl der Lebensmittel mitbestimmen (»Magst du lieber Cornflakes oder Vollkornmüsli?«). Auf diese Weise sieht Ihr Kind, woher die Produkte stammen – aus dem Supermarkt, vom Bauernmarkt –, und ist gleichzeitig stolz, wie Erwachsene mitentscheiden zu dürfen.

- Kochen Sie nicht »à la carte« – sprich, Ihr Kind bestellt und Sie liefern. Eltern überfordern ihre Kinder, wenn sie ihnen zu viele Wahlmöglichkeiten bieten. Sie entscheiden im Vorfeld, was Sie auf den Tisch bringen. Wenn Ihr Kind bestimmte Nahrungsmittel nicht mag, sollten Sie eine begrenzte Anzahl von Alternativen zur Verfügung stellen, unter denen es sich etwas aussuchen kann. Darunter sollte sich mindestens eine befinden, die ihm schmeckt (meine Kinder lieben Brot!). Anders ausgedrückt: Spielen Sie nicht die Lebensmittelpolizei, die genau registriert, was und wie viel Ihr Kind von dem isst, was auf dem Tisch steht.

- Vermeiden Sie es, Süßigkeiten oder Nachtisch in Aussicht zu stellen, wenn Ihr Kind den Teller leer gegessen hat. Süßigkeiten oder Nachtisch erhalten dadurch eine viel zu hohe Wertigkeit und nehmen die Aufmerksamkeit und Wünsche des Kindes gefangen. Behandeln Sie alle Nahrungsmittel gleich, auch Süßigkeiten oder Snacks. Sie sollten Bestandteil des regulären Essens und keine Belohnung sein. Ihr Kind wird betteln, flehen und quengeln, um in den Genuss der »besonderen« oder »verbotenen« Nahrungsmittel zu kommen. Damit nehmen sie ein Eigenleben an. Sie werden zum Ziel einer eingleisigen Denkweise. Beugen Sie vor, indem Sie alle Nahrungsmittel gleich gewichten. Und verzichten Sie auf Lebensmittel, die mögliche Konflikte heraufbeschwören.

- Ein kleiner Junge verlangte jeden Morgen zuerst flehentlich und danach lautstark Gummibärchen, bevor er zu uns ins Kinderzentrum kam. Die Eltern erklärten ihm: »Bei uns gibt es keine Gummibärchen zum Frühstück.« Aber jeden Tag gab es Wutausbrüche und Geschrei. Die Eltern boten ihm verschiedene Alternativen zur Wahl an, aber er bestand auf Gummibärchen. Das Ergebnis? Er kam hungrig in den Kindergarten, weil er das Frühstück nicht anrührte. Wir schlugen den Eltern vor, ein kleines Schälchen mit Gummibärchen neben seinen Teller zu stellen. Sie hielten sich an den

Der Kleinkind-Code

Rat, obwohl er ihnen vermutlich sonderbar erschien. Siehe da, der Junge aß nun sein Frühstück, jeden Morgen. Und es dauerte nur einen Tag, bis er die Gummibärchen stehen ließ. Er wollte nur sicher sein, dass er sie bekam. Es ging ihm nur um das Bedürfnis nach Kontrolle!

• Beim Essen und Essverhalten geht es nicht in erster Linie um Tischmanieren. Das kommt später. Es geht um Sie! Die meisten Eltern ziehen einen respektvollen Umgangston mit ihren Kindern vor. Ich zumindest. Aber Sie sollten in diesem Alter keine geschliffenen Umgangsformen erwarten, angefangen von »Bitte« und »Danke« bis hin zum Geradesitzen oder der richtigen Benutzung des Bestecks. Ihr Kind lernt von Ihnen. Wenn Sie mit gutem Beispiel vorangehen, indem Sie es mit Respekt behandeln, Bitte und Danke sagen und anständig am Tisch sitzen, wird es die wichtigsten Benimmregeln irgendwann von alleine beherrschen.

Anziehen

Anziehen ist einer der ersten Schritte zu Beginn des Tages und aus der Sicht des Kleinkinds bedeutet er oft Vorbereitung auf einen Abschied. Auch bei dieser Aufgabe geht es wieder um das Thema Ablösung von den Eltern. Und auch hier können Sie mit Wahlmöglichkeiten dem Bedürfnis des Kindes nach Selbstbestimmung und Kontrolle entgegenkommen. Viele Kinder trödeln oder lassen sich ablenken von dem, was ihnen gerade unter die Augen oder in den Sinn kommt, statt sich auf das Anziehen zu konzentrieren, das nur wenig Zeit in Anspruch nehmen sollte. Versuchen Sie sich in Ihr Kind hineinzuversetzen, das sich vielleicht sagt: »Ich bin gerade erst aufgewacht (selbst wenn das schon zwei Stunden her ist) und wieder mit Mama und Papa zusammen, nachdem ich die ganze Nacht geschlafen habe. Und jetzt soll ich mich anziehen und auf Wiedersehen sagen? Kommt nicht infrage!«

Ihr Kind ist nicht darauf gepolt, sich mental auf den Tag vorzubereiten. Da Sie als Eltern zu Beginn des Tages aber ein Ziel vor Augen haben, sind Konflikte vorprogrammiert. Der Zeitdruck, unter dem wir Erwachsene stehen (pünktlich am Arbeitsplatz erscheinen, Kinder in den Kindergarten oder zur Schule bringen), steht in krassem Gegensatz zur erprobten und für gut befundenen Lebensweise des Kindes, sich auf das Hier und Jetzt zu konzentrieren.

Angesichts dessen sollten Sie bestrebt sein, Ihrem Kind zu helfen, sich im Laufe der Zeit alleine anzuziehen und Auseinandersetzungen zu vermeiden. Mit diesem langfristigen Ziel im Hinterkopf erleichtern Sie sich die Bewältigung der täglichen Ankleidefrage (obwohl Sie natürlich auch Glück haben können und in dieser Hinsicht keinerlei Probleme mit Ihrem Kind haben). Sie ahnen es schon: Für manche Kinder ist das Anziehen eine Machtprobe und Demonstration ihrer eigenen Persönlichkeit. Die Eltern mögen bestimmte Vorstellungen haben, was Ihr Kind anziehen sollte, das Kind hat sie aber auch. Kinder zwischen dem dritten und sechsten Lebensjahr brauchen daher ein überschaubares Maß an Wahlmöglichkeiten. Manche ziehen widerspruchslos alles an, was die Eltern für sie heraussuchen, während andere ihren eigenen Kopf haben (nur bestimmte Farben oder Stoffe, lange Ärmel im Sommer usw.). Aber meistens braucht Ihr Kind noch Ihre Hilfe – und das bedeutet begrenzte Wahlmöglichkeiten und Unterstützung (plus Geduld) beim Anziehen. Mit der Zeit kann es immer mehr alleine.

Was Sie tun können

Wie bei vielen andere Aufgaben, die jeden Tag aufs Neue anfallen, schaffen Rituale eine feste, verlässlich wiederkehrende Struktur, die Selbstständigkeit fördert. In Zeiten, in denen Ihr Kind mehr Möglichkeiten der Selbstbestimmung und Persönlichkeitsentfaltung braucht, erfüllt die Kleiderwahl dieses Grundbedürfnis.»Ich suche selbst aus, was ich anziehen will«, heißt es dann.

Hier einige Tipps, wie Sie das Thema Anziehen entspannt in den Griff bekommen:

- Bereiten Sie alles vor. Suchen Sie am Vorabend zwei komplette Garnituren heraus und überlassen Sie Ihrem Kind am nächsten Morgen die Wahl. Falls es für Sie einfacher ist, reicht es auch, die Kleidungsstücke am Morgen bereitzulegen. Bieten Sie Alternativen an, jedoch in begrenzter Zahl.
- Auch hier ist es wichtig, die Optionen im Rahmen zu halten. »Das rote oder das blaue T-Shirt, was ist dir lieber? Möchtest du morgen ein Kleid anziehen oder lange Hosen?
- Weniger ist oft mehr. Wenn Sie weniger Kleidung in der Schublade oder im Schrank haben, fühlt sich Ihr Kind angesichts der Möglichkeiten nicht überfordert. Zu viele Optionen sind für alle schwierig und erschweren Ihrem Kind die Entscheidung für ein bestimmtes Kleidungsstück.
- Helfen Sie beim Anziehen, aber lassen Sie Ihrem Kind die Möglichkeit, es selbst zu versuchen. Sie halten die Socken hin, Ihr Kind steckt den Fuß hinein. Sie halten das T-Shirt hoch, Ihr Kind streckt die Arme nach oben und schlüpft in die Ärmel. Auf diese Weise lernen Drei- oder Vierjährige binnen kürzester Zeit, sich alleine anzuziehen und Sie damit zu überraschen. Eine Leistung, auf die sie stolz sind.
- Machen Sie aus dem Anziehen ein Spiel! Kinder denken sich alle möglichen Hinhaltemanöver oder Verzögerungstaktiken aus, weil ihnen der bevorstehende Abschied schwerfällt, auch wenn spannende Aktivitäten warten. Außerdem genießen sie die Aufmerksamkeit, die ihnen in diesem Moment zuteil wird (selbst wenn Sie die Geduld verlieren und laut werden). Entschärfen Sie die Situation also mit einem Ankleidespiel. Sie können sich nicht vorstellen, wie oft ich Socken und andere Kleidungsstücke an den Händen oder auf dem Kopf hatte, die mir mein Kleiner mit den Worten »Da gehören sie nicht hin, Mama« umgehend entriss und sich selbst anzog.

Die häusliche Umgebung verlassen

Wie viele Eltern bestätigen werden, trödeln Kleinkinder gerne. Sie stellen sich taub, wenn man ihnen noch fünf Minuten Zeit gibt, um fertig zu werden, damit man sich endlich auf den Weg machen kann. Ihnen scheint entfallen zu sein, wie viel Spaß sie am Vortag im Kindergarten oder auf dem Spielplatz hatten. Sie sind fixiert auf den gegenwärtigen Moment und finden alle nur erdenklichen Ausflüchte, um den Abschied hinauszuzögern. Machtkämpfe, Wutausbrüche (bei Eltern und Kind!) und Verspätungen beim morgendlichen Aufbruch gehören zu den häufigsten Klagen, die Eltern von Kleinkindern äußern. Die Wohnung zu verlassen ist für Kinder aber nicht leicht! Inzwischen wissen Sie auch, warum. Sie müssen sich von ihrer vertrauten Umgebung trennen, und da sie im Hier und Jetzt leben, können sie sich nicht wirklich darauf konzentrieren, was danach kommt. Gleich, ob sie sich von Mama, Papa oder dem schützenden Zuhause verabschieden müssen, der Aufbruch stellt eine Herausforderung dar. Auch hier geht es wieder um das Thema Ablösung.

Was Sie tun können

Die Wohnung zu verlassen ist ein gewichtiger Wechsel, gleichgültig, wie viel Spaß später im Kindergarten oder anderswo damit verbunden sein mag. Er beinhaltet die Trennung von der vertrauten Umgebung und oft von den Eltern. Auch wenn ich mich wiederhole: Morgenrituale und eingespielte Handlungs- und Tagesabläufe sind dabei eine große Hilfe. Es gibt kaum andere Möglichkeiten, diesen Übergang problemlos zu bewältigen.

- Bereiten Sie alles vor, was Sie brauchen. Legen Sie beispielsweise Jacke, Schuhe, Sandeimer oder andere Spielsachen für draußen zurecht, sodass sie zum festen Bestandteil des Rituals werden. Wenn Kinder wissen, wo sich ihre Sachen befinden, gewöhnen sie sich schneller an den Ablauf und können viele Schritte alleine bewältigen, mit nur wenigen Erinnerungshilfen. Als meine Söhne kleiner waren, habe ich am Abend vorher alles neben der Haustür aufgereiht – Rucksack, Schuhe, Socken, Jacke. Morgens nach dem Frühstück musste ich nur noch sagen: Wir müssen los, zieht zuerst eure Socken und Schuhe an, danach die Jacke, dann den Rucksack umschnallen. Diesen Vorgaben konnten sie problemlos folgen.

- Bieten Sie Gedächtnisstützen als Leitlinie. Kinder müssen zunächst noch an jeden einzelnen Schritt erinnert werden (zuerst die Socken, dann die Schuhe, dann die Jacke). Mit der Zeit brauchen sie aber immer weniger Anleitung und halten die richtige Reihenfolge irgendwann alleine ein. Manchen Kindern gehen sie im Nu in Fleisch und Blut über. Die Hirnstrukturen, die für die Selbstorganisation erforderlich sind, befinden sich noch in der Entwicklung, und Gedächtnisstützen treiben diesen Prozess voran.

- Vertraute Objekte erleichtern den Übergang. Bei vielen Kindern tragen Spielsachen oder Gegenstände, an denen sie hängen, zur besseren Bewältigung von Übergangssituationen bei, beispielsweise von der häuslichen Umgebung zum Kindergarten oder bei einem anderen Ortswechsel. Erwachsenen geht es nicht anders: Viele tragen stets einen Talisman bei sich oder haben ein Foto ihres Kindes in der Brieftasche. Man nimmt ein Stück dessen, was man kennt und liebt, mit auf den Weg. Auch Kinder haben dieses Bedürfnis. Die meisten wählen die üblichen Lieblingsobjekte – Schmusedecke, Kuscheltier, ein Auto oder eine Puppe. Es gibt auch Kinder, die darauf bestehen, beim Verlassen der Wohnung eine Zahnbürste, einen x-beliebigen Legostein oder ein Hundespielzeug mitzunehmen. Überlassen Sie Ihrem Kind die Wahl, egal, ob es sich immer um das gleiche oder jedes Mal um ein anderes Objekt handelt. Es hilft ihm, den Schritt aus der vertrauten Umgebung in die Welt hinaus zu wagen.

Kindorientierte Perspektive
Wenn sich Rituale ändern

Irgendwann können sich Rituale auch ändern. Der Besuch der Großmutter, die Urlaubsreise der Familie oder Krankheit von Familienmitgliedern gehören zu den Ereignissen, die den gewohnten Lauf der Dinge außer Kraft setzen. In solchen Situationen zahlt es sich aus, dass Ihr Kind Rituale wie feste Bettgehzeiten, Zähneputzen und den morgendlichen Aufbruch dank Ihrer Hilfe bereits kennt: Sie können ihm in Ruhe klarmachen, dass der heutige Tag anders verläuft als sonst und dass Sie nach der »Unterbrechung« zum gewohnten Rhythmus zurückkehren. Das eingespielte Ritual stellt die Regel, die Änderung die Ausnahme dar. Damit bietet man Kindern die Chance, im Laufe der Zeit Flexibilität zu entwickeln.

••

Alltagsrituale helfen Kindern, sich tagaus, tagein verlässlich wiederkehrenden, vertrauten Abläufen anzupassen. Sie bieten eine feste Struktur und Orientierungshilfen, die sie auf ihrem Weg in die Selbstständigkeit brauchen. Sie fördern das Sicherheitsgefühl, denn sie vermitteln eine ungefähre Vorstellung, was passiert – und in welcher Reihenfolge. Das ist vor allem deshalb wichtig, weil Kleinkinder kein echtes Zeitgefühl haben. Im Gegensatz zu Erwachsenen, die ihren Tag nach der Uhr organisieren, folgen sie naturgemäß den zufälligen, unbeständigen Wünschen und Bedürfnissen des Augenblicks. Deshalb bedarf es fester, vorhersehbarer Abläufe als Leitlinien. Rituale strukturieren den Tag, tragen dazu bei, sich innerlich »geordnet« zu fühlen. Fähigkeiten wie die Selbstorganisation bereiten eine erfolgreiche Bewältigung des Alltags vor. Doch um sie zu erwerben, brauchen Kinder unsere Hilfe. In diesem Alter bedeutet das, sie mit Gedächtnisstützen, Bestätigung und Flexibilität durch Veränderungsprozesse zu begleiten.

6
Der Gefühlscode: Die Bedeutung kindlicher Emotionen

Wutanfälle, Ängste und der Kampf um das ewige »Nein!«

Eines Nachmittags war schon im Gang das Gebrüll eines völlig hysterischen Kleinkinds zu hören, das sich auf dem Weg ins Kinderzentrum befand. Als der Junge den Raum betrat, kreischte er, stampfte mit den Füßen auf und tobte vor Wut. Seine Mutter war verständlicherweise gereizt. »Jetzt reicht's!«, befahl sie. »Schluss damit! Das kannst du auf dem Rückweg machen.« Der Junge dachte nicht daran, aufzuhören, und die Mutter erzählte, was geschehen war: »Immer wenn wir ins Kinderzentrum kommen, will er unten in der Halle den Knopf für den Fahrstuhl drücken. Wenn wir die Einzigen sind, kein Problem, dann lass ich ihn. Aber heute wartete eine Frau auf den Fahrstuhl, die auch nach oben wollte und ihm zuvorkam. Er war sauer und ich versprach ihm, dass er im Fahrstuhl den Knopf betätigen darf. Als wir einstiegen, war ich in Gedanken und habe selbst gedrückt. Oje! Man hätte meinen können, die Welt geht unter. Er rastete völlig aus und schrie: ›Nein! Ich drücke! Ich drücke!‹ Er brüllte wie am Spieß. Ich musste ihn praktisch aus dem Fahrstuhl schleifen. Keine Ahnung, was ich machen soll, um ihn zu beruhigen.« Sie hielt einen Moment inne und blickte ihren völlig aufgelösten kleinen Engel an. »Er muss lernen, dass es nicht immer nach seinem Willen geht.«

Was war passiert? Aus der Sicht der Mutter ging es nur um einen Fahrstuhlknopf. Ihr Sohn würde noch oft die Gelegenheit haben, ihn alleine zu betätigen, und musste lernen, dass man »nicht alles haben kann, was man sich wünscht«. Vernünftig?

Vom Standpunkt eines Erwachsenen, ja. Als längerfristige Zielsetzung für ein Kind: den Umgang mit Enttäuschungen lernen? Durchaus. Aber nicht in dem Moment, in dem sich ein bestimmtes Ritual auf dem Weg ins Kinderzentrum eingespielt hatte und der Abschied von der Mutter bevorstand. Aus der Perspektive des Zweieinhalbjährigen war der Ablauf bindend, der Junge kannte jeden einzelnen Schritt. Und da besaß jemand die Dreistigkeit, den Knopf draußen vor dem Fahlstuhl vor ihm zu drücken, den Ablauf zu stören und ihn aus seiner Komfortzone herauszureißen! Kaum hatte er den Schock (notdürftig) überwunden, geschah die allergrößte Ungeheuerlichkeit: Seine Mutter kam ihm zuvor und drückte den Knopf im Fahrstuhl! Das brachte das Fass zum Überlaufen. Seine Reaktion: blanke Wut. In seinen Augen war ihr Verhalten übergriffig! »Wie kannst du es wagen, den Fahrstuhlknopf zu drücken, das ist *meine Aufgabe* auf dem Weg ins Kinderzentrum! Ich kenne den Ablauf, und jetzt wirfst du alles über den Haufen!« So sonderbar es vielleicht klingen mag, aber so deutete der Zweieinhalbjährige das Geschehen.

Wie wir auf den Wutanfall reagiert haben? Zuerst bestätigte seine Gruppenleiterin sein Bedürfnis. »Du wolltest unbedingt den Kopf drücken, stimmt's?« Der Junge schluckte, dann schrie er: »Ja, wollte ich!« Anschließend baten wir die Mutter, noch einmal auf den Gang hinauszugehen, damit ihr Sohn den Fahrstuhlknopf drücken konnte. Die Mutter fand, das sei übertrieben. »Damit verhätscheln wir ihn doch nur. Es geht im Leben nicht immer so, wie er will.«

»Richtig, aber von Verhätscheln kann keine Rede sein.« Wir erklärten ihr, dass ihr Sohn ausgerastet sei, weil sie ihn an seinem Vorhaben gehindert hatte, und dass es ihre Aufgabe sei, eine Problemlösung zu finden. Im Lauf der Zeit würde er flexibler reagieren, aber im Moment hatte er ein Bedürfnis, das sie erfüllen sollte, vor allem, weil es Teil des Ablösungsprozesses war. Situationen, die bei einem Kind Frustration und Wutausbrüche auslösen, lassen sich nicht immer durch eine Wiederholung mit dem von ihm gewünschten Ausgang bereinigen. Das gelingt nur in bestimmten Fällen wie diesem. Die Mutter ging also mit ihrem Sohn auf den Gang hinaus und er durfte den Knopf außerhalb des Fahrstuhls drücken. Stolz kehrte er zurück, mit dem Gefühl, dass sein Bedürfnis anerkannt worden war, und bereit, bei den Gruppenaktivitäten mitzumachen.

Das Gefühlsleben von Kleinkindern

Die Emotionen von Kindern sind in diesem Alter sehr intensiv. Genau wie ihr Verhalten häufig zwischen zwei Extremen schwankt, herrscht auch in ihrem (inneren und äußeren) Gefühlsleben ein ständiges Auf und Ab. Sie müssen nicht nur lernen, ihre Gefühle zu äußern, sondern auch zu verstehen. Das Gehirn ist vollauf damit beschäftigt, sich einen Reim auf die Außen- und Innenwelt zu machen – und oft scheint beides keinen Sinn zu ergeben. Natürlich spielen die Emotionen eine große Rolle für das Verhalten von Kleinkindern, wie Sie sich sicher vorstellen können. Das Gehirn bemüht sich fieberhaft, die ungeheure Fülle der Informationen einzuordnen und zu verarbeiten – und dieser Prozess ist eine hochgradig emotionale Aktivität. Kein Wunder, dass Kleinkinder sehr emotionale Wesen sind!

Die dreijährige Tamara verlangte eine Scheibe Toast. Während ihre Mutter sie zubereitete, setzte sich die Kleine an den Tisch und plapperte munter drauflos. Sie wartete ungeduldig auf ihren Toast und erklärte, sie wolle später die neuen Schuhe anziehen, um draußen zu spielen. Die Mutter erkundigte sich: »Möchtest du Butter auf dein Brot?« »Nein.« »Marmelade?« »Ja. Erdbeermarmelade.« Die Mutter stellte die richtigen Fragen, wohl wissend, dass Kinder in diesem Alter sehr heikel sein können, wenn es ums Essen geht. Die Mutter bestrich den Toast mit Marmelade, schnitt ihn in zwei Hälften und servierte ihn Tamara auf ihrem Lieblingsteller. Statt eines zufriedenen Lächelns erntete sie ohrenbetäubendes Gebrüll: »Neiiiiiiiiiiiiiiiin, nein, nein! Den will ich nicht. Du hast den Toast kaputtgemacht. Ich will einen ganzen. Ein großes Stück.« Und damit fegte sie den Teller quer über den Tisch, heulend und völlig aufgelöst.

Was war passiert? Zuerst ein gut gelauntes Kind, das von seinen Plänen erzählt, und eine Mutter, die ihrer Bitte um eine Scheibe Toast entspricht, ohne Butter, nur mit Marmelade, Erdbeermarmelade, wie gewünscht. Und im Bruchteil von Sekunden verwandelt sich das Mädchen in eine kleine Furie, die sich aufführt, als ginge die Welt unter (was aus ihrer Sicht auch geschieht). In diesem Fall hatte das Kind eine genaue Vorstellung, wie der Toast aussehen sollte: eine große viereckige Scheibe Toast, mit Erdbeermarmelade bestrichen. Ein zusammenhängendes Stück, ein großes Stück. Für Kinder in diesem Alter ist das wichtig. (Sie wollen alles, und alles bedeutet: das *Ganze*. In zwei Hälften geschnitten bedeutet für sie zerbrochen, und zerbrochen ist beängstigend.) Tamara hatte klare Erwartungen geäußert, wie ihr Toastbrot auszusehen hat, also müssen sie anderen auch klar sein. Kinder in diesem Alter leben im Hier und Jetzt, mit eigenen Vorstellungen. Als der Toast kam, war er zu ihrem Missvergnügen in zwei Hälften geschnitten. »Wieso Hälften? Das soll wohl ein Witz sein! Jetzt hast du den Toast kaputtgemacht! Ich wollte ihn ganz haben!«

Kleinkinder haben Vorstellungen, klare und genaue Vorstellungen, zumindest nach ihrem Dafürhalten. Sie lassen sich leicht in Gefühle verstricken, die im Hinterhalt lauern und sich jeden Moment ändern können. Und wenn sie zuschlagen, erfolgt ein emotionaler Zusammenbruch.

Wie immer sind es meistens die Eltern und Betreuer, die in die Gefühlsstürme des Kleinkindes geraten. Einige dieser emotionalen Turbulenzen sind angenehm – wenn ein Kind selig, froh, begeistert oder überrascht ist, sich brennend für Sie oder etwas anderes in seiner Welt interessiert. Dann gibt es nichts, was faszinierender und erfreulicher für Sie und Ihr Kind wäre. Diese beidseitig befriedigenden und kooperativen, gemeinsamen Momente stellen wichtige Bausteine in der Beziehung zu Ihrem Kind dar.

Doch wenn Kleinkinder sich von ihren Erfahrungen überwältigt fühlen und nicht wissen, wie sie mit den negativen Emotionen umgehen sollen, läuft der Austausch aus dem Ruder. Gefühlsausbrüche treten oft in Sekundenschnelle ein (gemeint sind damit die emotionalen Ausbrüche der Kinder, vor denen aber auch Erwachsene nicht gefeit sind). Genau wie wir können auch sie Traurigkeit, Frustration, Wund und Angst empfinden. Genau wie bei Erwachsenen sind ihre Reaktionen darauf vielschichtig und kompliziert. Die fehlende Erfahrung und ihre noch in der Entwicklung befindlichen Steuerzentren im Gehirn machen diese Emotionen zu einer noch größeren Herausforderung, sowohl für sie als auch für uns.

Wenn Kleinkinder von negativen Gefühlen überflutet werden, können sie noch nicht begreifen, was mit ihnen geschieht. Sie reagieren einfach, wie auf Knopfdruck. Soll ich die Gefühle verdrängen? Ihnen freien Lauf lassen? Ist es in Ordnung, wenn ich solche Gefühle habe? Bin ich böse, weil ich solche Gefühle habe? Soll ich sie verbergen oder vor ihnen davonlaufen? Soll ich versuchen, mich mit einem Lachen darüber hinwegzusetzen, weil sie unangenehm sind und ich keine Ahnung habe, was ich sonst tun könnte? Soll ich den Kopf hängen lassen, den Mund halten und hoffen, dass niemand etwas bemerkt?

Der Kleinkind-Modus

Das sind nur einige der Reaktionen von Kleinkindern. Eltern sollten sich vor Augen halten, dass ihren Kindern die im Gehirn verorteten Fähigkeiten noch fehlen, sich vorzunehmen, über solche Fragen nachzusinnen, Lösungsmöglichkeiten abzuwägen und die bestmögliche Handlungsoption zu wählen. Sie handeln unverzüglich und aus dem Moment heraus. Im Gegensatz dazu sagen Erwachsene, die ähnlich reagieren, es aber später bereuen: »Das war unüberlegt.« Genau das ist der Kleinkind-Modus. Nicht etwa, weil Kinder in diesem Alter gefühl- und gedankenlose Wesen wären (auch wenn es bisweilen so scheinen mag), sondern weil sie die Fähigkeit erst entwickeln müssen, innezuhalten, über eine Situation oder ein Gefühl nachzudenken und sich erst nach reiflicher Überlegung für eine Reaktion zu entscheiden. Studien auf dem Gebiet der Neurowissenschaften belegen: Die Hirnstrukturen, die für das sorgfältige Durchdenken und Planen von Reaktionen oder Problemlösungsstrategien zuständig sind, befinden sich zwar in der Entwicklung, sind aber noch relativ unausgereift. Das gilt auch für die Hirnareale, die Gefühle regulieren, damit sie das Kind nicht überfordern. Auch sie sind noch mangelhaft ausgebildet.

Kleinkinder denken nicht wirklich an die Reaktion der Eltern oder anderer Menschen, wenn sie von ihren Gefühlen übermannt werden. Das können sie auch nicht. Sie werden voll und ganz von ihnen vereinnahmt, von der Intensität des Bedürfnisses, das die Emotionen antreibt und auslöst, selbst wenn sie sich dafür schämen. Als der dreijährige Jannis beispielsweise feststellte, dass er sein Puzzle nicht wie sonst beenden konnte, weil ein Teil fehlte, brach er in Tränen aus. Man konnte ihm noch so gut zureden, er ließ sich nicht beruhigen. Er war außer sich, weil er zehn Minuten lang (für ihn eine sehr lange Zeit) an dem Puzzle gearbeitet hatte, sich auf das Erfolgserlebnis freute, das sich jeden Tag wiederholte und ihn mit Befriedigung und Stolz erfüllte, wenn er das letzte sternförmige Teil in der Mitte einfügte. Das war zu einem Ritual geworden. Wo war jetzt das fehlende Teil? Er war verstört, zutiefst frustriert und unendlich enttäuscht!

Das Gefühl der Enttäuschung und des Verlusts war genauso real für Jannis, als hätte er etwas verloren, was er liebte und als kostbar empfand – ein Haustier oder seinen besten Freund. Verlust ist Verlust, und er löst tief verwurzelte Gefühle aus. Eltern fällt es oft schwer, den Kontext der Erfahrungen ihres Kindes im Blick zu behalten. Für uns ist der Verlust eines Puzzle-

Der Kleinkind-Code

teils oder eine durchgeschnittene Toastbrotscheibe kein Thema. Elmo, das Monster mit dem roten Fell, tritt in der heutigen Folge der *Sesamstraße* nicht auf? Kein Problem, vielleicht ist er morgen wieder dabei. Doch Kleinkinder sind angesichts solcher Ereignisse am Boden zerstört. Wenn wir uns jedoch in unsere Kinder hineinversetzen und die Welt mit ihren Augen – und Gefühlen – sehen, sind wir vielleicht weniger geneigt, mit Pauschalurteilen oder einem Achselzucken über ihre Empfindungen hinwegzugehen. Der Perspektivwechsel ermöglicht eine andere Sichtweise, die an die Erfahrungen unserer Kinder anknüpft und ihnen Zuwendung und Sicherheit bietet, damit sie ihren Weg trotz aller Widrigkeiten fortsetzen können. Für Eltern bedeutet das: weniger Konflikte und mehr Harmonie im Umgang mit ihren Kindern.

Ein weiteres Beispiel: Die vierjährige Mara saß am Küchentisch, lehnte sich auf ihrem Stuhl zurück und stemmte sich mit aller Kraft nach hinten, bis sich die vorderen Stuhlbeine vom Boden lösten. Sie fühlte sich groß und stark – »Schau mal, was ich kann!«. Der Vater, der am Herd stand, reagierte blitzschnell, aus Angst, dass sie mit dem Stuhl umkippte. »Mara! Lass das!«, schrie er. Sofort brachte Mara den Stuhl in seine Ausgangsposition zurück, ließ den Kopf hängen, zog die Schultern ein und schnappte nach Luft. »Ich möchte nicht, dass du dich verletzt«, fügte er ruhig hinzu. »Hab ich dir einen Schrecken eingejagt? Das wollte ich nicht, Schatz.« Keine Reaktion, der Kopf blieb gesenkt, der Körper angespannt. Als er sich zu ihr begab, holte sie aus und schlug vor Wut nach ihm. Die spontane Reaktion des Vaters, die dem Schutz des Kindes diente (und in diesem Fall sehr wahrscheinlich einen Unfall verhindert hatte), kann sich für ein Kind anders anfühlen. Mara fand, dass sie groß und stark war, und die Reaktion des Vaters löste bei ihr Wut, Traurigkeit und Scham aus. Auch gut gemeinte Absichten wie das Bedürfnis des Vaters, sein Kind zu schützen, können Schaden anrichten. Die Lösung für Eltern und Kind: den Schaden beheben und die Bindung wieder festigen.

Man kann davon ausgehen, dass alle Eltern aus unseren Beispielen in der Absicht handelten, Schaden abzuwenden statt anzurichten. Doch wenn wir die Auswirkung unserer eigenen Reaktionen verstehen und begreifen, warum sie bestimmte Gegenreaktionen erzeugen, sind wir besser gerüstet, Kindern dabei zu helfen, ihre eigenen Gefühle zu erkennen und zu steuern, Enttäuschungen zu verkraften und negative Emotionen zu akzeptieren und zu verarbeiten, sodass sie das Kapitel abschließen und ihren Weg fortsetzen können. Die Alternative wäre, dass Kinder in solchen Augenblicken weder ein noch aus wissen, weil sie sich schämen oder keine Kraft haben, diese Situationen zu überwinden. Wenn man nicht akzeptieren kann, dass ein Gefühl ein Teil unseres Selbst ist, kann man es nur schwer loslassen. Kinder verschließen sich, wenn sie sich schämen, schlagen wild um sich in ihrer Wut, bleiben in der Erfahrung negativer Emotionen stecken. Negative Emotionen sind in diesem Alter verwirrend (und nicht nur in diesem Alter), und Kinder brauchen Hilfe, um sie zu verarbeiten.

Eines möchte ich jedoch klarstellen: Ich will nicht sagen, dass Sie jedes Mal nachgeben oder negative Gefühle möglichst vermeiden sollten. Es geht hier in erster Linie um die Rolle der Eltern, die darin besteht, ihrem Kind zu helfen, negative Gefühle im Lauf der Zeit besser zu verstehen und zu steuern. Wut, Angst und Enttäuschung sind natürliche Erfahrungen des Menschen und wichtige Elemente der Kleinkindphase. Das sind auch die Grenzen, an die Kinder stoßen – die eigenen und die von Erwachsenen gesetzten. Möchten Sie, dass Ihr Kind in der Lage ist, Rückschläge, Hürden und Herausforderungen zu bewältigen? Möchten Sie, dass es fähig ist, den gewöhnlichen Alltagsstress zu verkraften – wenn die beste Freundin keine Lust zum Spielen hat, wenn es beim Essen nicht auf dem Platz sitzen darf, den es sich ausgesucht hat? Möchten Sie, dass Ihr Kind imstande ist, mit vielschichtigen Stresssituationen im häuslichen Umfeld umzugehen, ohne »zusammenzubrechen«? Eltern fördern die Entwicklung dieser wichtigen Lebenskompetenzen am besten, wenn sie ihren Kindern so früh wie möglich bei der Steuerung negativer Emotionen helfen. In vieler Hinsicht ist das ihre wichtigste Aufgabe.

Wie können Eltern dies alles bewältigen? Das geht aus den obigen Beispielen hervor. Für Jannis, dessen Erwartungen, das Puzzle zu vervollständigen, durch ein fehlendes Teil torpediert wurden, kann schon ein wenig Empathie große Wirkung zeitigen. Wenn seine Eltern den Verlust aus seiner Perspektive betrachten, können sie seine Reaktion eher nachempfinden. »Das ist wirklich ärgerlich! Wo mag dieses Teil wohl stecken? Ich weiß, du brauchst es ganz dringend!« Empathie trägt dazu bei, dass sich ein Kind (Erwachsene ebenso!) verstanden fühlt und den Gefühlsaufruhr somit leichter verkraftet. Gefühle offen anzusprechen ist ein unerlässlicher Schritt, damit ein Kind im Lauf der Zeit lernt, sie zu erkennen und einzuordnen. Eltern können sich im Anschluss daran gemeinsam auf die Suche nach dem verschwundenen Puzzleteil begeben oder dem Kind erklären, dass es später mit Sicherheit wieder auftauchen wird. Sie gehen auf seine Frustration und das Bedürfnis ein, das Puzzleteil zu finden, helfen ihm, herunterzukommen, seine Kräfte neu zu formieren und nach vorne zu schauen. Die Erregung im Gehirn ebbt damit ab (mehr darüber an späterer Stelle).

Was Mara betrifft, so geht es um das Thema Schadensbehebung, Versöhnung. Der Vater wollte sein Kind schützen und reagierte spontan, aus einem Angstgefühl heraus. Doch das kann Mara nicht wissen. Sie weiß nur, dass sie Spaß hatte, und plötzlich schreit Papa sie an. Sie denkt, dass er wütend war, versteht aber nicht, warum. Die Erfahrung verwirrt und beunruhigt sie, und sie gelangt zu der Schlussfolgerung: »Ich muss etwas Schlimmes angestellt haben, war böse. Papa ist richtig wütend auf mich.«

Das löst Schamgefühle aus (siehe Kapitel 4 über das Unheil, das damit angerichtet werden kann). In Situationen, in denen Sie überreagieren (auch wenn Sie glauben, Sie hätten allen Grund dazu, aus der Haut zu fahren), sollten Sie einen Schritt zurücktreten und die Situation bereinigen, indem sie in einer altersgerechten Weise mit Ihrem Kind sprechen – klar, aufrichtig und sachlich – keine langen Reden halten! Kindern macht die Wut der Eltern Angst, ungeachtet dessen, wie gerechtfertigt sie ist. In Maras Fall könnte der Vater sagen:»Ich wollte dich nicht erschrecken; es ist nicht deine Schuld. Ich wollte verhindern, dass du dich verletzt, deshalb bin ich laut geworden. Tut mir leid, dass ich dich angeschrien habe. Ich hab dich lieb, auch wenn ich gebrüllt habe, dass du sofort aufhören sollst.« Die Entschuldigung würde zu der Erkenntnis führen, dass Menschen, die Mara liebt und auf die sie sich verlässt, auch dann für sie da sind, wenn sie wütend werden. Sie ersparen ihr Schuld- und Schamgefühle, die durch die Situation hervorgerufen wurden. Gleichzeitig würde sie lernen, dass negative Gefühle auch in liebevollen Beziehungen vorkommen und dass es Möglichkeiten gibt, die Eintracht wiederherzustellen. Dies ist ein wichtiges Verhaltensmodell, das später die Bereitschaft fördert, sich die eigenen Fehler einzugestehen, sich zu entschuldigen und zu versöhnen. Vergewissern Sie sich, dass Sie wirklich bereit sind, Wiedergutmachung zu leisten. Unaufrichtige Entschuldigungen oder die Bitte, Ihr Kind möge nicht böse auf Sie sein, führen nur zur Verwirrung und weiterer Aufregung aufseiten Ihres Kindes.

In beiden Beispielen bringen Worte und Taten Eltern und Kind wieder zusammen. Die Wiedergutmachung und der Blick auf die Erfahrung, die das Kind in solchen Situationen macht, tragen dazu bei, dass wieder Ruhe und Frieden einkehren. Und selbst wenn es eine Weile dauert, bis alles im Lot ist (manche Kinder reagieren emotionaler als andere und brauchen länger, um sich zu beruhigen), haben Eltern damit gezeigt, dass sie ihrem Kind auch in Krisenzeiten Hilfe und Schutz bieten. Das zu wissen ist eine enorme Erleichterung.

Wenn Sie die Reaktionen Ihres Kindes aus seiner Perspektive betrachten, werden seine Gefühle nachvollziehbar und benennbar, was wiederum bewirkt, dass sich Ihr Kind verstanden fühlt und die emotionale Erregung abklingt, selbst wenn Sie die Situa-

　　　　　　　　　Der Kleinkind-Code

tion nicht ändern oder ungeschehen machen können. Auch an dieser Stelle möchte ich nochmals betonen, dass Sie deshalb nicht jede Forderung oder jedes Bedürfnis erfüllen müssen. Sie sollen sich nur in Ihr Kind hineinversetzen, die Situation mit seinen Augen betrachten und versuchen, seine emotionalen Reaktionen nachzuvollziehen.

Hier ein Beispiel, wie die Wahrnehmung und Bestätigung eines Bedürfnisses in der Praxis funktionieren kann. Eine Mutter fuhr mit ihrer Tochter zu Verwandten, die in einer anderen Stadt wohnten. Die Zweijährige saß hinten im Kindersitz und wollte Apfelsaft trinken. Die Mutter hatte aber nur Wasser dabei. Sie befürchtete eine Kreischattacke und wurde nervös, durchaus verständlich, denn es lag noch eine Stunde Fahrzeit vor ihnen. Aber das Kind tat ihr leid: »Apfelsaft? Tut mir leid, aber den haben wir vergessen.« Es folgte ein lautstarker Ruf nach Apfelsaft!!! Daraufhin die Mutter: »Ich weiß, dass du Apfelsaft liebst. Du bekommst welchen, sobald wir bei Oma angekommen sind. Aber ich habe Wasser für dich dabei.« Die Mutter drückte die Daumen und hoffte, einen Wutausbruch abzuwenden. Die Tochter jammerte noch ein wenig, beruhigte sich aber bald und nahm mit dem Wasser in ihrer Schnabeltasse vorlieb. Ihr Bedürfnis war bestätigt, wenn auch nicht erfüllt worden. Denken Sie daran, dass jeder Mensch – vor allem ein Kleinkind, das sich gerade erst kennenlernt – verstanden und akzeptiert werden möchte. Schon ein wenig Einfühlungsvermögen kann viel bewirken.

Sie fragen sich vielleicht, wie es kommt, dass eine so einfache Methode so große Wirkung hat. Ich beobachte seit Langem das Verhalten von Kleinkindern und stelle immer wieder fest, dass wir Erwachsenen oft nicht wirklich erkennen, was sie uns mitteilen wollen, denken oder sich wünschen. Wenn Sie auf diese Wünsche oder Bedürfnisse eingehen (wie lächerlich sie aus der Sicht eines Erwachsenen auch erscheinen mögen), leitet Ihr Kind daraus die Botschaft ab: »Aha, Mama oder Papa verstehen mich. Sie wissen, was ich möchte (oder empfinde).« Dieses Gefühl, angenommen und verstanden zu werden, ist für alle Beteiligten sehr befriedigend.

Wichtig ist auch, sich daran zu erinnern, dass emotionale Reaktionen sowohl stillschweigend und innerlich als auch explosiv nach außen hin erfolgen können. Eltern und Betreuer werden meistens auf unverkennbare Wutausbrüche aufmerksam, übersehen aber oft die weniger auffälligen, aber nicht minder heftigen Gemütsbewegungen, die sich im Innern des Kindes abspielen.

In unserem Zentrum beobachten wir oft, dass Kinder erst einmal am Rande des Geschehens bleiben und zögern, bevor sie etwas Neues ausprobieren, sich beispielsweise trauen, eine hohe Leiter zu erklimmen. Eines Tages näherte sich ein kleiner Junge, der sich das muntere Treiben schon wochenlang aus sicherer Entfernung angeschaut hatte, langsam der Rutsche und machte Anstalten, die Leiter emporzusteigen. In dem Augenblick rannte ein quirliges kleines Mädchen von der anderen Seite des Raumes herbei, stieß den Jungen beiseite, kletterte in Windeseile hoch und rutschte selbstsicher hinunter. Der kleine Junge stand stumm und reglos da. Die Gruppenleiterin, die das Geschehen beobachtet hatte, ging zum Jungen und sagte:»Ich weiß, dass du rutschen wolltest. Wenn sich das nächste Mal jemand vordrängelt, sagst du einfach Nein! Es geht immer der Reihe nach.« Sie forderte ihn mit einer Geste auf, näherzutreten. Seine Miene hellte sich auf und er kletterte vorsichtig in seinem Tempo hoch. Dass jemand seinen Wunsch, auch wenn er nicht laut geäußert wurde, wahrgenommen hatte und darauf eingegangen war, spornte ihn an, ihn in die Tat umzusetzen.

Was Sie tun können: Auf Gefühle eingehen
Ein wenig Empathie und Akzeptanz können viel bewirken – und Kleinkindern das Verständnis der eigenen Gefühle erleichtern, indem man sie richtig entschlüsselt. Statt sie von unangenehmen Gefühlen abzulenken, sollten Sie diese zur Kenntnis nehmen und benennen:

»Ich sehe, dass du dieses Spielzeug gerne gehabt hättest! Und dass du dich jetzt ärgerst, weil dir jemand zuvorgekommen ist! Ich verstehe, dass du deshalb wütend bist.«

»Ich spüre, dass du deine Mutter gerade sehr vermisst.«

»Du hattest gehofft, Papa heute Abend noch zu sehen, bevor du ins Bett gehst, und jetzt bist du enttäuscht.«

»Ich wünschte, ich könnte dich vom Kindergarten abholen. Ich weiß, dass du dich darüber freuen würdest, aber heute schaffe ich es leider nicht.«

»Du hattest Angst, als der Krankenwagen vorbeifuhr, oder? Die Sirene war so laut!«

»Ich weiß, wie schwer es ist, zu warten. Mütter (Väter, Betreuer) sind oft so langsam, dass man leicht die Geduld verlieren kann!«

Was sind Gefühle eigentlich?

Gefühle sind Triebkräfte, die das Verhalten in all seinen Ausprägungen steuern. Gefühle sagen viel über unsere Handlungsabsichten und Handlungen aus. Sie beeinflussen, wie wir denken, kommunizieren, auf unsere Umwelt reagieren und Entscheidungen treffen. Sie sind oftmals der Grund oder Auslöser eines bestimmten Verhaltens. Für Kleinkinder, die noch nicht mit den heftigen Gemütsbewegungen vertraut sind, sind sie neu, aufregend und bisweilen ziemlich verwirrend! Wie im ersten Kapitel erwähnt, beginnt sich der Bereich des Gehirns, der für die Verarbeitung und Regulierung von Gefühlen und Empfindungen zuständig ist, gerade erst zu entwickeln, ein Prozess, der erst 20 Jahre später abgeschlossen sein wird. Zu behaupten, dass der Umgang mit den eigenen Gefühlen für Kinder zwischen dem dritten und sechsten Lebensjahr schwierig ist, wäre eine gewaltige Untertreibung.

Wie bereits angesprochen, haben Kleinkinder verschiedene elementare Bedürfnisse, die ihr Verhalten steuern. Diese Grundbedürfnisse – beispielsweise nach Ablösung von den Eltern,

Selbsteinschätzung und der gleichzeitigen Erfahrung, dass sie nicht alleine sind (was bedeutet, dass Sie als Eltern zur Verfügung stehen sollten, wenn das Kind Sie braucht) – sind intensiv und widersprechen sich häufig. »Ich mag dich – hau ab, ich mag dich nicht mehr.« »Das kann ich alleine – du sollst mir helfen.« »Lass mich in Ruhe – Halt! Nicht weggehen!« Diese Konflikte haben eine emotionale Steuerzentrale, eine Art Gefühlsbarometer.

Ihre Tochter spielt ganz alleine für sich und hat das Gefühl: »Ich kann mich prima alleine beschäftigen; ich brauche niemanden«. Und gleich darauf fragt sie sich: »Wo ist eigentlich Mama?« Der Gedanke weckt Ängste und hat zur Folge, dass sie umgehend nach Ihnen Ausschau hält. Sie erspäht Sie ganz in der Nähe (»Puh, ich bin nicht alleine.«) und ist erleichtert; das Barometer fällt. Falls Ihre Tochter Sie in diesem Augenblick aber nicht sieht, steigt das Barometer rasant (erhöhte Erregung), sie ist außer sich, einer Panik nahe (»Wo ist meine Mama?«). Daraufhin wird das entsprechende Verhalten ausgelöst: Sie bricht in Tränen aus, sucht oder ruft nach Ihnen oder versucht mit anderen Verhaltensweisen herauszufinden, wo Sie stecken. Diese Antriebskräfte und Konflikte spielen sich in einem noch unausgereiften Steuerzentrum im Gehirn ab. Und was dabei herauskommt, sind ungezügelte Emotionen, die Kinder in diesem Alter noch nicht alleine in den Griff bekommen. Daher die Intensität, Sprunghaftigkeit, Unberechenbarkeit und das frustrierende, oft irrationale Verhalten von Kleinkindern. Ich versichere Ihnen, dass damit keine Absicht verbunden ist. Ihr Kind versucht nur, sich einen Reim auf das Leben zu machen.

Damit ihre Bedürfnisse erfüllt werden (die ausnahmslos emotionalen Hintergrund haben), versuchen Kleinkinder mit ihren altersgemäßen Mitteln und Methoden, sie zum Ausdruck zu bringen – verbal, mit dem Körper, durch Aktivitäten oder Verhaltensweisen. Manchmal gelingt es ihnen, anderen zu übermitteln, was sie brauchen. Aber ihre Bemühungen sind nicht immer von Erfolg gekrönt.

Der Kleinkind-Code

Bevor wir Möglichkeiten aufzeigen, wie Sie Ihrem Kind helfen können, sein Gefühlsleben zu verstehen und zu steuern, lohnt es sich, einen Schritt zurücktreten und sich bewusst zu machen, wie Gefühle und Empfindungen entstehen und was sich wirklich dahinter verbirgt. Während der Kleinkindzeit besteht Ihre Aufgabe darin, eine emotionale Brücke zwischen den noch unausgereiften Steuerzentren im Gehirn und den begrenzten Lebenserfahrungen Ihres Kindes zu bauen, bis es gelernt hat, seine Gefühle zunehmend – und schließlich weitgehend – alleine zu regulieren.

Gefühle sind seit Jahrtausenden ein Diskussionsthema in so unterschiedlichen Forschungsbereichen wie Philosophie, Medizin, Psychologie, Biologie und Zoologie. Aristoteles und Plato stellten bereits ihre eigenen diesbezüglichen Theorien auf. Auch Darwin war damit befasst. Gefühle sind noch heute ein brandheißes Thema und ein Schlüsselelement dessen, was den Menschen ausmacht. Das grundlegende Wissen, was man darunter versteht und welche innere (und äußere) Wirkung sie haben, trägt dazu bei, Ihr Kind besser zu verstehen.

Gefühle entstehen in Zusammenhang mit Erregung und Empfindungen, die an das Zentralnervensystem gebunden sind. Grundlegend werden sie als Reaktion auf Geschehnisse im Umfeld des Menschen ausgelöst, auf einen Außenreiz. Dabei können alle Sinne und Sinneswahrnehmungen einbezogen sein: Sehen, Hören, Tasten, Schmecken oder Riechen. Ein Kleinkind reagiert auf Begebenheiten in seiner unmittelbaren Umgebung entweder heftig oder kaum merklich, manchmal sogar für niemanden erkennbar. Das Ereignis versetzt es in einen Zustand der Erregung – auf positive oder negative Weise. »Papa ist schon zu Hause? Hurra!« »Meine Freundin spielt mit meinem Lieblingsteddybären? Kommt nicht infrage!« Oder es reagiert überhaupt nicht, zumindest nach außen hin (lassen Sie sich nicht täuschen, man kann nie genau wissen, was im Innern vorgeht). Kinder versuchen automatisch und so schnell wie möglich herauszufinden, ob der Reiz gut oder schlecht für sie ist, ob er ihnen behagt oder nicht.

Bei Jannis löste die Feststellung, dass das letzte Puzzleteil fehlte, eine sofortige, intuitive Reaktion aus: »Oh nein, wie schrecklich!« Ein Kind, das nicht wie er vier Tage hintereinander an der Vervollständigung gearbeitet hat, würde vielleicht ganz anders auf den Reiz reagieren. Es hätte sich zum Beispiel eine andere Beschäftigung gesucht, entweder weil es das Fehlen des Teils nicht besonders schlimm findet oder weil es resigniert. Unterschiedliche emotionale Zustände bewirken unterschiedliches Verhalten. Warum Kinder so und nicht anders reagieren, hat mit den angeborenen Neigungen und den individuellen Erfahrungen und Beziehungsmustern zu tun. Auch hier zeigt sich wieder, dass es keine zwei Kinder gibt, die sich haargenau gleichen. Die emotionale Erregung ist also die erste Reaktion auf ein Ereignis, die im Kontext seiner Charaktereigenschaften und Biografie erfolgt.

Gefühle lösen häufig physiologische Reaktionen aus, eine andere Form der Erregung. Man denke an das gerötete Gesicht, wenn ein Kind aufgeregt ist. An die Tränen, wenn es traurig ist. Das Herzklopfen, wenn es Angst hat. Die feuchten Handflächen, wenn es nervös ist. Das Lächeln, wenn es glücklich ist. Diese starken Gefühle lösen automatisch körperliche Reaktionen aus, genau wie bei Erwachsenen, und geben Hinweise darauf, was ein Kind in diesem Augenblick empfindet.

Gefühle verursachen Erregung – zuerst innerlich, dann äußerlich. Das Barometer steigt. Das affektgesteuerte Verhalten ist eine weitere Dimension der Gemütserregung. Hier steht die körperliche Reaktion auf eine emotionale Situation im Mittelpunkt. Nachdem ein Kind eingeschätzt hat, ob eine Situation gut oder schlecht ist (oft eine blitzschnelle und intuitive Entscheidung im Kleinkindalter), reagiert der Körper: Er schaltet in den Erregungsmodus um, der positiv (das Kind ist engagiert, interessiert, aufmerksam, aktiv), negativ (Stress, Kampf- oder Flucht-Reflex) oder neutral sein kann (Langeweile, Desinteresse). Kleinkinder, die ihre Gefühle noch nicht steuern können, versuchen unter anderem, diese Erregung zu dämpfen – das Nervensystem zur Ruhe

Der Kleinkind-Code

zu bringen und in einen Zustand zurückzukehren, der weniger
aufreibend ist. Das Barometer fällt.

Denken und Fühlen des Menschen sind eng miteinander verwoben und drehen sich ständig im Kreis. Denken und Fühlen
gehen im Gehirn Hand in Hand, sodass man nicht genau sagen
kann, was zuerst kommt. Wenn beispielsweise ein dreijähriges
Mädchen die Großmutter hereinkommen sieht, freut es sich vielleicht. »Ich liebe meine Oma; schön, dass sie da ist.« Sie hüpft
vor lauter Aufregung auf und ab, lächelt strahlend. Doch gleich
darauf fällt ihr ein: »Wenn Oma morgens kommt, geht Mama
weg, zur Arbeit.« Traurigkeit und Wut brechen sich ihre Bahn,
lösen Tränen und Geschrei aus: »Mama! Geh nicht weg!« Denken
und Fühlen schaukeln sich gegenseitig hoch, und in diesem Zustand der Reizüberflutung fällt es dem Kind schwer, seine Gefühle
zu steuern. Der einzige Ausweg? Emotionaler Zusammenbruch,
sprich Ausraster.

Im Säuglingsalter übernehmen Eltern die Regulierung der Gefühle. Sie nehmen das Baby hoch, wenn es weint oder schreit, wie-
gen es in den Armen, küssen es und drücken es an sich. Sie singen
ihm etwas vor, füttern oder schaukeln es, um das Nervensystem
des Kindes zu beruhigen, das sich im Erregungszustand befindet.
Damit leiten sie bei ihrem Kind jedes Mal einen weiteren Schritt
auf dem Weg zur Selbstregulierung ein. Diese Interaktionen werden im Gehirn in codierter Form festgeschrieben und tragen zur
Ausformung der emotionalen Selbststeuerungsstrukturen bei. Bei
Kleinkindern hat dieser langwierige Wachstums- und Entwicklungsprozess gerade erst begonnen. Er braucht seine Zeit und ist
mit Rückschritten und Neuanfängen gespickt. Dieses intensive,
kräftezehrende Bemühen, die innere Erregung – gleich, ob positiv oder negativ – in den Griff zu bekommen, kann beispielsweise
die Fähigkeit, sich zu konzentrieren, aufmerksam zuzuhören oder
Entscheidungen zu treffen, fördern oder beeinträchtigen. Werden diese Fähigkeiten untergraben, droht der emotionale Zusammenbruch. In diesem Moment gehen die Gefühle mit dem Kind

durch. Die Erregung nimmt andere Teile des Gehirns gefangen und verhindert, dass sie zur Ruhe kommen.

Aber Gefühle und Empfindungen sind nicht die einzigen Einflussfaktoren: Sie sind Teil einer Kette von Ereignissen, zu der die Umwelt des Kindes, seine Einschätzung des Ereignisses oder der Situation (in diesem Alter begrenzt durch die noch unausgereiften sprachlichen Fähigkeiten), die Gefühlserfahrung in Kombination mit der Einschätzung der Wahrnehmung und die mit diesem Reiz verbundene Verhaltens- oder physiologische Reaktion gehören. Sehen Sie es mir nach, wenn diese Erklärung zu abgehoben klingen mag. Ich fordere Sie nicht auf, jede emotionale Reaktion Ihres Kindes bis ins Kleinste zu analysieren. Sie sollen sich nur vor Augen halten, dass Gefühle von Kleinkindern komplexe und dynamische Interaktionen mit der Welt, mit ihrem Selbst und mit ihren Bezugspersonen darstellen.

Emotionale Herausforderungen

Wie wir gesehen haben, besteht die wichtigste Aufgabe von Kindern zwischen dem dritten und dem sechsten Lebensjahr darin, die Intensität des Konflikts zwischen dem Bedürfnis nach elterlicher Fürsorge (Schritt zurück) und nach Ablösung (Schritt nach vorne) zu steuern, damit sie sich zu gesunden, anpassungsfähigen und eigenständigen Persönlichkeiten entwickeln können. Der Ablösungsprozess kann alle nur erdenklichen Formen und Dimensionen annehmen und verbirgt sich oft hinter scheinbar unverfänglichen Situationen. Vielleicht kennen Sie das: Sie stehen auf, um kurz nach nebenan ins Bad zu gehen, während Ihr Kind im gleichen Raum zufrieden alleine spielt. Kaum sind Sie seinem Blick entschwunden, brüllt es schon wie am Spieß! Sie haben es alleine gelassen. »Verlassen« aus seiner Sicht. Ein ewiger Kampf, den es ausficht – Ihr Kind möchte etwas alleine machen, hat aber Angst, alleine gelassen zu werden.

Der Kleinkind-Code

Dieser ständige Balanceakt zwischen dem Bedürfnis nach Eigenständigkeit (»Kann ich selber!«, manchmal mit dem Zusatz: »Geh weg!«) und dem Bedürfnis nach Bestätigung Ihrer verlässlichen Präsenz (»Ich möchte nur wissen, dass du da bist!«) ist ein natürlicher Bestandteil des fortlaufenden emotionalen Entwicklungsprozesses. Sobald Kleinkinder in der Lage sind, ihre Gefühle zu verstehen und zu kommunizieren, versuchen sie diese zu steuern. Jede einzelne Gefühlsregung ist neu für sie. Sie bemühen sich, ihnen Ausdruck zu verleihen und unsere Aufmerksamkeit zu wecken, damit wir ihnen helfen, ihren Bedürfnissen gerecht zu werden. Auf diese Weise lernen sie, Gefühle in einer Weise zu registrieren oder zu verarbeiten, die sie nicht überfordert oder vollends ablenkt. Währenddessen sind die Eltern bestrebt, das Verhalten zu steuern, es in gesellschaftlich akzeptable Bahnen zu lenken. Eine ganze Menge, was Kinder in diesem Alter bewältigen müssen!

Negative Gefühle können störend und problematisch sein, weil Ihr Kind gerade erst beginnt, sie zu verstehen, aber noch nicht vollends in der Lage ist, damit umzugehen. Mit diesem Wissen im Hinterkopf sind Sie besser gerüstet, Ihr Kind bei der Bewältigung intensiver emotionaler Reaktionen zu unterstützen. Und in diesem Alter sind Emotionen besonders intensiv!

Wut

Kinder werden wütend. Genauer gesagt, Kleinkinder neigen zu Wutausbrüchen. Sie entladen sich oft wie der Blitz aus heiterem Himmel. Viele Eltern stellen erschrocken fest, dass sich der heiß geliebte kleine Sonnenschein vor ihren Augen in ein tobsüchtiges kleines Monster verwandelt. Wie kann das sein, wo sein Leben doch völlig unbeschwert ist und Sie ihm jeden Wunsch von den Augen ablesen? Vielleicht überrascht es Sie zu erfahren, dass Wut eine wichtige Gefühlserfahrung ist, die Sie zulassen sollten. Es ist nicht Ihre Aufgabe, jedem Wunsch stattzugeben. Wutanfälle, Gebrüll, Quengeln, Aggressivität, Werfen mit Gegenständen,

Schlagen oder Beißen, all das sind Beispiele für Verhaltensweisen, die von Wutimpulsen gesteuert und mit dem Versuch verbunden sind, sich von den Eltern abzunabeln und das eigene Territorium abzustecken.

Oft werde ich gefragt: »Halten Sie diese Wutanfälle für normal oder denken Sie, dass mit meinem Kind etwas nicht stimmt? Meine Tochter wird feuerrot im Gesicht, ringt nach Luft und rastet aus, verliert völlig die Kontrolle. Das kann doch nicht normal sein, oder?« Doch, das kann durchaus normal sein. Wenn Ihr Kind beginnt, die Welt zu erforschen und zu entdecken, was es bedeutet, eine eigenständige Persönlichkeit zu sein, entwickelt es seine eigenen Vorstellungen und Bedürfnisse (die nicht immer mit den Vorstellungen und Bedürfnissen der Eltern übereinstimmen). Es hat seinen eigenen Willen, wird »eigenwillig«. Die Wut setzt zeitgleich mit der Erkenntnis ein, dass es nicht alles tun kann, was es gerne tun würde, dass nicht jeder Wunsch in Erfüllung geht, den es in eben diesem Augenblick hat. Oder dass es durch die eigenen noch unausgereiften Fähigkeiten und die Grenzen, die Erwachsene aus Sicherheitserwägungen oder anderen Gründen setzen, in seinem Handlungsspielraum eingeschränkt wird. Wut ist seine Art, gegen eine Situation zu protestieren, die es als persönliche Ungerechtigkeit empfindet: »Ich habe einen Wunsch und ihr zwingt mich, darauf zu verzichten!« Oder: »Ich weiß, was ich jetzt gerne tun würde, aber ich schaffe es nicht alleine.« Oder: »Meine Gefühle spielen verrückt und ich weiß nicht, wie ich sie bändigen soll.« Solche Überlegungen können ziemlich frustrierend sein.

Der dreijährige Leon ist endlich groß genug, um sich alleine am Trinkwasserspender auf dem Spielplatz zu bedienen, wenn er auf die Umrandung klettert. Er hangelt sich hoch, drückt auf den Knopf und trinkt, berührt mit der Zunge die Ausgussstülle. Die Mutter erinnert ihn sanft: »Denk an die Regel: Nicht an der Ausgussstülle lecken. Behalt deine Keime für dich.« Er folgt – doch beim nächsten Mal passiert das Gleiche. Sie nimmt ihn beiseite und ermahnt ihn ein zweites Mal, sich an die Regel zu halten, die von ihrem Standpunkt aus völlig vernünftig erscheint. Aus seiner Sicht verwehrt sie ihm jedoch die Freude daran, dass er es endlich geschafft hat, etwas alleine zu bewältigen. Die Reaktion? Heulen, schmollen und lautstark protestieren, als seine Mutter ihn nicht mehr trinken lässt.

Die vierjährige Zora stellt nach der Rückkehr aus dem Kindergarten fest, dass ihr kleiner Bruder mit ihrer Eisenbahn spielt, die sie seit Monaten nicht mehr angerührt hat. Noch bevor sie Hallo sagt, brüllt sie ihn an: »Du musst mich zuerst fragen! Mama, wieso darf er immer mit meinen Sachen spielen? Die gehören mir!« Wutentbrannt rennt sie in ihr Zimmer und knallt die Tür zu. Nach einem langen Tag im Kindergarten getrennt von der Mutter, ist sie eifersüchtig und zornig, weil der kleine Bruder die ganze Zeit bei der Mutter sein durfte.

Die Mutter der zweijährigen Luisa war übers Wochenende weg, eine Cousine hatte sie zur Hochzeit eingeladen. Sie kehrt mit einem Geschenk für ihre Tochter zurück, von dem sie weiß, dass es ihr gefallen wird. Luisa läuft ihrer Mutter mit ausgebreiteten Armen entgegen, freut sich unbändig, sie wiederzusehen. Doch gleich darauf schlägt die Stimmung um, sie quengelt und schlägt nach der Mutter. Sie hat sich aufrichtig gefreut, dass die Mutter wieder da ist, aber nun macht sich die Wut darüber bemerkbar, dass sie weggegangen ist. Die Mutter versucht vergebens, sie zu beruhigen, nicht einmal das Geschenk trägt dazu bei. Am Ende wirft sich Luisa auf den Boden und tobt.

Viele Eltern sind der Meinung, es sei ihre Aufgabe, ihr Kind glücklich zu machen. Solange sie ihnen jeden Wunsch erfüllen, ist die Welt in Ordnung. Aber macht das wirklich glücklich? Kinder wissen, was sie glücklich macht. Ein Lutscher? Macht glücklich. In einer Pfütze spielen dürfen? Macht glücklich. Fangen spielen, wieder und wieder? Macht glücklich. Kinder brauchen uns nicht, um glücklich zu sein. Auch wenn Sie den Wunsch haben, Ihr Kind immer glücklich zu machen, wäre das ein unmögliches Unterfangen (und auch nicht gut für Ihr Kind, wie wir später noch sehen werden). Außerdem würden Sie damit das genaue Gegenteil erreichen. Ihre wichtigste Aufgabe als Eltern besteht darin, Ihrem Kind zu helfen, negative Gefühle zu überwinden, Enttäuschungen zu verkraften und die Hürden des Lebens zu nehmen. Niemand kann dafür verantwortlich sein, einen anderen Menschen fortwährend glücklich zu machen. Wenn Sie Ihrem Kind nicht früh genug beibringen, mit Frustrationen, Wut und Rückschlägen umzugehen, wird ihm das später nicht wie von Zauberhand gelingen! Es sollte also jetzt mithilfe Ihrer liebevollen Zuwendung lernen, die eigenen und die ihm von anderen entgegengebrachten negativen Gefühle zu verarbeiten, um Anforderungen und Schwierigkeiten, Lernprozesse und zwischenmenschliche Beziehungen im Leben zu meistern.

Ihre Aufgabe als Eltern auf diese Weise zu definieren, mag anfangs ungewohnt sein. Doch aus der Perspektive Ihres Kindes wird klar: Ihr Kind hat ein Recht auf seine Gefühle, selbst wenn seine Reaktion Ihrer Auffassung nach keinen Sinn ergibt. Was bedeutet das? Sie sollten nicht versuchen, die schlechten oder negativen Gefühle zu unterdrücken. Versuchen Sie stattdessen, den Ursachen auf den Grund zu gehen. Glücklich zu sein kann ein Kleinkind problemlos akzeptieren. Doch es ist wesentlich schwieriger, auch die negativen Gefühle anzunehmen: »Bin ich böse, weil ich schlechte Gedanken und Gefühle habe? Haben Papa und Mama mich auch dann noch lieb, wenn ich wütend auf sie bin! Auch wenn ich mir wünsche, dass sie mich in Ruhe lassen?«

Sie haben als Eltern die Aufgabe, Ihrem Kind den Umgang mit negativen Gefühlen und das Wissen zu vermitteln, dass sie Teil seiner Persönlichkeit sind. Das ist eine Herausforderung für Kleinkinder, die sich gerade erst auf den Weg der Selbstwahrnehmung begeben haben und akzeptieren sollen, dass sie manchmal positiv und manchmal negativ denken, fühlen und handeln. Beide Seiten gehört zu unserer Identität, gleich, ob als Kind oder Erwachsener. Wenn Sie Ihrem Kind helfen, mit negativen Gefühlen umzugehen, fühlt es sich frei, sie zu empfinden, auszudrücken, sie als Teil des Lebens anzunehmen und wieder glücklich zu sein. Es mag einfach oder auch paradox klingen, aber erst der Umgang mit negativen Erfahrungen ermöglicht Ihrem Kind positive Erfahrungen. Wenn Sie die möglichen Gefühle Ihres Kindes und die Gründe dafür entschlüsseln und ansprechen, lernt es nach und nach, diese Gefühle in den Griff zu bekommen.

Ein Ehepaar kam wegen ihrer viereinhalbjährigen Tochter in meine Sprechstunde. Der Grund? Die Tochter »vergriff sich im Ton«, wenn sie mit den Eltern redete oder eine Bitte äußerte. Ein Problem, das häufiger vorkommt und den meisten Eltern missfällt. Das ist verständlich. Niemand hat gerne einen kleinen Diktator im Hause, der herumkommandiert. Außerdem kann ein solches Verhalten peinlich sein. Laut Aussage der beiden Eltern quengelte das Mädchen und bekam Wutausbrüche, wenn es nicht nach seinem Willen ging, oder stürmte erbost davon: »Ich hasse euch!« Abgesehen von solchen Anfällen war die Tochter brav und umgänglich, hielt sich im Kindergarten problemlos an die Regeln und war bei den anderen Kindern beliebt. Ich erkundigte mich bei den Eltern, wie sie auf den Befehlston und das Quengeln reagierten. Sie hatten das Mädchen wiederholt darauf hingewiesen, dass ein solches Verhalten »unannehmbar und nicht nett« sei. Sie hatten es mit Auszeiten versucht (ohne Erfolg) und festgestellt, dass das Verhalten dadurch nur noch schlimmer wurde. Sie hatten keine Ahnung, woher sie das hatte. Von ihnen jedenfalls nicht, sie gingen respektvoll miteinander um! Ich erkundigte mich, ob sie diesen rüden Ton anschlug, wenn sie wütend war. Die Eltern dachten einen Moment nach und bejahten. Sie stellten fest, dass er am häufigsten auftrat, wenn sie Grenzen setzten, wie: »Jetzt gibt es weder Fernsehen noch iPad«. Vielleicht sei das ihre Art, Wut zu äußern, erklärte ich, und wenn die Eltern darauf mit Strafen (Auszeiten) oder Kritik (»Das ist nicht nett von dir«) reagierten, würde die Wut noch intensiver, weil sich die Tochter unverstanden fühle.

Die Eltern waren ratlos. Ich schlug vor, anders zu reagieren. Statt sich auf den Tonfall und das Quengeln zu konzentrieren, sollten sie die Wut zur Kenntnis nehmen, die in solchen Augenblicken entstand: »Ich verstehe, dass du wütend bist, dass dir unsere Entscheidung nicht gefällt. Aber was du möchtest, geht jetzt nicht.« Dieser Ansatz schafft eine Verbindung zur Gefühlserfahrung des Kindes, ohne die Grenze aufzuheben. Innerhalb weniger Tage verlief das Familienleben reibungsloser und harmonischer für alle Beteiligten. Das Quengeln und der aggressive Tonfall ließen nach, und Kind (und Eltern!) konnten schneller einen Schlussstrich ziehen, wenn es zu Auseinandersetzungen kam. Ich bin sicher, dass sich dieses viereinhalbjährige Mädchen jetzt besser verstanden fühlte.

Wutausbrüche

Wutausbrüche sind Verhaltensweisen, mit denen man dem eigenen Unmut Luft macht. Sie kommen häufig vor, vor allem in diesem Alter, wenn Kinder an ihre eigenen oder von außen gesetzten Grenzen stoßen und lernen müssen, die damit verbundenen Gefühle zu verstehen, ganz zu schweigen davon, sie zu steuern. Wie sollen sie in einem solchen Augenblick der Anspannung auch sonst reagieren? Sie sind noch nicht imstande, ihre Gefühle ruhig und gelassen zu schildern: »Liebe Mami, sei doch so nett und gib mir noch einen Schokoriegel, dann bin ich auch den ganzen Tag brav, versprochen.« Kinder haben weder sich selbst noch ihre Gefühle unter Kontrolle, insbesondere, wenn sie wütend sind: Sie können nicht weggehen, jemandem die kalte Schulter zeigen, auf Plan B zurückgreifen oder Alternativen erwägen, weil sich Sprachfähigkeit und bestimmte Hirnareale, die für das vorausschauende und flexible Denken und Handeln zuständig sind, noch in der Entwicklung befinden. Manchmal ist ein Wutausbruch die einzige Option.

Wutanfälle weisen darauf hin, dass Kinder von einer Situation oder einer Gefühlsregung in ihrem Innern – Frustration oder

Der Kleinkind-Code

Wut – völlig überfordert sind und ihnen die Worte fehlen, um ihre Bedürfnisse zum Ausdruck zu bringen. Sie stellen einen Gefühlssturm dar, bei dem zwei Prozesse eine explosive Gemengelage bilden: die Entwicklung des Gehirns und die Ablösung und Ausprägung der eigenen Persönlichkeit. In dieser unübersichtlichen Situation fühlt sich das Kind hin und her gerissen, versucht sich abzulösen und gleichzeitig sicheren Halt zu finden (die Eltern), da es vom Gehirn mit einer Fülle unbekannter Emotionen konfrontiert wird, bevor die Strukturen oder Fähigkeiten vorhanden sind, mit ihnen umzugehen. Die Regulierung der Gefühle ist noch nicht voll ausgereift, sowohl auf der Ebene des Gehirns als auch der Kompetenz.

Nein, Ihr Kind hat es nicht darauf abgesehen, Ihnen den letzten Nerv zu rauben, auch wenn es sich so anfühlen mag, wie ich aus eigener Erfahrung bestätigen kann. In diesem Alter arbeiten Kinder noch an ihrer verbalen Kommunikationsfähigkeit, versuchen, die zahlreichen Gefühle zu benennen und zu verstehen, lernen, diese unterschiedlichen und intensiven Emotionen in den Griff zu bekommen und Strategien zu entwickeln, um sie zu überwinden. Ihre Strategien, wie Ablenkungsmanöver oder Suche nach Alternativen, sind nicht immer wirksam, werden es aber im Laufe der Zeit. Bestimmte Situationen wachsen ihnen einfach über den Kopf. Und was folgt dann? Wutausbrüche verschiedener Art und Größenordnung.

Jakob war gerade drei geworden, zur großen Erleichterung seiner Eltern. Er konnte sich besser mitteilen, liebte seine Eisenbahn und beschäftigte sich stundenlang alleine. Er neigte seltener zu Wutausbrüchen und das Familienleben wurde harmonischer. Eines Tages holte ihn sein Vater vom Kindergarten ab. Jakob rannte strahlend und mit ausgebreiteten Armen auf ihn zu, freute sich unbändig, ihn zu sehen. Sie verließen den Kindergarten und er kletterte in seinen Buggy – ganz alleine! Sein Stolz war nicht zu übersehen. Er saß still da, müde vom Spielen und Toben, während sich sein Vater von der Gruppenleiterin und einer Mutter verabschiedete, die er kannte. Jakob wurde ungeduldig, verlangte zuerst Wasser, dann Brezeln und zum Schluss Süßigkeiten. Sein Vater erklärte ihm kurz angebunden, er müsse noch einen Moment warten. Bevor er sich versah, warf Jakob mit der Schnabeltasse nach ihm. Der Vater wurde ungehalten: »Nein, Jakob!« Jakob verstand die Welt nicht mehr: Er war von seinem Vater getrennt gewesen und hatte sich gefreut, endlich wieder mit ihm beisammen zu sein. Er war müde und bereit zum Aufbruch, seine Geduld war erschöpft. Sein Vater hatte verlangt, dass er sich noch zwei Minuten gedulden solle, doch das war mehr, als er ertragen konnte. Und dann hatte er ihn auch noch angeschrien. Jakob brach in Tränen aus. Die Situation eskalierte, Jakob schlug wild um sich, brüllte wie am Spieß und schlug den Kopf immer wieder gegen die Sitzlehne des Buggys. Er war untröstlich. Man kann sich vorstellen, wie peinlich dem Vater die Szene war, die sich vor den Kindergärtnerinnen und den anderen Eltern abspielte. Aber man kann auch Jakobs Frustration und das Bedürfnis verstehen, endlich aufzubrechen.

Die wichtigste Botschaft in solchen Situationen lautet: Ruhe bewahren! Auch das geht vorüber. Kinder explodieren nicht ewig vor Wut (wenngleich oft länger, als den Eltern lieb ist), wie ich aus dem Umgang mit Kleinkindern in unserem Kinderzentrum und meinen eigenen Sprösslingen weiß. Der Wutanfall lässt nicht nach, wenn die Erwachsenen ebenfalls die Fassung verlieren. Wenn er erfolgt, versucht Ihr Kind Sie darauf aufmerksam zu machen, dass es sich überfordert und überdreht fühlt. Es kann in diesem Zustand weder zuhören noch rational reagieren. Verzichten Sie also darauf, zu betteln oder zu verhandeln, dazu ist es zu erregt. Wenn es zum Wutausbruch kommt, sollten Sie den Dingen ihren Lauf lassen, ohne zu lachen oder Ihrem Kind Schamgefühle einzuimpfen. Die Intensität der Wut ist auch für das Kind erschreckend. Es hat buchstäblich jegliche Selbstkontrolle verloren, das Gehirn ist überfordert, und das Kind verlässt sich darauf, dass Sie für seine Sicherheit sorgen. Bei manchen Kindern reicht es aus, in der Nähe zu bleiben und zu warten. Andere haben den Wunsch oder das Bedürfnis, in die Arme genommen zu werden (während wieder andere wild um sich schlagen, also schützen Sie sich selbst). Wutausbrüche finden oft zu einem Zeitpunkt statt, an dem Sie sich selbst ein wenig aus der Balance fühlen. Am besten nutzen Sie Ihre voll entwickelten mentalen Fähigkeiten (die bei einem Kleinkind noch fehlen), um ruhig und gelassen zu reagieren, sich nicht auf einen Streit einzulassen und sich daran zu erinnern, dass solche Anfälle vorübergehen. Überlassen Sie Ihr Kind aber nicht sich selbst – indem Sie weggehen oder ihm damit drohen (selbst wenn Sie bereit dazu wären!). Während eines Wutausbruchs wäre die Vorstellung, verlassen zu werden, der blanke Horror (so fühlt es sich an, falls Sie den Raum verlassen). Ihr Kind hat Angst, weil es meint, es besäße die Macht, Sie zu vertreiben. Sie kennen das Szenario vermutlich: Ihr Kind schreit »Ich hasse dich!« oder »Geh weg«, und Sie tun genau das. Postwendend läuft es Ihnen nach, jetzt völlig aufgelöst. So wütend Ihr Kind auch sein mag, es braucht Sie bei seinem Kampf zwischen dem Bedürfnis nach Ablösung und dem gleichzeitigen Wunsch nach Nähe, nach der Bestätigung, dass es nicht alleine ist, sondern auf Sie zählen kann. Das Leben kann so schwer sein, wenn man erst zwei, drei, vier oder fünf Jahre alt ist!

Der Umgang mit der eigenen Wut und Frustration

Manchmal lassen sich Eltern in solchem Ausmaß in die Auseinandersetzungen verwickeln, dass die Gefühle ebenso hochkochen wie bei ihrem Kind. Sie sind nahe daran, selbst zu explodieren. Das ist verständlich, vor allem, wenn ein Kind ohnehin anstrengend ist oder ein ansonsten sanfter Dreijähriger aus heiterem Himmel einen Tobsuchtsanfall bekommt. Das Problem ist: Kinder sind in diesem Alter darauf angewiesen, dass wir gelassen und rational denken und handeln, wie es sich für Erwachsene gebührt. Möchten Sie, dass Ihr Kind zu einem Menschen heranwächst, der sich unter Kontrolle hat? Dann gehen Sie mit gutem Beispiel voran! Und wie? Halten Sie nach Mitteln und Wegen Ausschau, Ihre Fassung wiederzugewinnen. Ich hatte mir damals angewöhnt, tief durchzuatmen, einen Schritt zurückzutreten (ohne den Raum zu verlassen) und mir vor Augen zu halten: Er ist noch ein kleiner Junge – er ist noch ein kleiner Junge. Dieses »Mantra« habe ich in meinem Innern so lange wiederholt, bis ich mich beruhigt hatte und sehen konnte, dass mein Sohn in diesem Moment auch zu kämpfen hatte. Wir vergessen leicht, wie klein unsere Kinder in diesem Alter noch sind und wie sehr sie unserer Nähe und Ruhe bedürfen.

Vielleicht sehen Sie manchmal sogar, wie Ihr Kind langsam in Wut gerät, bis der Punkt erreicht ist, an dem es kein Zurück mehr gibt und der Ärger sich entlädt. In diesem Fall lohnt es sich, eine andere Strategie zu erproben, bevor es dazu kommt. Fördern Sie die Fähigkeit Ihres Kindes, seine Gefühle zu benennen, ein wichtiger Schritt auf dem Weg, sie zu steuern: »Ich sehe, du bist wütend, weil … (dein Bruder dir das Spielzeug weggenommen hat, du jetzt keine Kekse essen darfst usw.)« Oder: »Ich weiß, du hast dir gewünscht, dass Sammy zu uns kommt, um mit dir zu spielen, und jetzt bist du enttäuscht!« Passen Sie Ihre Worte entsprechend an, um auf die Gefühle einzugehen, die Ihr Kind in diesem Moment verspürt. Damit übermitteln Sie ihm die Botschaft, dass Sie diese wahrnehmen und verstehen. So »tun als ob« bringt nichts, genauso wenig, wie wenn Freunde oder Partner mit ihrer Empathie nur ein Lippenbekenntnis ablegen. Durch das Wahrnehmen und Benennen der Gefühle fühlt sich Ihr Kind verstanden und lernt gleichzeitig, seinen emotionalen Zustand zu verstehen. Denken Sie an das Gefühlsbarometer. Aufrichtige Empathie bewirkt, dass der Druck beim Kind nachlässt.

Eine Mutter erzählte mir, was sie mit ihrem fünfjährigen Sohn erlebt hatte. Bei einem Familientreffen, das sich über ein ganzes

Wochenende hinzog, hatte sich seine jüngere Schwester nur noch für zwei ältere Cousinen interessiert. Sie verbrachte die meiste Zeit mit ihnen und ignorierte ihren Bruder. Er beklagte sich mehrmals bei seiner Mutter, dass die Mädchen gemein wären und dass er sie nicht leiden könne. An diesem Tag konnte man ihm offenbar nichts recht machen. Als er beim Abendessen nicht auf dem Platz sitzen durfte, den er sich ausgesucht hatte, war das Maß voll: Er bekam einen Wutanfall (was für ihn sehr ungewöhnlich war). Die Mutter war fassungslos, dass sich ein Fünfjähriger dermaßen aufführen konnte, und überlegte, ob ihn die Cousinen tatsächlich ungerecht behandelt hatten – bis sie merkte, was sich hinter seinem Verhalten verbarg. Nach dem Essen machte sie mit ihm einen Strandspaziergang. »Ich wette, du warst wütend, weil deine Schwester so viel Zeit mit ihren großen Cousinen verbracht hat. Sie wollte nicht mit dir spielen, so wie sonst, wenn wir zu Hause sind. Das kann ich gut verstehen, an deiner Stelle wäre ich auch wütend geworden.« Er nickte, und prompt besserte sich seine Stimmung. Die Mutter hatte eine Eifersucht wahrgenommen und angesprochen. Auch mit fünf, wenn Wutausbrüche seltener werden, braucht Ihr Kind noch Hilfe, um seine negativen Gefühle zu verstehen.

In diesem Alter wissen Kinder noch nicht, was sie in Augenblicken des inneren Aufruhrs wirklich empfinden. Wenn Sie diese Gefühle wahrnehmen und benennen – »Das hat dich traurig gemacht« oder »Du warst wütend, als er ›Nein!‹ geschrien hat!« –, lernt Ihr Kind, sie im Laufe der Zeit besser zu erkennen. Geben Sie ihm jedoch niemals das Gefühl, dass es sich wegen eines Wutausbruchs schämen sollte. Es kann frustrierend sein, wenn sich Ihr Kind auf den Boden wirft und einen Tobsuchtsanfall bekommt, nur weil Sie vergessen haben, sein Lieblingsmüsli nachzukaufen. Oder wenn es dabei auch noch wutentbrannt den Löffel durch die Gegend feuert, eine Reaktion, die in Ihren Augen noch unverständlicher (und ärgerlicher) ist. Doch aus der Sicht des Kindes kann sie sinnvoll sein. Es ist davon ausgegangen, dass es sein

Lieblingsmüsli bekommt. Und plötzlich ist kein Müsli mehr da! Ein dreijähriges Kind ist mit einer solchen Situation überfordert. Was folgt, ist ein Tränen- und Wutausbruch. Negative Gefühle sind menschlich, auch wenn dem Verhalten, das damit verbunden ist, Grenzen gesetzt werden sollten: »Ich weiß, dass du dich auf das Müsli gefreut hast. Ich verstehe auch, dass du wütend bist, aber es geht nicht, dass du deswegen den Löffel durch die Gegend wirfst! Mit den Füßen aufstampfen und sagen ›Ich bin sauer!‹, ist in Ordnung.« Damit gehen Sie auf die Gefühle Ihres Kindes ein und helfen ihm gleichzeitig, sein Verhalten in Bahnen zu lenken, die gesellschaftlich akzeptierter und weniger destruktiv sind.

Eltern haben manchmal das Gefühl, in einer Sackgasse zu stecken. Stellen Sie sich vor, Ihr Kind bekommt einen Wutanfall, in aller Öffentlichkeit. Sie wappnen sich innerlich für die Aufmerksamkeit, die Sie erregen. Die missbilligenden Blicke. Die abfälligen Kommentare. Was nun? Ich erinnere mich an einen Vorfall auf einer Promenade in Kalifornien, als mein damals zweijähriger Sohn einen riesigen Tobsuchtsanfall bekam, für jedermann sichtbar. Er warf sich auf den Boden, alle viere von sich gestreckt, trat um sich und kreischte, ließ sich weder trösten noch zum Aufstehen bewegen. Ich konnte ihn nur gewähren lassen; ich hatte schon im Vorfeld alles versucht, um den Ausbruch zu verhindern, jedoch vergebens. Plötzlich näherte sich ein Mann und ich machte mich auf eine peinliche Begegnung oder Kritik an meinem ungezogenen Kind (oder meinen Fähigkeiten als Mutter) gefasst. Doch der Mann lächelte und meinte: »Das geht vorüber. Meine waren früher genauso und jetzt sind sie erwachsen. Genießen Sie die Zeit, Kinder werden viel zu schnell groß.« Ich war unendlich erleichtert. Und ich möchte auch Sie noch einmal daran erinnern: Die Zeit der Wutausbrüche geht vorüber. Ihr Kind ist noch klein und versucht sich einen Reim auf die Welt zu machen. Manchmal ist das ein Unterfangen, das es überfordert.

Wenn der Wutausbruch außer Haus erfolgt, sollten Sie versuchen, Ihr Kind an einen weniger geschäftigen Ort zu bringen,

Der Kleinkind-Code

damit es sich beruhigen, die Fassung wiedergewinnen und sich sicher fühlen kann. Das ist keine Strafmaßnahme, sondern soll ihm helfen, schwierige Gefühle und das damit verbundene Verhalten in den Griff zu bekommen. So unwahrscheinlich es auch klingen mag, aber Kinder mögen es nicht, wenn sie die Kontrolle über sich selbst verlieren. Der Zustand macht ihnen Angst. Sobald ein wenig Ruhe eingekehrt ist, folgt Ihre wichtigste Aufgabe: Es gilt, den Schaden zu beheben. Versöhnen Sie sich – beispielsweise mit einer Umarmung oder einem liebevollen Miteinander – und machen Sie Ihrem Kind klar: »Du warst wütend. Trotzdem bin ich für dich da und hab dich lieb. Auch wenn du schreist und außer dir bist.« Ein Tobsuchtsanfall zehrt an den Nerven, vor allem in der Öffentlichkeit. Und kann ziemlich peinlich sein. Doch unter dem Strich sollten Sie Ihrem Kind versichern, dass Sie zu ihm stehen. Ungeachtet der Gefühle, die zum Ausbruch kommen.

● ●

Kindorientierte Perspektive
Umgang mit Wut

Wenn wir unsere eigene Wut oder unsere negativen Gefühle nicht akzeptieren können, ist es wesentlich schwerer hinzunehmen, dass unsere Kinder ähnliche Gedanken und Gefühle haben. Wurde von Ihnen erwartet, dass Sie immer brav sind, als Sie selbst Kind waren? Hat man Ihnen eingeschärft, dass es keinen Grund gibt, wütend zu werden? Haben Sie sich Ihrer Gefühle geschämt? Solche Erfahrungen haben wir alle gemacht, und sie wirken sich auf unseren eigenen Erziehungsstil aus. Die intensivsten Gefühle Ihres Kindes zielen auf Sie ab (nicht auf gelegentliche Betreuer oder die ErzieherInnen im Kindergarten). Warum? Weil Kinder nur im Beisein der Erwachsenen, denen sie am meisten vertrauen – also Mama oder Papa – so sein können, wie sie wirklich sind. Machen Sie sich daher keinen Stress und versuchen Sie zu verstehen, dass negative und starke Gefühle menschlich sind. Sie kommen nicht nur bei Kindern, sondern auch bei Erwachsenen vor. Wenn Ihr Kind sagt: »Ich hasse dich!«, sollten Sie sich diesen Ausspruch nicht zu Herzen nehmen, sondern sich klarmachen, dass Gefühle vorübergehen und in Wirklichkeit damit gemeint ist: »Ich platze gleich vor Wut.«

• •

Negative Gefühle können täglich und ein ganzes Leben lang auftauchen oder sich in einem Wutausbruch entladen. Emotionale Erfahrungen, positive und negative, in milder und extremer Form, sind Teil unseres Menschseins. Für Kleinkinder sind es völlig neue Erfahrungen, mit denen sie noch nicht umgehen können. Sie entstehen aus dem Wunsch nach Ablösung und Absicherung, dem Drang, die Welt zu erforschen und Vertrautes festzuhalten, und das alles zugleich. Wenn sie sich durch Grenzen und Regeln eingeschränkt fühlen – errichtet zur Unterstützung einer gesunden Entwicklung und zu ihrem eigenen Schutz, solange ihre eigenen Fähigkeiten noch begrenzt sind –, tritt ein Zustand emotionaler Erregung ein. Das kindliche Gehirn entwickelt sich schnell, aber nicht schnell genug, um die Strukturen aufzubauen, die im Umgang damit erforderlich wären. Gefühlsausbrüche sind daher eine Reaktion auf Frustration, Wut und Enttäuschung. Sie sind die natürlichen Ausreißer auf dem Weg zur Entwicklung der Selbstregulations-Fähigkeit, die im späteren Leben unerlässlich ist. Diese Fähigkeit wird jedes Mal gefördert, wenn Ihr Kind sich Ihrer Unterstützung sicher sein kann, trotz des Wutausbruchs.

Ihre Aufgabe als Eltern besteht darin, Ihrem Kind zur Seite zu stehen und ihm aktiv zu helfen, mit negativen Gefühlen umzugehen, damit es sie am Ende selbst steuern kann. Jedes Mal, wenn Sie Möglichkeiten aufzeigen, um sie in den Griff zu bekommen (beispielsweise durch ritualisierte Abläufe), kommt es diesem Ziel ein Stück näher. Doch das braucht Zeit – viel Zeit! Das Wissen, wie man mit negativen Gefühlen umgeht, ebnet gleichwohl den

Der Kleinkind-Code

Weg zum Glück, stärkt das Durchhaltevermögen und fördert die Fähigkeit, sich den Herausforderungen des Lebens zu stellen. Ihre Unterstützung ist vor allem dann wichtig, wenn Kleinkinder Übergänge bewältigen müssen, alltägliche kleine und große einmalige. Damit eröffnen Sie Ihrem Kind Möglichkeiten, diese Hürden ein Leben lang zu meistern.

7
Der Übergangscode: Die Bedeutung des Wandels

Die Bewältigung von Veränderungen

Die dreijährige Annabelle bereitet eine köstliche Mahlzeit zu: Die Teller stehen bereits in einer Reihe auf dem Fußboden, die Becher daneben, zum Essen gibt es Pfannkuchen, kleine Kuchen und Hotdogs aus roter Knete. Sie hat alle Hände voll zu tun.

»Wir müssen los, in den Kindergarten!«, lässt sich ihre Mutter vernehmen.

Annabelle macht weiter, als hätte sie ihre Mutter, die sich gleich nebenan befindet, nicht gehört.

»Annabelle!«, ruft die Mutter abermals. Annabelle spielt ungerührt weiter.

Ihre Mutter betritt das Kinderzimmer, nun weniger gut gelaunt. »Komm jetzt, Annabelle, ich sagte, wir müssen los. Zieh deine Schuhe an!«

Annabelle ist empört. »Nein!«, schreit sie, mit Tränen in den Augen. »Ich spiele gerade. Das Mittagessen ist fertig.«

»Aber du gehst doch gerne in den Kindergarten. Dort triffst du deine Freunde wieder«, versichert ihr die Mutter.

Annabelle rührt sich nicht vom Fleck, das Schluchzen wird lauter. Ihre Mutter seufzt und denkt: »Immer das gleiche Theater, bevor der Kindergarten beginnt!«

Übergänge, kleine und große, täglich wiederkehrende, jahreszeitlich bedingte oder einmalige, sind Teil des Lebens. Sie können banal sein, wenn ein Kind beispielsweise die Badewanne verlassen und den Schlafanzug anziehen soll, oder dramatischer, wenn es die vertraute häusliche Umgebung verlässt, um zum ersten Mal in den Kindergarten zu gehen (bisweilen sogar noch beim 30. Mal). Übergänge können physischer Natur sein, beispielsweise ein Ortswechsel. Übergänge können emotional befrachtet sein – man muss sich von Vertrautem und Gewohntem verabschieden und sich auf etwas Neues oder Andersartiges einstellen, mit all den Sorgen, Unsicherheiten und Befürchtungen, die damit einhergehen. Übergänge können die Fantasie anregen – man verlässt, was man kennt, und bricht zu unbekannten Ufern auf. Übergänge können mit alltäglichen Aktivitäten verbunden sein – das Mittagessen ist beendet, nun folgt der Mittagsschlaf. Übergänge können Entwicklungsschritte beinhalten – den Umzug vom Kinderbett in ein großes Bett. Übergänge können gewaltige Umbrüche im Leben nach sich ziehen – plötzlich ist man nicht mehr das Nesthäkchen, sondern die große Schwester. Übergänge können Begegnungen mit Welten oder Menschen beinhalten, die neu sind oder als fremdartig empfunden werden. Und bei Kleinkindern ruft alles, was neu oder fremd anmutet, Ängste hervor, auch wenn es gleichzeitig spannend sein mag. Sie verlieren ihre Komfortzone, den sicheren Halt im Hier und Jetzt, in einer Welt, die ihnen vertraut ist.

Ungeachtet ihrer Dimension oder Häufigkeit bedeuten Übergänge, dass etwas nicht so bleibt, wie es war. Sie umfassen den Schritt vom Vertrauten und Bekannten (welcher Art die derzeitige Aktivität auch sein mag) zum Neuen oder Unbekannten (selbst wenn ich etwas nicht zum ersten Mal mache, ist es ein Neuanfang). Mit jedem Übergang beendet man ein Kapitel, ob man will oder nicht, und schlägt ein neues auf, auf das sich die Aufmerksamkeit richtet. Der Raum zwischen Ende und Neuanfang stellt eine Kluft dar, eine Schwelle, die es zu überschreiten gilt. Diese Kluft ist der Übergang – mit einem Bein ist man noch im vertrauten Terrain verhaftet, das Halt gewährt, während das andere auf dem neuen Terrain Fuß zu fassen versucht. Ein instabiler Zustand, nicht wahr? So fühlt es sich zumindest an. In Zeiten des Wandels gerät das Fundament ins Wanken und wird unsicher. Und genau das ist das Problem, dem sich Kleinkinder gegenübersehen. Niemand liebt Veränderungen. Für Kleinkinder sind sie gleichwohl besonders schwierig – sie leben in einer Welt, in der sich alles um Wiederholungen dreht –, und bei Veränderungen gerät diese Welt aus den Fugen. Übergänge beinhalten immer einen Abschied, die Notwendigkeit, etwas zurückzulassen – egal, ob den Schlafanzug, wenn man sich anziehen muss, oder das Lieblingsspiel, wenn es Zeit zum Mittagessen ist. Und Übergänge bedeuten eine Umstellung auf das, was am anderen Ufer wartet, beispielsweise die Kleider, die man an diesem Tag anziehen soll, oder am Tisch sitzen statt spielen. Übergänge bringen Veränderungen mit sich, erfordern Anpassungen. Und Anpassungen erfordern einen adäquaten Umgang mit Gefühlen.

Der Schlüssel zum Verständnis, wie wir Kindern bei der Bewältigung von Veränderungen helfen können, liegt auch hier wieder darin, die Welt aus ihrer Perspektive zu betrachten: Sie leben in der Gegenwart, sind an das Hier und Jetzt gebunden. Sie können, genau wie wir, dem Wandel wenig abgewinnen, der eine Neuausrichtung verlangt. Just in dem Moment, in dem sie sich auf dem Weg in die Selbstständigkeit befinden, werden sie durch Veränderungen zu einem Kurswechsel gezwungen, der gewöhnlich nicht auf ihrer eigenen Entscheidung beruht. Erschwerend kommt hinzu, dass sie nicht einmal ihrer selbst sicher sind. Sie brauchen uns, weil sie noch nicht ausreichend gerüstet sind, den Halt loszulassen, den wir ihnen geben. Übergänge fühlen sich für Kleinkinder wie ein Spagat auf dem Drahtseil an.

Worauf läuft das Ganze hinaus? Übergänge sind für Kinder in diesem Alter ein brisantes Thema. Ihnen fehlt nicht nur das Zeitgefühl, sondern auch das Gefühl für die lineare Abfolge von Ereignissen oder Aktivitäten. Sie sind außerstande zu planen, was als Nächstes kommt. Leben im Hier und Jetzt bedeutet, sie können nur an das denken, womit sie gerade beschäftigt sind, deshalb fällt es ihnen oft schwer, von einer Aktivität zur nächsten überzuwechseln.

Daher überrascht es wohl nicht, dass Übergänge für Kleinkinder eine Herausforderung darstellen – und für die Eltern, wenn es ihnen an Flexibilität mangelt! Ein Kind, das jeden Abend vor dem Schlafengehen dasselbe Buch vorgelesen haben möchte, jeden Morgen darauf besteht, den Saft aus einem Becher mit einer bestimmten Farbe zu trinken, oder seine Stofftiere nach dem Aufwachen immer am gleichen Platz positioniert, wird Veränderungen vermutlich nicht begrüßen. Übergänge lösen Gefühle aus: Frustration und Wut, Verwirrung, Besorgnis, Angst. Diese Gefühle setzen störende Verhaltensweisen in Gang (Wutausbrüche, hartnäckige Weigerung, zu kooperieren, sich hängen lassen, sich taub stellen).

Wie helfen wir unseren Kindern, die Turbulenzen zu meistern, die mit solchen Wendepunkten verbunden sind? Grundlegend geht es darum, die Aufmerksamkeit des Kindes in neue Bahnen zu lenken, etwas Bekanntes loszulassen und sich auf etwas Neues einzulassen.

Kehren wir zu Annabelle zurück. Fühlt sie sich wirklich wohl im Kindergarten? Und wenn ja, warum die Trotzreaktion, als ihre Mutter sie auffordert, sich zu beeilen, damit sie sich auf den Weg machen können? Sie mag den Kindergarten und ihre Freunde. Doch der Übergang von A nach B (vom Spielen im Elternhaus zum Spielen im Kindergarten) ist ein großer Schritt, der ihr viel abverlangt. Ohne den Tag nach der Uhrzeit einteilen zu können, muss sie abrupt vom Spiel- in den Kindergartenmodus umschalten. Das beinhaltet, sich vom Spielen zu verabschieden und die Aufmerksamkeit auf eine neue Aktivität zu richten, nämlich Aufbruch zum Kindergarten. Und damit unter anderem verbunden: Schuhe anziehen, Rucksack umschnallen. Das alles auch noch in einem emotionalen Augenblick, denn sie weiß, dass sie das häusliche Umfeld für den Rest des Tages verlassen muss. Das ist viel Stoff zum Nachdenken und Schwerarbeit für das Gehirn! Dabei sind Planung, Flexibilität, Kompetenz und Organisationstalent gefragt.

Erinnern Sie sich, was wir im zweiten Kapitel über die Entwicklung des Gehirns und die exekutiven Funktionen gesagt haben? Diese Selbstregulations-Fähigkeiten, die zur Bewältigung von Veränderungen beitragen, sind bei Kleinkindern noch nicht voll ausgereift. Dazu gehört auch die Fähigkeit, flexibel zu denken und zu handeln, die Aufmerksamkeit zu verlagern, vorausschauend zu planen, Gefühle zu steuern und lineare Abfolgen zu beachten (zuerst die Socken, dann die Schuhe und zum Schluss der Rucksack). Kein Wunder, dass Übergänge so viele Probleme verursachen. Auch deshalb ist unsere Unterstützung so wichtig. Wenn wir diese Übergangssituationen als Lern- und Übungschancen betrachten – damit sich Kinder an ihre Eigenständigkeit gewöhnen –, können wir sie leichter dabei anleiten, ohne Streit und Mühen für alle Beteiligten, Eltern wie Kind.

Nehmen wir beispielsweise Boris, der zweieinhalb Jahre alt war und die Übergangszeiten im Kindergarten hasste. Sie versetzten ihn in Aufruhr. Er weinte, wenn das Spielzeug weggeräumt werden musste, oder warf mit allem um sich, was ihm in die Finger geriet, wenn sich die Gruppe aufstellte, um nach draußen zu gehen. Als ihm schließlich bewusst wurde, dass der kleine Imbiss immer erst nach dem Aufräumen erfolgte, musste man ihn nicht lange zu Tisch bitten. Er lief alleine los, ohne Tränen zu vergießen. Er war der Erste, der sich hinsetzte und stolz lächelte, weil er das Gefühl hatte, die Situation kontrollieren zu können. Das wirkt beruhigend. Und nachdem er das Rausgeh-Ritual im Verlauf mehrerer Wochen verinnerlicht hatte, verstand er, dass sich die Gruppe immer im Kreis aufstellt, bevor sie nach draußen geht, und die Erzieherin bei ihnen bleibt. Er sah diesen Übergängen daraufhin gelassener entgegen. Er schloss sich bereitwillig den anderen Kindern an, warf nicht mehr mit Spielsachen, wenn er wütend war. Die Bewältigung von Veränderungen ist ein wichtiges Element des Heranwachsens. Sie erfordert viel Übung und Wiederholung, um sich erfolgreich etablieren zu können.

Übergänge, die sich Tag für Tag wiederholen, helfen Kindern, flexibler zu werden. Doch das braucht seine Zeit. Einige Kinder benötigen mehr Anleitung und Erinnerungshilfen von Erwachsenen, und die Umstellung auf die neue Situation kann länger dauern. Flexibilität ermöglicht ihnen, besser mit den Unwägbarkeiten im Leben umzugehen – die beste Freundin ist heute nicht im Kindergarten, ein Puzzleteil fehlt, das Lieblingsshirt ist schmutzig und muss in die Wäsche, die Pläne für den Tag haben sich geändert, weil es draußen regnet. Diese Kombination aus Erfahrungslernen, Anleitung durch Erwachsene und Reifeprozessen im Gehirn trägt dazu bei, dass Kinder selbstständiger werden, wenn es gilt, Übergänge zu bewältigen. Die alltäglichen kleinen Übergänge bereiten zudem auf die größeren oder einmaligen Veränderungen im Leben vor – Geburt eines Geschwisterkinds, Umzug, Wechsel in einen neuen Kindergarten, Verluste. Die kleinen Veränderungen sind kleine Stressfaktoren, die Übungsmöglichkeiten bieten und für die großen Umbrüche im Leben stärken.

Veränderungen auf einen Blick

Oft ist uns gar nicht bewusst, wie viele Veränderungen ein Kind bewältigen muss. Dazu gehören kaum merkliche, die sich regelmäßig – mitunter sogar täglich – wiederholen, während andere sich auf besondere Situationen oder Zeiten beschränken. Dazu gehören beispielsweise:

- Aufwachen, Übergang vom Schlaf- in den Wachzustand
- An- und Ausziehen, Wechsel vom Schlafanzug in die Tageskleidung
- Ein Spiel beenden, wenn das Essen fertig ist
- Die häusliche Umgebung verlassen, um in den Kindergarten zu gehen
- Unterbrechung des eingespielten Tagesablaufs am Wochenende

- iPad oder Fernseher ausschalten, wenn andere Aktivitäten anstehen
- Zubettgehen am Abend oder für den Mittagsschlaf
- Flasche und Schnuller aufgeben
- Wechsel von Windeln zur Unterwäsche
- Rückkehr aus dem Kindergarten
- Abschied von Mama oder Papa, die zur Arbeit müssen
- Wechsel des Kindergartens oder der Kindergartengruppe
- Umzug der Familie
- Geburt eines Geschwisterkinds
- Längerer Besuch von Großeltern oder anderen Verwandten
- Neue Kinderbetreuung in Abwesenheit der Eltern
- Rückkehr von Mama oder Papa vom Arbeitsplatz
- Urlaub
- Ein neues Haustier
- Der Tod eines Menschen, der dem Kind nahestand

Übergänge: Von A nach B gelangen

Denken Sie noch einmal an all die kleinen und großen Übergänge, die Kleinkinder meistern müssen. Viele Situationen, die aus der Sicht der Erwachsenen unerheblich oder sogar spannend sind, können in diesem Alter problematisch, verwirrend, beängstigend oder überwältigend sein. In solchen Übergangssituationen geht es um das Verlassen der Komfortzone und den Verlust des Sicherheitsgefühls, das mit dem Vertrauten und Bekannten verbunden ist, egal, ob es sich dabei um die häusliche Umgebung oder um gerade laufende Aktivitäten handelt. Wenn Julian mit seinen Legosteinen ein Haus baut und sein Vater ihn bittet, aufzuräumen und zum Mittagessen zu kommen, fühlt er sich unter Druck gesetzt – die Aufforderung ergibt doch überhaupt keinen Sinn! Sich von seinen Spielsachen trennen, nur um zu essen? »Warum denn ausgerechnet jetzt? Es ist Mittagszeit? Na und? Ich bin doch noch nicht fertig mit Spielen!« Das Kind muss den Übergang bewältigen, befindet sich aber auf schwankendem Grund. Es muss in einen anderen Modus umschalten, und das ist mit einem Wechsel der Aufmerksamkeit, Gefühle und Aktivitäten verbunden.

●●

Kindorientierte Perspektive
Übergänge sind schwer

Die meisten Menschen können Veränderungen wenig abgewinnen, und Übergänge sind Veränderungen. Denken Sie an die mitunter getrübte Stimmung am Sonntagabend, wenn wir uns vorstellen, dass wir die ruhige, entspannte Komfortzone des Wochenendes verlassen müssen und eine neue Arbeitswoche beginnt. Oder an die Rückkehr aus dem Urlaub in den Alltagstrott.

Als die Geburt meines ersten Kindes bevorstand, die Wehen eingesetzt hatten und ich meine Wohnung verließ, um in die Klinik zu fahren, zögerte ich an der Tür. Ich blickte zurück und dachte: »Jetzt wird sich alles ändern. Keine Ahnung, wie ich mich fühle, wenn ich nach Hause zurückkomme, aber nichts wird mehr so sein wie früher.« Ich hätte nicht sagen können, was sich ändern würde, aber mir war klar, dass es sich um einen Umbruch handelte. Übergänge verkörpern diese Mischung aus freudiger Erwartung, Beklemmung und Ängsten.

Viele Umbrüche im Leben werden von Übergangsriten begleitet. Abschlussprüfungen markieren den Wechsel von einer Bildungsebene zur nächsten oder den Eintritt in die Arbeitswelt. Sie stellen einen Zeitpunkt im Leben dar, in dem gebangt und gefeiert wird. Meine Collegestudenten sehen der Abschlussfeier mit Freude, Träumen und Ängsten bei dem Gedanken an den nächsten Schritt entgegen. Denken Sie an die

Übergänge in Ihrem eigenen Leben, um besser zu verstehen, warum sogar scheinbar harmlose Veränderungen für Ihr Kind eine Belastungsprobe darstellen können. Denken Sie vielleicht an eine Beförderung, die Sie erhofft hatten. Sie fühlten sich geehrt, aber auch ein wenig beklommen angesichts der neuen Aufgaben und Erwartungen, die damit verbunden waren. Übergänge lösen eine Reihe von Gefühlen aus, positive wie negative.

● ●

Bei Kindern können selbst kleine Übergänge große Gefühle an die Oberfläche spülen. Einige der damit verbundenen Veränderungen sind auch für die Eltern ein Grund, der Vergangenheit nachzutrauern. Auf der einen Seite möchten wir alle Etappenziele auf dem Weg unserer Kinder feiern. Doch gleichzeitig sollten wir uns auch eingestehen, dass wir gemischte Gefühle haben, wenn sie erwachsen werden. Auch wenn wir uns über ihre Fortschritte freuen, können die bevorstehenden Veränderungen Stress oder Wehmut hervorrufen. Den Umzug vom Gitterbett in ein großes Bett beobachten wir vielleicht mit einem lachenden und einem weinenden Auge. Wir warten ungeduldig auf den Tag, an dem sie keine Windeln mehr brauchen, aber klagen auch, dass die Zeit bis dahin viel zu schnell vergangen ist. In die Freude, den Platz in dem von uns bevorzugten Kindergarten erhalten zu haben, mischt sich ein Wermutstropfen bei dem Gedanken, dass sich das Kind nun zunehmend abnabelt. Deshalb fließt auch bei der Feier zum Abschluss der Kindergartenzeit so manche Träne.

Jeder Schritt vorwärts, den unsere Kinder machen, jeder Meilenstein der Entwicklung, den wir zelebrieren, erfordert ein Loslassen. Kinderbett, Flasche, Schnuller, Kindergarten, den eigenen Kopf durchsetzen wollen, Fahrrad fahren, einen Zahn verlieren, das alles sind Entwicklungsfortschritte. Übergänge haben immer zwei Seiten. Wir sollten akzeptieren, dass uns das Kind, das gestern noch an unserem Rockzipfel hing, fehlen wird. »Ich bin schon ein bisschen traurig, dass sie mich jetzt nicht mehr so sehr braucht«, gestand eine Mutter, als die Tränen ihrer Tochter, die bei einer Trennung immer geflossen waren, der Vergangenheit angehörten. Freuen Sie sich, wenn aus Ihrem kleinen Kind ein größeres Kind wird, aber akzeptieren Sie auch das Gefühl der Wehmut, das oft damit verbunden ist. Auf diese Weise können Sie Fortschritte Ihres jetzt »großen« Kindes aus vollem Herzen genießen und sich gleichzeitig daran erinnern, dass es immer noch klein ist.

Warum Kleinkindern Übergänge schwerfallen

Dass Übergänge gerade für Kleinkinder schwierig sind, hat seinen Grund. Wie Sie sich erinnern werden, finden in dieser Lebensphase enorme Veränderungen in allen nur erdenklichen Bereichen statt – auf der emotionalen, sozialen, körperlichen und geistigen Ebene. Ein Ziel, das Kinder in diesem Alter anstreben, ist Handlungskompetenz. Sie möchten spüren, dass sie ein gewisses Maß an Kontrolle und Mitbestimmung haben, um das von ihnen erwünschte Ergebnis zu erzielen. Eigene Entscheidungen treffen zu können ist ein Riesenfortschritt in diesem Alter, und das damit verbundene Gefühl der Selbstbestimmung verleiht Macht. Dabei kann es sich um einen so einfachen Vorgang handeln, wie mit dem Spielzeughammer einen Holzdübel in die Werkbank einzuschlagen – »Ich hab's geschafft!«. Oder sich mit den Eisenbahnschienen abmühen, bis die beiden Teile zusammengesteckt sind. Handlungskompetenz ist das positive Ergebnis des Strebens nach Selbstständigkeit. Das Kind hat das Gefühl, Herausforderungen alleine bewältigen, Entscheidungen treffen und Risiken eingehen zu können. Handlungskompetenz ist ein zentrales Element im Lernprozess, weil es mit dem Gefühl der Sicherheit einhergeht, etwas Neues ausprobieren oder bewirken zu können.

Im Gegensatz dazu kann das Gefühl, keinerlei Kontrolle oder Mitspracherecht zu besitzen, verstörend oder beängstigend sein.

Und so werden Übergänge von Kleinkindern wahrgenommen: Situationen, die ihnen aufgezwungen werden. Das Unbekannte und Unkontrollierbare erschüttert Kleinkinder bis ins Mark und offenbart ihre Verletzlichkeit. Wenn sich Kinder jedoch verletzlich fühlen, gehen sie in Abwehrhaltung. Sie werden aggressiv und wütend oder verschlossen und mürrisch. Wir sollten Übergänge daher als Situationen betrachten, die schwierige Anpassungsleistungen erfordern, als eine Zeit, in der sie keinen Einfluss auf den Lauf der Ereignisse haben. In dieser Übergangzeit spüren sie, dass ihnen die Handlungskompetenz und Selbstständigkeit fehlt, die zu erwerben mühevoll ist. Deshalb brauchen sie unsere Unterstützung, um Übergänge zu erkennen und zu meistern. Die Geschichte von Tom zeigt, wie dieser Prozess vonstattengehen kann.

Tom war in New York geboren, die Eltern stammten aus Kolumbien. Er kannte kein anderes Zuhause als New York. Als er vier Jahre alt war, kehrte die Familie nach Kolumbien zurück. Die Eltern bereiteten ihn auf den Abschied vom Kindergarten, seinen Freunden, seinem Zuhause und von dem Stadtviertel, in dem sie lebten, vor. Sie legten gemeinsam ein Fotoalbum an und gaben eine Abschiedsparty. Tom konnte es kaum erwarten, seine Cousins und Cousinen und seine Großeltern in Kolumbien kennenzulernen. Zuerst lief alles bestens. Ihm gefiel das neue Zuhause, die neue Umgebung, und vor allem, dass seine Großeltern in der Nähe wohnten. Er hatte einen Garten hinter dem Haus zum Spielen und neue Freunde gefunden. Er war stolz auf sein neues Bett. Er freute sich auf den neuen Kindergarten. Der Umzug war im Sommer erfolgt, während der Ferienzeit, aber er wollte ihn unbedingt vorher schon sehen. Die Mutter erfüllte ihm die Bitte, auch wenn noch keine Kinder da waren, und sie nahmen das Gebäude und den Spielplatz in Augenschein. Tom sah ganz zufrieden aus, begab sich auf Entdeckungstour und seine Mutter dachte, alles sei in bester Ordnung.

Der einzige Hinweis darauf, dass der Schein trügen könnte, war die beiläufige Bemerkung: »Ich will lieber wieder in meinen alten

Kindergarten.« Manchmal erkundigte er sich, wann er endlich zurückkönne. Aber gleichzeitig schien er sich auf den neuen Kindergarten zu freuen.

Einige Wochen später nutzten Tom und seine Eltern den Tag der offenen Tür, um sich ein näheres Bild vom neuen Kindergarten zu machen. Wieder hatte er Spaß, spielte mit den anderen Kindern und schien sich in der neuen Umgebung wohlzufühlen. Seine Mutter war erleichtert.

Doch schon am nächsten Tag erklärte er gleich nach dem Aufwachen: »Ich mag den Kindergarten nicht. Ich will in meinen alten Kindergarten zurück. Wo sind meine Freunde?«

Aus Aufregung war Erregung geworden. Tom hatte mit dem Umzug in ein neues Land und ein neues Zuhause gleich mehrere Veränderungen zu bewältigen. Der neue Kindergarten und die Erkenntnis, dass er seine alten Freunde verloren hatte, brachten das Fass zum Überlaufen. Der erste Tag im Kindergarten nahte. Tom sträubte sich und brach in Tränen aus, als er sein Zuhause verlassen sollte. Er betonte abermals, dass ihm der Kindergarten nicht gefiele.

Trotz des vertrauten häuslichen Umfelds, seiner Eltern und Verwandten, die ihn ins Herz geschlossen hatten, hatte Tom Anpassungsprobleme. Seine Mutter hatte sich nach drei Monaten eingelebt, im Gegensatz zu ihm. Jeder Kindergartenwechsel bringt große Veränderungen mit sich. Als er zum ersten Mal hörte, dass er in Kolumbien in den Kindergarten gehen würde, stellte er sich vermutlich vor, dort würde er die alten Räumlichkeiten, Freunde und ErzieherInnen vorfinden. Das alles kannte er. Dieses Bild war ihm vertraut. Doch das neue Umfeld stimmte nicht mit seinen Vorstellungen überein. Und plötzlich wurde ihm klar: »Halt! Da ist es ja nicht genauso wie in meinem alten Kindergarten! Das fühlt sich völlig fremd an! Wieso ist alles weg, was ich kenne?« Eine Erkenntnis, die ihn erschütterte!

So schmackhaft ihm die Eltern den Wechsel auch zu machen versuchten, auf ihn stürmte zu viel Neues ein. Sie wussten, dass der

Kindergarten einen guten Ruf hatte und Tom sich im Lauf der Zeit eingewöhnen würde. Aber für den Vierjährigen stellte sich die Situation anders dar. Er musste einen dramatischen Übergang bewältigen, und mit Übergängen geht der Verlust dessen einher, was vorher war – gleich, ob es sich um eine Aktivität handelt, die vor zwei Minuten stattfand, oder eine größere Veränderung wie ein Umzug.

Seine Mutter machte einen Termin für eine Telefonberatung aus und rief ziemlich aufgelöst bei mir an: »Er sitzt stundenlang da und starrt aus dem Fenster. Er deutet auf die Silhouette der Gebäude in der Ferne und erklärt: ›Da hinten ist Manhattan. Und meine Babysitterin. Und mein richtiger Kindergarten.‹«

Mir war klar, was das zu bedeuten hatte. Ich wies sie darauf hin, dass Tom sein altes Zuhause vermisste und den Abschied verschmerzen musste. Sie könne ihm aber helfen, den Übergang zu bewältigen, das Gefühl des Verlusts und der Traurigkeit, das damit einhergeht. Erst dann würde er sich in seinem neuen Umfeld eingewöhnen. Doch die Anerkennung des Verlusts war unerlässlich.

Die Mutter sprach mit ihm darüber, dass er sein altes Zuhause, seinen Kindergarten und seine Freunde vermisste. Er begann, aufmerksam zuzuhören und Fragen zu stellen. Manchmal weinte er und wollte wieder in seinen alten Kindergarten zurück. Nach und nach versuchte er aber, sich ein Bild von seinem neuen Zuhause zu machen: »Ist der Himmel hier genauso wie in Manhattan? Ist das derselbe Himmel? Scheint bei uns derselbe Mond?« Er bemühte sich, mehr über seine veränderte Welt und seinen Platz darin herauszufinden.

Gleichzeitig brauchte er die Gewissheit, dass seine alte Heimatstadt und sein Zuhause nicht verschwunden waren, sondern dass es sie noch gab, wenn auch unsichtbar, in weiter Ferne. Das zu begreifen, fällt Kindern in diesem Alter schwer.

Jedes Jahr vor der großen Sommerpause müssen wir die Kinder daran erinnern, dass unser Kinderzentrum noch da ist, wenn sie zurückkehren, auch wenn sie in eine andere Betreuungseinrich-

Der Kleinkind-Code

tung überwechseln. Bei der Rückkehr oder einem gelegentlichen Besuch sind sie spürbar erleichtert, alles noch so vorzufinden, wie es war. Bei Tom kam das gleiche Gefühl des Verlusts und der Verwirrung zum Ausdruck.

Jeden Tag gewöhnte er sich ein wenig mehr im neuen Kindergarten ein. Eines Tages fragte er seine Mutter, ob sie irgendwann einmal wieder New York besuchen würden. Seine Mutter versicherte es ihm. Er wollte sofort aufbrechen, gleich heute, sofort. (Dass dabei eine große Entfernung zu überwinden war, ging über seine Vorstellungskraft hinaus.) Als sie ihm erklärte, die Reise müsse noch warten, wurde er wütend:»Warum, das ist nicht weit weg! Einmal schlafen, dann sind wir da!« Ihr wurde klar, was ihn auf diese Idee gebracht hatte: Der Flug von New York nach Kolumbien fand am späten Abend statt. Tom hatte seinen Schlafanzug angehabt. An Bord hatte er sich unter seine Decke gekuschelt und war eingeschlafen. Als er aufwachte, setzte die Maschine gerade zur Landung an. Aus seiner Perspektive war die Entfernung zwischen New York und Kolumbien ein Katzensprung. Kein Wunder, dass er mit diesem Übergang nicht mehr klarkam.

Mit vier Jahren kann Tom die vielfältigen Veränderungen nicht in gleichem Maße verstehen wie Erwachsene. Er verlässt sich darauf, dass sie ihm die Zusammenhänge zwischen seinem ehemaligen und seinem jetzigen Zuhause anhand von Erzählungen erklären, damit er das Geschehen besser begreifen kann. Sie bieten Halt und Trost während des Übergangs und tragen zur Regulierung der Gefühle bei, die auf das Kind einstürmen. Dabei spielt es keine Rolle, ob es sich um einen Wechsel des Kindergartens oder Wohnorts handelt oder um etwas so scheinbar Belangloses wie die Trennung von der Flasche. In Toms Fall sollte ihm die Erzählung klarmachen, wie er nach Kolumbien gelangt war: in Geschichten über den sehr, sehr langen Nachtflug. In Geschichten über den Abschied von New York und die Ankunft im neuen Zuhause, in einem fremden Land. In Geschichten über die Gründe für den Umzug (die vermutlich mehrmaliger Wiederholung bedurften!), damit er ihn nicht als Strafe empfand: »Wir sind umgezogen, weil Papa einen neuen Arbeitsplatz hat«, oder: »Weil unsere Verwandten hier leben.« Wichtig war auch, einfließen zu lassen, dass sein neues Zuhause weit von seinem alten entfernt war, welches aber weiterexistierte – dass es nicht vom Erdboden verschwunden war, seit er nicht mehr dort lebte. Dass es auch seinen früheren Kindergarten und seine Freunde noch gab und dass er an dem Ortswechsel der Familie keine Schuld trug.

All das ist verwirrend für Kinder. Wenn die Zusammenhänge durch solche Erzählungen klar werden, wenn sie wissen, dass sie keine Schuld am Umzug trifft, sondern dass es dafür einen konkreten Grund gibt, sind sie von der Sorge befreit, dass sie böse waren und für diese Veränderung verantwortlich sind.

Der wichtigste Punkt war jedoch, dass Tom von seiner Mutter ermutigt wurde, Traurigkeit und Wut über den Verlust zuzulassen, damit er sie verarbeiten und hinter sich lassen konnte. Wie im vorigen Kapitel erwähnt, sind negative Gefühle unerlässlich – Kinder müssen begreifen, dass es völlig in Ordnung ist, Trauer, Wut oder Sehnsucht zu empfinden. Dafür brauchen sie unser Einverständnis und unsere Unterstützung. Ich bekomme oft ähnliche Beispiele zu hören, vor allem bei Umzügen an einen Ort, der weit von der alten Heimat entfernt ist. Die Eltern heben alle Vorzüge hervor (und dafür kann es viele geben), doch sie übersehen dabei die Traurigkeit, Wut und Sorge, die ihre Kinder hinsichtlich der Veränderung und all dessen empfinden, was sie zurücklassen müssen. Doch ich vermute, auch die Eltern haben in dieser Hinsicht gemischte Gefühle.

Was Sie tun können: Kleine und große Übergänge bewältigen

Übergänge erfordern, sich von Bekanntem und Vertrautem zu trennen. Sie erfordern Anpassungen. Selbst wenn man sie als positiv und spannend wahrnimmt (zum Beispiel ein Hund als neuer Hausgenosse oder eine Geburtstagsparty), stellen sie etwas Neues dar. Der Beginn von etwas Neuem beendet aber das Alte, auch wenn sich der Wechsel jeden Tag wiederholt. Jede Veränderung des Status quo ist mit Unruhe und Sorge befrachtet. Betrachten Sie deshalb die täglich wiederkehrenden Übergänge, die als Antriebskraft für den Tagesablauf Ihres Kindes dienen (Anziehen, Mahlzeiten, das Haus verlassen, Bettgehzeit), als Ablösungsprozesse im Miniaturformat. Jeder für sich bringt den Abschied von einer augenblicklichen Beschäftigung mit sich. Baden heißt, sich vom Spielen verabschieden. Frühstück heißt, sich vom Kuscheln mit Papa verabschieden. Und Kindergarten heißt, sich von zu Hause verabschieden.

Hier können Rituale als Stütze dienen. Sie laufen beinahe automatisch nach einem Schema ab, das immer gleich, überschaubar und vertraut ist. Sie vermitteln dem Kind ein Gefühl der Kontrolle, weil es weiß, was es zu erwarten hat. Die äußeren Umstände können sich ändern, aber der Ablauf bleibt der gleiche. Ein Kind, das jeden Morgen beim Anziehen trödelt, gibt zu erkennen, dass es das Haus mit gemischten Gefühlen verlässt.

Viele Eltern klagen über das Problem, ihr Kind zum Anziehen zu bewegen, selbst wenn die Zeit bis zum Aufbruch in den Kindergarten knapp wird. »Meine Tochter hat noch nicht gefrühstückt und es bleibt nur noch eine Stunde Zeit, aber wenn ich sie bitte, sich endlich anzuziehen oder ihre Anziehsachen herauszulegen, gibt es Theater«, berichtete eine Mutter.

Aus der Sicht von Kleinkindern läutet das Anziehen die Trennung ein. Sie erfolgt vielleicht erst in einer Stunde, aber Anziehen heißt, dass sie ihr Zuhause bald verlassen müssen. Alles, was sie diesem Abschied näherbringt, ist in diesem Alter ein Übergang. Es fällt ihnen schwer, sich von ihrem vertrauten Nest und der Mutter zu trennen, die ihrem Blick entschwindet. Sie fühlen sich wohl im Kindergarten, doch das mindert nicht das Unbehagen, das sie beim Abschied empfinden. Deshalb trödeln sie beim Frühstück oder bei der Suche nach den Schuhen. Deshalb werden sie bockig, wenn der Fernseher ausgeschaltet wird. Deshalb fordern sie noch zwei oder drei Umarmungen zusätzlich, wenn sie im Kindergarten abgeliefert werden und die Eltern gehen.

Aktivitäten, die jeden Tag stattfinden – vom Anziehen bis zum Zähneputzen, das Haus zu verlassen oder während der Mahlzeiten am Tisch zu sitzen –, laufen reibungsloser ab, wenn Sie feste Rituale einführen. In vielen Kindergärten wird beim Aufräumen gesungen. Warum? Weil das zum Ritual gehört: Wird ein bestimmtes Lied angestimmt, wissen die Kinder, jetzt ist Aufräumen an der Reihe. Bei uns dürfen sich die Kinder am Tisch mit den Snacks bedienen, sobald die Spielsachen weggeräumt sind. Auch wenn sie gerne weiterspielen würden, kennen sie das Ritual und halten sich problemlos daran. Sie haben anhand der ständigen Wiederholungen des Ablaufs geübt und gelernt: Wenn das Spielzeug aufgeräumt ist, folgt ein kleiner Imbiss.

Umzug

Ein Umzug stellt für Kleinkinder eine große Veränderung dar. Während die Eltern sich vielleicht auf den Ortswechsel freuen und sowohl die Gründe als auch das neue Domizil kennen, können Kinder die Situation nicht in ihrer ganzen Tragweite ermessen. Einige Kinder kommen besser damit zurecht als andere, aber ein Umzug stellt für alle einen Übergang mit folgenschweren Veränderungen dar. Sie müssen ihr vertrautes Zuhause verlassen. Das ist für sie ein Schock, der das gesamte soziale Umfeld, in das sie eingebunden sind, aus den Angeln hebt. Das Zuhause bedeutet Geborgenheit und das Gefühl der Sicherheit. Deshalb sollten Sie während eines Umzugs keine weiteren großen Veränderungen planen (beispielsweise Trennung von der Flasche oder von Windeln, Toilettentraining usw.) Warten Sie damit, bis sich Ihr Kind an eine Veränderung gewöhnt hat, bevor Sie die nächste einführen.

Der Kleinkind-Code

Wie Sie Ihr Kind auf einen Umzug vorbereiten können
Erklären Sie Ihrem Kind kurz vor dem Termin, aber nicht zu lange im Voraus, dass ein Umzug bevorsteht. Da es ihm noch an Zeitgefühl mangelt, bringt es nichts, es zu früh davon in Kenntnis zu setzen. Dadurch schüren Sie nur unnötige Ängste. Informieren Sie vorher alle anderen Erwachsenen in Ihrem Umfeld über den Ortswechsel. Im Gespräch mit Ihrem Kind sollten Sie immer wieder darauf hinweisen, dass Mama, Papa und die Geschwister zusammenbleiben und die ganze Familie (Haustiere eingeschlossen) umzieht. Versichern Sie ihm, dass auch seine Spielsachen, Bücher, das Bett und die Zimmereinrichtung in das neue Zuhause mitgenommen werden. Kinder machen sich oft Sorgen, was mit ihren Schätzen geschieht und brauchen die Bestätigung, dass beim Umzug alles mit auf die Reise geht. Beschreiben Sie das neue Zuhause, einschließlich des neuen Kinderzimmers. Wenn Ihr Kind alt genug ist, darf es vielleicht mitbestimmen, in welcher Farbe die Wände gestrichen werden sollen, oder etwas für die Einrichtung aussuchen, beispielsweise neue Bettwäsche oder ein Kopfkissen.

Wenn möglich, nehmen Sie vorab gemeinsam die neue Umgebung und Ihr künftiges Zuhause in Augenschein. Besuchen Sie einen Park oder ein Einkaufszentrum in der Nähe, damit sich Ihr Kind einen ersten Eindruck verschaffen kann. Denken Sie aber immer daran, dass jeder Übergang einen Verlust beinhaltet und Kinder Hilfe brauchen, um ihn zu verkraften. Sie müssen sich von ihrem Zuhause trennen, das sie kennen und ihnen vertraut ist. Um die Veränderung zu bewältigen, könnten Sie ein Album zur Erinnerung anlegen, mit Fotos von seinem Zimmer, dem Haus und Örtlichkeiten in der Umgebung, die Bedeutung für Ihr Kind haben (zum Beispiel Lieblingsspielplatz, Supermarkt). Beziehen Sie Ihr Kind in die Umzugsvorbereitungen ein, sodass es das Gefühl hat, seinen Beitrag zu leisten. Am Tag des Umzugs (oder am Vortag) könnten Sie ihm beispielsweise einen Karton überlassen, in den es selbst Spielsachen einpacken darf. Auf diese Weise kann es sicher sein, dass die Dinge mitgenommen werden. Geben Sie ihm auch einen Rucksack für seine kostbarsten Schätze (nach seiner Wahl – Sie werden vermutlich überrascht sein, was darin landet!). Dann kann es den Rucksack allein tragen und weiß, dass diese Schätze nicht zurückbleiben.

Eltern sind naturgemäß geneigt, die positiven Aspekte des Umzugs hervorzuheben, in der Hoffnung, ihr Kind dafür zu begeistern. Oft ist das aber auch eine Strategie, sich selbst auf die nachhaltige Veränderung einzuschwören. Gleichermaßen wichtig ist jedoch, die damit einhergehende Trennung, den Verlust, wahrzunehmen.

Ein Elternpaar rief mich nach dem Umzug in einen anderen US-Bundesstaat an. Die beiden hatten ein schlechtes Gewissen, weil sie ihre fünfjährige Tochter aufgrund eines Arbeitsplatzwechsels mitten im Jahr aus dem Kindergarten herausreißen mussten. Deshalb hatten sie vorher noch einen Besuch in Disneyland geplant. »Wir dachten, sie würde sich freuen und den Vergnügungspark mit dem neuen Zuhause in Zusammenhang bringen.« Disneyland gefiel ihr, nicht aber das neue Zuhause. Sie war wütend auf ihre Eltern, und sie konnten ihr nichts recht machen. Sie trauerte ihrem alten Kindergarten nach. Sie beschwerte sich über das (bessere) Wetter. Sie jammerte, der Supermarkt sei nicht so »wie der echte bei unserem alten Zuhause«.

Ich wies die Eltern darauf hin, dass ihre Tochter ihrer alten Umgebung und der Vergangenheit nachtrauerte. Ich erkundigte mich, wie sie sich selbst ein Vierteljahr nach dem Umzug fühlten. Sie gestanden beide, dass auch sie ihre Freunde, ihr altes Zuhause und das Stadtviertel vermissten, in dem sie gewohnt hatten. Bald darauf besuchten sie ihren früheren Wohnort und ihre Freunde. Ihre Tochter durfte dem ehemaligen Kindergarten einen Besuch abstatten. Dort erzählte sie von ihrem neuen Zuhause, dem neuen Kindergarten und dem coolen Freigelände, das dazugehörte. Sie freute sich über das Wiedersehen und war stolz, die neuen Erfahrungen zu teilen. Nach der Rückkehr ging die Integrationsphase reibungsloser vonstatten, auch bei den Eltern. Wir müssen trauern und unseren Kindern zugestehen, dass sie die Trennung vom Vertrauten beklagen, um neue Bindungen eingehen zu können. Traurigkeit und Verlust sind Teil des Übergangs.

Um die mit einem Umzug verbundenen Gefühle zu verarbeiten, sollten Sie Ihrem Kind also Raum für Trauer, Wut oder Sehnsucht nach dem alten Zuhause geben (auch wenn ihm das neue allem Anschein nach gefällt!). Wie die Beispiele in diesem Kapitel zeigen, ist das Loslassen und Vermissen der Vergangenheit ein unabdingbarer Schritt auf dem Weg, die Zukunft zu begrüßen. Der Verlust sollte bewusst wahrgenommen werden. Bei einigen Kindern (und Erwachsenen) braucht dieser Prozess seine Zeit. Ihre wahren Gefühle bezüglich des Umzugs kommen oft nur in scheinbar belanglosen Kleinigkeiten zum Ausdruck.

Die vierjährige Laura weinte jeden Abend, wenn sie in ihrem neuen Zuhause zu Bett ging. »Wo ist das blaue Licht vor meinem Fenster? Ohne kann ich nicht einschlafen.« In ihrem alten Zuhause konnte sie durch das Fenster des Kinderzimmers ein blaues Neonlicht auf einem benachbarten Wohnblock sehen, das für sie wie ein Nachtlicht war. Ihre Eltern sprachen mit ihr darüber, erklärten ihr, dass es immer ungewohnt sei, in einer neuen Umgebung zu schlafen. Sie erzählten ihr von ihrem früheren Kinderzimmer und der ehemaligen und neuen Umgebung. Sie betonten die positiven Seiten, bestätigten aber auch die Traurigkeit und Besorgnis, die sie empfand. Eines Abends verkündete Laura unverhofft: »Mir gefällt mein neues Bett. Die lila Bettwäsche auch. Und das blaue Licht, das mag ich sowieso nicht mehr.« Anpassungen brauchen ihre Zeit, wie man wieder sieht.

Die Geburt eines neuen Geschwisters

Die Geburt eines neuen Familienmitglieds ist ein großes Ereignis, nicht nur für die Eltern, sondern auch für das nun ältere Geschwisterkind. Es beeinträchtigt sein Gefühl der Sicherheit und

Geborgenheit, denn die Welt, die es bisher kennt, wird aus den Angeln gehoben.

Als der kleine Linus die Neuigkeit erfuhr, dachte er angestrengt nach. Dann erkundigte er sich, wer denn die Mama des neuen Babys sei. Als er erfuhr, dass es seine Mama war, erkundigte er sich, wer das entschieden habe.

Können Sie sich vorstellen, wie es ist, den oder die beiden liebsten Menschen auf der Welt teilen zu müssen? Vermutlich nur schwer. Kleinkinder fühlen sich in solchen Situationen sehr verunsichert. Sind Mama und Papa dann noch für mich da? Haben sie mich noch genauso lieb?

Für Kleinkinder bewegen sich diese Gefühle auf einer völlig abstrakten Umlaufbahn. Zuerst waren sie die Nummer eins (oder das Nesthäkchen), dann werden sie plötzlich in die Rolle des großen Bruders oder der großen Schwester gedrängt, müssen die Eltern teilen und sich an einen Schreihals im Haus gewöhnen. Das alles ist sehr verwirrend. Und das Warten auf das eigentliche Ereignis ist am schwersten (auch für die Eltern!). Deshalb sollten Sie Ihrem Kind die frohe Botschaft so spät wie möglich verkünden. Es hat noch keine Zeitvorstellung. Und je größer die Vorlaufzeit, desto größer die Ängste, die entstehen können.

Viele Kinder fallen vor (und nach) der Geburt des neuen Geschwisters in frühkindliche Verhaltensmuster zurück: Sie quengeln, sind weinerlich, möchten ständig in den Arm genommen werden oder Baby spielen. Als Eltern sollten Sie Ihrem Kind dieses Bedürfnis nach Sicherheit und Geborgenheit zugestehen und immer wieder bestätigen, dass sie es lieben und immer seine Mama oder sein Papa bleiben.

Wenn das Geschwisterchen da ist, haben Kleinkinder oft ambivalente Gefühle: Liebe, Hass und Aggressionsneigungen gegenüber Mutter und Baby sind gang und gäbe. Auch wenn die Liebe überwiegt, die offenkundig und intensiv sein kann, sollten Sie sich vor Augen halten, dass Ihr Kind sich auch verwirrt und zurückgesetzt fühlt. Eifersucht ist eine natürliche Reaktion, denn

Ihr Kind muss die Aufmerksamkeit und Zuwendung, die es vorher für sich alleine beanspruchen konnte, nun teilen.

Vorbereitung auf das neue Familienmitglied
Erklären Sie Ihrem Kind einige Wochen vor dem errechneten Geburtstermin, dass die Ankunft des Babys bevorsteht. Wichtig ist, ihm eine ungefähre Vorstellung vom Geschehen zu vermitteln, ohne zu sehr in die Einzelheiten zu gehen. Trotz des Wirbels um den Neuankömmling steht für Ihr Kind das eigene Wohlbefinden an erster Stelle. Es reicht aus, ihm zu versichern, dass Sie es lieben, nach wie vor seine Eltern bleiben und alles gut werden wird. Zu viele Informationen würden Ihr Kind überfordern. Erklären Sie ihm, dass der Vorgang genauso ablaufen wird wie bei seiner Geburt: Mama und Papa fahren in die Klinik und der Doktor oder die Hebamme helfen dem Baby auf die Welt. Bald danach kommen Mama und Papa mit dem neuen Geschwisterchen nach Hause. Sagen Sie ihm, wer es in Ihrer Abwesenheit in seine Obhut nimmt, und versichern Sie ihm, dass Sie zurückkehren.

Womit Sie nach der Geburt des Babys rechnen sollten
Die ersten Wochen mit einem neuen Familienmitglied sind eine aufregende Zeit. Ihr Kind hat unter Umständen jedoch das Gefühl, darauf verzichten zu können. Es denkt vielleicht: »Wozu der ganze Wirbel? Was soll daran so toll sein? Mama ist dauernd mit dem Baby beschäftigt. Das Baby weint ständig. Alle sind müde. Das Baby kann noch nicht mit mir spielen. Das macht keinen Spaß.« Rechnen Sie also damit, dass Ihr Kind seine Gefühle ausagiert, verstärkt zu Wutausbrüchen oder Regressionsverhalten neigt. Dieser Rückzug auf eine frühere Entwicklungsstufe kann bedeuten, dass Sie möglicherweise wieder zu den Windeln greifen müssen, wenn Ihr Kind schon trocken war. Oder es schläft nicht mehr durch, versucht, in das Gitterbett des Babys zu klettern,

bemächtigt sich der Spielsachen des kleinen Geschwisters oder möchte wie ein Säugling in den Armen gewiegt werden. Vielleicht macht es erstmals Besitzansprüche auf sein Spielzeug geltend oder neigt plötzlich zu »Futterneid«, wie wir oft im Kinderzentrum beobachten konnten. Warum? Weil es das neue Familienmitglied als Eindringling empfindet und Angst hat, zu kurz zu kommen. Das vergeht aber wieder im Lauf der Zeit.

Was Ihr Kind jetzt am meisten braucht, ist die tröstliche Gewissheit, dass es völlig in Ordnung ist, sich hin und wieder wie ein Baby zu fühlen, *Ihr* Baby. Wenn Sie diesem Bedürfnis gerecht werden, weiß es sich umsorgt und ist besser imstande, loszulassen und sich auf die bereits erworbenen Fähigkeiten zu besinnen. Sie können sich beispielsweise auf Babyspiele einlassen, die Ihrem Kind Spaß machen, ungeachtet des Alters: »Baby Fiona möchte ihre Flasche, bitte schön, da ist sie!«, oder: »Halt, Babys essen noch keine Pizza oder Eis. Aber du bist ja schon vier und darfst beides essen. Trotzdem bist du mein Baby.« Ihr Kind sollte sich sowohl klein als auch groß fühlen dürfen, ohne sich deswegen schämen zu müssen.

Die gute Nachricht ist, dass Kinder in diesem Alter gerne helfen und den Eltern zur Hand gehen. Selbst Zweijährige können schon Aufgaben übernehmen, beispielsweise Windeln oder Spucktuch holen. Sagen Sie dem Baby, dass der große Bruder oder die Schwester bei der Versorgung mitmacht. Das stärkt das Selbstbewusstsein Ihres Kindes und das Gefühl der Handlungskompetenz (»Ich kann das schon!«), auf das es sehr stolz ist.

Und was ist mit den Zeiten, in denen Sie sich intensiv um das Baby kümmern, wenn Sie es beispielsweise stillen, füttern oder schlafen legen? Versichern Sie Ihrem großen Kind, dass Sie mit ihm spielen, sobald Sie fertig sind. Planen Sie Zeiten ein, in denen es Ihre ungeteilte Aufmerksamkeit hat, auch wenn Sie nur gemeinsam ein Buch anschauen, es ins Bett bringen oder in den Kindergarten fahren. »Jetzt hast du Mama (oder Papa) für dich alleine. Das Baby bleibt solange zu Hause. Das sehen wir später wieder.«

Wann spielt das Baby endlich mit mir?
Für Kleinkinder dreht sich alles um das »Ich«. Am schwierigsten
ist vermutlich die Erkenntnis, dass der Neuankömmling ihnen
nicht nur Aufmerksamkeit entzieht, sondern aus ihrer Sicht auch
langweilig und völlig uninteressant ist. Alle machen einen Rie-
senwirbel um ihn, dabei ist er zu nichts zu gebrauchen. Er kann
nur schreien, aufstoßen, in die Windeln machen, schlafen und
die Aufmerksamkeit in Beschlag nehmen, aber spielen kann er
nicht! Ein richtiger Spaßverderber! Sprechen Sie die Gefühle Ihres Kindes an. Je früher Sie die Schattenseiten der Situation und
die negativen Emotionen erkennen, desto eher fühlt es sich davon befreit und lernt das neue Familienmitglied zu lieben – mit
der Zeit. Ein Übergang, der sich nur langsam vollzieht! »Früher
war das Leben viel schöner«, denkt Ihr Kind, »nur Mama, Papa
und ich. Jetzt sind sie den ganzen Tag mit dem Baby beschäftigt
und ich muss warten, bis sie mal Zeit für mich haben.« Das ist ein
Verlust. Lassen Sie Ihr Kind wissen, dass Sie verstehen, was ihm
durch den Kopf geht und wie zwiespältig seine Gefühle sind, dass
es das Baby manchmal mag und manchmal nicht. Damit schaffen Sie Erleichterung und stärken die Bindung zu Ihrem Kind,
sodass die Geschwisterliebe irgendwann überwiegt, auch wenn es
sie nicht zeigen kann.

Aggressionen
Es ist nachvollziehbar, dass Kleinkinder Wut auf das Baby und die
Rolle des älteren Geschwisterkinds verspüren, in die sie hinein-
gedrängt wurden. Übergänge rufen turbulente Gefühle hervor,
und dieser Übergang ist besonders schwerwiegend. Wenn sich Eltern klarmachen, dass Aggressionen möglich (und wahrscheinlich!) sind, ist der Schock vielleicht nicht ganz so groß. Manche
brechen sich offen ihre Bahn, andere bleiben im Innern verschlossen. Oft herrscht anfangs eine Weile eitel Sonnenschein, bevor Ihr
Kind merkt, dass Sie nicht vorhaben, das Baby »zurückzugeben«,

das es als Eindringling und Störenfried empfindet. Dann kann es zu aggressiven Verhaltensweisen kommen, zu einer Umarmung, die schnell einmal zum Würgegriff ausartet. Behalten Sie das Geschehen im Auge, um Schaden abzuwenden. Wie daraus ersichtlich, sind Liebe und Wut eng miteinander verwoben. Das ist normal. Ganz natürlich.

Es kommt häufig vor, dass Kleinkinder Aggressionen – Schlagen, Schubsen oder Beißen – offen zum Ausdruck bringen, als Ventil für die gemischten Gefühle, die sich nach der Geburt des Babys einstellen, entweder unmittelbar nach seiner Ankunft oder im Verlauf des ersten Jahres. Wie bereits gesagt: Es handelt sich um einen wichtigen Übergang, eine Situation, die völlig neu für Ihr Kleinkind ist.

Ich möchte Sie nicht beunruhigen. Die Aggressionen ihres Kindes bereiten allen Eltern Kopfzerbrechen oder Angst. Aber Wutgefühle sind normal in diesem Alter. Die Anpassung an das Leben mit einem neuen Familienmitglied ist von Höhen, Tiefen und Verwirrung geprägt. Sie ruft gemischte Gefühle hervor, die Kleinkinder nicht verstehen können. Sie sollten Ihrem Kind daher die Chance geben, sie zuzulassen und ein Ventil dafür zu finden. Dann wird es sie irgendwann alleine in den Griff bekommen und seltener ausagieren. Manche Eltern befürchten, dass die Wutgefühle eskalieren könnten, wenn sie ihrem Kind einen geschützten Raum dafür geben – ein Kissen schlagen, eine Puppe oder einen Teddybären beißen –, doch nach meiner Erfahrung trifft das Gegenteil zu. Erwachsene geben damit zu erkennen, dass sie die Aggressionsneigung wahrgenommen haben und das Kind damit nicht alleine lassen. Das mindert Erregung und Wut, was wiederum dazu beiträgt, dass es lernt, besser mit negativen Gefühlen umzugehen und zu verhindern, dass sie sich hochschaukeln.

Der Kleinkind-Code

Beginn des Kindergartens

Der Beginn des Kindergartens, egal, ob beim erstmaligen Eintritt, nach einer langen Sommerpause oder nach einem Wechsel der Betreuungseinrichtung, stellt eine weitere wichtige Veränderung dar, die Kleinkinder meistern müssen. Sie sind an das vertraute häusliche Umfeld, die Rituale im alten Kindergarten oder in der ehemaligen Kindergarten- oder Spielgruppe gewöhnt und müssen sich nun umstellen. Denken Sie daran, dass jeder Übergang Neuerungen mit sich bringt, die eine Herausforderung darstellen: Im Kindergarten gilt es, sich an eine neue Umgebung, neue Betreuer und neue Regeln zu gewöhnen. Eine einfache Überlegung wie »Wohin mit meiner Jacke?« oder »Wer tröstet mich, wenn ich Mama oder Papa vermisse?« kann bereits Ängste auslösen. Vermutlich kennen Sie das aus eigener Erfahrung. Vielleicht haben Sie am ersten Arbeitstag in Ihrer neuen Firma krampfhaft überlegt, wo sich die Kantine oder die Toiletten befinden. Kleinkindern ergeht es ähnlich. Sie sollen sich an fremde Bezugspersonen, Räumlichkeiten und Regeln gewöhnen. Das erzeugt ein Gefühl der Unsicherheit in der Anpassungsphase. Die Situation ist neu und beängstigend, auch wenn die Erfahrung als spannend und aufregend empfunden wird.

Nutzen Sie die Schnuppertage, die von den meisten Kindergärten angeboten werden. Damit geben Sie Ihrem Kind vorab die Gelegenheit, sich mit den Räumlichkeiten, Materialien und Gepflogenheiten vertraut zu machen und, was noch wichtiger ist, Vertrauen zu den Betreuern und ErzieherInnen aufzubauen, damit sie sich in Abwesenheit der Eltern sicher fühlen. Nicht alle Kinder reagieren gleich auf den Beginn des Kindergartens: Manche können es kaum erwarten, dass es endlich losgeht, probieren alles aus, fühlen sich gleich heimisch. Andere »fremdeln«, beobachten das Geschehen, brauchen Zeit. Sie begnügen sich damit, zuerst einmal zuzuschauen, bleiben in Ihrer Nähe. Beides ist in Ordnung. Ablauf und Länge der Eingewöhnungsphase variieren. Auch Kinder, die im Kindergarten ganz in ihrem Element zu sein scheinen und schon am ersten Tag neue Aktivitäten erkunden, können Wochen später völlig unverhofft in Tränen ausbrechen, wenn die Eltern gehen. Übergänge zu verarbeiten braucht Zeit, ungeachtet dessen, wie ein Kind damit umgeht.

Wie Sie Ihr Kind gut vorbereiten

Bereiten Sie Ihr Kind auf den Kindergarten vor, aber in Maßen. Einige Eltern sind angesichts des Beginns einer neuen Lebensphase so aufgeregt, dass sie ihre Kinder viel zu früh davon in Kenntnis setzen. Sie fangen bereits im Frühjahr an, ihnen zu erzählen, dass sie bald in den Kindergarten kommen, doch wenn er erst im Herbst beginnt, ist das für Ihr Kind eine Ewigkeit entfernt. Zwei oder drei Wochen vorher reichen aus. Begutachten Sie gemeinsam mit ihm die Einrichtung von außen oder vereinbaren Sie einen Schnuppertag, um sich in den Räumlichkeiten umzusehen. Machen Sie Ihr Kind schon im Vorfeld mit seinen Betreuern bekannt, wenn Sie wissen, welcher Gruppe es zugeteilt wird. Und erzählen Sie ihm, welche Aktivitäten dort geboten werden (mit Bauklötzen spielen, singen, das Klettergerüst auf dem Spielplatz erproben usw.). Versichern Sie ihm, dass Sie es hinbringen und – wenn möglich – während der ersten Tage dort bleiben (oder sich in der Nähe aufhalten) werden. Am wichtigsten ist auch hier, dass Ihr Kind weiß: Sie kommen zurück.

Am ersten Kindergartentag (und in den Tagen danach) sollten Sie Ihrem Kind genau erklären, wann Sie es abholen. Machen Sie die Zeit an einem konkreten Ereignis fest, da Kinder in diesem Alter noch keinen Zeitbegriff haben: »Ich hole dich nach dem Singkreis ab«, oder: »Papa holt dich ab und wir sehen uns dann zum Abendessen.« Die Trennung von den Eltern, die im Zuge der Tagesbetreuung erfolgt, ist für Ihr Kind eine schwerwiegende Angelegenheit – es bleibt alleine an einem fremden Ort zurück. Wenn es sie ohne Drama übersteht, ist es stolz. Zu Recht, denn es

Der Kleinkind-Code

hat einen großen Schritt in Richtung Selbstständigkeit vollzogen. Helfen Sie ihm dabei, die Hürde zu nehmen. Das Wissen, dass Sie zurückkommen, erleichtert Ihrem Kind die Integration, auch in Ihrer Abwesenheit.

In der Zwischenzeit fließt ein großer Teil der emotionalen Energie in die Verarbeitung der Trennung, auch wenn Ihr Kind es nach außen hin nicht zeigt. Rechnen Sie also damit, dass es in der vertrauten häuslichen Umgebung zu Regressionsverhalten neigt. Dies kann sich darin äußern, dass Ihr Kind plötzlich wieder quengelt, ständig Forderungen stellt, klammert, schnell zu weinen anfängt oder Schlafstörungen entwickelt. Das alles deutet darauf hin, dass es die Trennung noch nicht vollständig verarbeitet hat, auch wenn es schon seit einigen Monaten in den Kindergarten geht.

Gleich, ob große oder kleine alltäglich wiederkehrende Übergänge: Als Eltern sollten wir daran denken, dass sie aus der Perspektive eines Kindes ausnahmslos schwierig sind. Sie gehen nicht immer reibungslos über die Bühne, sondern stellen Herausforderungen dar, die es zu bewältigen gilt. Kinder sind in diesem Alter noch nicht gerüstet, Hürden im Galopp zu überwinden, also die Dinge einfach so zu nehmen, wie sie kommen. Einige gewöhnen sich schneller ein als andere, aber alle brauchen Hilfestellung. Wir müssen sie durch diese Schlüsselsituationen begleiten (Spielen, Baden, das häusliche Umfeld verlassen), damit der Übergang gelingt. Wir müssen geduldig sein und beobachten, wie sie mit dem Gefühl des Unbehagens zurechtkommen und wie die noch nicht voll entwickelten Steuerzentren im Gehirn die Umstellung meistern. Mit zunehmendem Alter, wachsenden Erfahrungen und reifenden neuronalen Strukturen lernt Ihr Kind die Abfolge von Ereignissen zu erkennen, zu planen, zu organisieren und die emotionalen Reaktionen auf Veränderungen zu verstehen und effektiver zu steuern. Dies ist unerlässlich für einen erfolgreichen Umgang mit Übergängen. Sobald diese Grundvoraussetzungen erfüllt sind, ist Ihr Kind besser imstande, sie alleine zu bewältigen. Und das Wissen, bestimmten Aufgaben oder den Anforderungen des Lebens generell gewachsen zu sein, fördert wiederum das Selbstwertgefühl. Denken Sie daran, dass die Bewältigung von Übergängen anfangs noch nicht perfekt sein wird und Ihr Kind dabei Ihrer intensiven Unterstützung bedarf. Auch wenn Sie überzeugt sind, nun sei es geschafft, können Rückfälle eintreten, die uns daran erinnern, wie sehr wir noch gebraucht werden.

• •

Kindorientierte Perspektive
Übergänge verstehen

Denken Sie an die Übergänge in Ihrem eigenen Leben. Stellen Sie sich vor, es ist Freitagnachmittag und Sie sind am Abend gemeinsam mit Ihrem Partner zu einer Party eingeladen. Nach einer hektischen Arbeitswoche freuen Sie sich darauf, Ihre Freunde wiederzusehen. Trotzdem haben Sie ein mulmiges Gefühl, wie sich der Abend gestalten wird, wie Sie eine Unterhaltung beginnen werden – was Sie Neues zu berichten haben. »Wer wird sonst noch dort sein?«, überlegen Sie vielleicht. Möglicherweise fühlen Sie sich erschöpft und fragen sich, ob Sie die Energie aufbringen, sich zusammenzureißen und den Abend in Gesellschaft zu verbringen. Sie wissen, dass Sie Spaß haben werden, sobald Sie dort sind. Doch die Hürde besteht darin, sich aufzuraffen. Was haben Sie vor Beginn der Party oder irgendeines anderen Ereignisses empfunden? Aufregung? Freude? Unbehagen? Graute Ihnen davor? Ihrem Kind ergeht es ähnlich wie Ihnen – auch bei Übergängen, die es anstrebt!

• •

Um Kleinkinder bei der Bewältigung von Übergängen zu unterstützen, sind klare Strukturen, Empathie und Flexibilität im Umgang mit Ritualen erforderlich. In Zeiten emotionaler Tur-

Der Kleinkind-Code

bulenzen brauchen Kinder einen Halt, wenn sie sich angesichts von Veränderungen verunsichert fühlen. In Übergangssituationen, die noch höhere Anforderungen an sie stellen, brauchen sie nicht nur unsere Ruhe und Gelassenheit, sondern auch die Bestätigung, dass wir sie begleiten und verstehen, wie schwierig es für sie ist, die vertraute häusliche Umgebung zu verlassen, sich von den Großeltern zu verabschieden, sich auf die Bettgehzeit einzustellen, den Schlafanzug anzuziehen oder einen Zahn zu verlieren.

Wie die meisten Herausforderungen im Kleinkindalter ist die Hilfestellung bei der Bewältigung von Übergängen eine wichtige Vorbereitung auf die Untiefen der kleinen und großen Veränderungen, durch die es im späteren Leben navigieren muss. Damit zeichnen Sie den Weg zu mehr Flexibilität vor. Wenn Sie die Zuversicht Ihres Kindes stärken, Übergänge trotz aller Probleme aus eigener Kraft zu meistern, tragen Sie dazu bei, Selbstvertrauen zu verinnerlichen: »Ich kann das, auch wenn es schwierig ist!« Und damit legen Sie den Grundstein für die Resilienz, die psychische Widerstandskraft Ihres Kindes.

Wie Sie Ihr Kind begleiten

Damit Sie Ihrem Kind helfen können, Übergänge alleine zu bewältigen, müssen Sie die Ereignisse zunächst aus der Perspektive von Kleinkindern betrachten. Sie sehen die oftmals unverständliche Welt, in der sie leben (und die sich von der eines Erwachsenen unterscheidet) mit ihren Augen, sodass Ihnen der Kontext klarer wird. Für sie ist die Welt neu und voller Wunder, geprägt vom Streben nach sofortiger Bedürfnisbefriedigung, ohne Gefühl für Zeitintervalle oder zeitliche Abfolgen und mit Veränderungen in der eigenen Entwicklung gespickt. Der erste Schritt besteht darin, diesen Zustand zu verstehen. Das bedeutet nicht, dass Sie jedem Wunsch stattgeben müssen. Ganz im Gegenteil: Sie sollten Ihrem Kind helfen, sich trotz der fortwährenden, wechselnden Bedürfnisse im Leben zurechtzufinden. Wenn Sie seine Sicht der Welt berücksichtigen, können Sie Verhaltensweisen und Bedürfnisse in einen neuen Bezugsrahmen stellen, der für Erwachsene verständlicher ist und Möglichkeiten aufzeigt, Strategien für den Umgang mit ihnen zu entwickeln. Um Kinder auf ihrem Weg in die Welt zu begleiten und sie zu sozialisieren, müssen wir uns zuerst in sie hineinversetzen, um ihre Welt aus ihrer Sicht zu betrachten.

8
Der Lerncode: Die Bedeutung der Eckpfeiler im Lernprozess

Spielen, teilen und gewähren lassen

»Beeilung!«, ruft Julia. »Wir müssen los! Ein Notfall.«
Michael und Ronja springen in das schaukelnde Holzboot.
»Ich bin der Doktor«, erklärt Ronja, »ich habe den Arztkoffer mit den Spritzen dabei.«
»Und ich die Medizin«, erwidert Michael.
»Medizin ist ekelig!«, sagt Julia.
»Die braucht man aber, um gesund zu werden«, wirft Dr. Ronja ein.
Die Kinder schaukeln hin und her, bis ein Mitglied der Rettungsmannschaft mit Nachdruck erklärt, dass der Bestimmungsort erreicht ist.
»Noch nicht«, widerspricht Michael und die drei schaukeln einvernehmlich weiter. Bald darauf sind sie am Ziel angekommen.
»Da drüben ist der kranke Hund.« Julia deutet auf ein Stofftier, das auf dem Boden liegt.
Die drei stolpern aus dem Boot und eilen zu dem Patienten hinüber, der ärztlicher Hilfe bedarf. »Wir bauen jetzt ein Bett für den Hund«, schlägt Julia vor. Sie nimmt rechteckige und quadratische Bauklötze und reicht sie an ihr beiden Freunde weiter.
»Darf ich auch mitmachen?«, erkundigt sich Nina, die gerade das Spielszenario betritt.
»Klar, wir brauchen Hilfe«, erwidern die drei Freunde. Die Bauklötze fallen mehrmals um, bis sie herausgefunden haben, wie

man ein stabiles Bett daraus errichtet. Das Stofftier wird behutsam hineingelegt, wo es sich ausruhen muss.

In diesem lebhaften Rollenspiel werden sowohl Situationen aus der Welt der Erwachsenen als auch eigene Alltagserfahrungen dargestellt und Handlungsverläufe auf eine Weise umgeschrieben, die es den Kindern ermöglicht, sie zu steuern.

Die Kinder gehen in ihrer Rolle auf: Sie versetzen sich in ihre Umwelt, setzen sich spielerisch mit ihren Inhalten auseinander, imitieren Sprache und Redewendungen der Erwachsenen, mit denen sie in Kontakt kommen, stellen Alltagssituationen nach und lernen dadurch, etwas »ganz alleine« zu bewältigen. Die Kinder in diesem Beispiel sind vier Jahre alt. Sie haben gelernt, einträchtig miteinander zu spielen, Rollen auszuhandeln und zu kooperieren. Mit zwei oder drei Jahren wären sie vermutlich noch nicht in der Lage, ein derartig anspruchsvolles Rollenspiel zu inszenieren. Aber der Anfang ist gemacht, mit Fantasie- oder »Als-ob-Spielen«. Und mit vier sind sie schon »Profis« auf diesem Gebiet.

Wenn man sich die Bedeutung des Spiels für Kleinkinder vor Augen hält, gewinnt man nicht nur Einblicke in ihre Welt, sondern auch wertvolle Erkenntnisse über die Lernprozesse in diesem Alter. Die aktuellen Ergebnisse der Hirnforschung und der Kognitionswissenschaften stimmen darin überein, dass Lernprozesse die Entwicklung vorantreiben. Und Kleinkinder lernen am besten auf spielerische Weise.

Warum ist der spielerische Aspekt so wichtig? Weil viele Eltern meinen, sie müssten dem allgemeinen Trend folgend für Fremdsprachen-, Klavier- oder Geigenunterricht, Ballettstunden oder Sportkurse sorgen und einem Zweijährigen schon das Lesen beibringen, um so früh wie möglich die Weichen für die akademische und berufliche Laufbahn zu stellen. Und das noch vor der Einschulung! Oft setzen Botschaften, was gut für Kinder ist, die Eltern dermaßen unter Druck, dass sie unbewusst den besten Interessen und künftigen Erfolgen ihres Kindes zuwiderhandeln.

Man redet ihnen ein, dass eine breit gefächerte Früherziehung in der heutigen Zeit unerlässlich ist. Fakt ist, dass Kinder von sich aus die Neigung haben zu lernen. Sie erkunden mit Staunen, Freude und Forscherdrang die Menschen, mit denen sie zu tun haben, und ihre Umwelt. An Richtlinien und Regeln gebundene Lektionen wirken dieser natürlichen Neigung entgegen. Die Aufgabe der Erwachsenen im Lernprozess von Kleinkindern sollte darin bestehen, diese angeborene Triebkraft und Neugierde zu fördern, denn sie stellen die Grundlage für die Entwicklung der Motivation und des Interesses am Erwerb von Fähigkeiten und Fertigkeiten dar. Studien zum Thema Lernen und Entwicklung belegen, dass die Förderung des angeborenen Lerninteresses, der natürlichen Neugierde und der Lust am Erkunden und Erforschen Kinder befähigt, eigenständig zu denken und Probleme zu lösen.

Wenn Kinder spielen, lernen sie, wie es in der Welt zugeht – sie finden es heraus, indem sie die Initiative ergreifen und sich aktiv mit ihr auseinandersetzen. Sie lernen, Aufgaben zu bewältigen, zu kommunizieren, sich einen Weg durch schwierige Situationen und das Labyrinth der Problemlösungen zu bahnen. Im Spiel lernen Kinder etwas über sich selbst und andere, über Regeln und Konsequenzen, über Kooperation und Konflikte. Im Spiel entwickelt sich Handlungskompetenz – das Wissen, dass sie Einfluss auf ihr soziales Umfeld nehmen, dass sie etwas bewirken können. Handlungskompetenz ist mit Selbstvertrauen verbunden, und beides steht in engem Bezug zur Selbstregulation.

Ich beobachte häufig, dass Kleinkinder alle nur erdenklichen Spielsachen an ihrem Platz anhäufen: Was aus der Perspektive eines Erwachsenen wie Horten aussieht, ist für sie Sammeln: »Ich muss alles herbeischaffen, was ich zum Spielen brauche. Das kann mir niemand nehmen.« Das Sammeln bewirkt ein Gefühl der Sicherheit, verbunden mit dem Wissen, dass das Kind über alles verfügt, was es benötigt. Herauszufinden, welche Bedürfnisse es hat und wie sie sich erfüllen lassen, baut Selbstvertrauen auf. Erst wenn die eigenen Bedürfnisse erfüllt sind, kann sich ein Kind in die Bedürfnisse anderer hineinversetzen. Dabei lernt es gleichzeitig seine Vorlieben und Abneigungen kennen. Ein Kind sammelt Autos, ein anderes Legosteine oder Pfeifenreiniger. Jede Sammlung sagt etwas über das Kind aus. Einer meiner Söhne nahm in diesem Alter beinahe jeden Tag ein anderes Stofftier in den Kindergarten mit und interessierte sich schon mit vier für Wale. Inzwischen ist er zehn und findet Wale noch immer faszinierend. Er liest viel über sie, studiert ihr Verhalten und träumt davon, Meeresbiologe zu werden. Das Interesse und die Leidenschaft dafür machten sich erstmals im Kleinkindalter bemerkbar.

Die zweieinhalbjährige Olivia fährt auf ihrem Spielzeuglaster. »Ich arbeite«, erklärt sie mit Nachdruck. Sie stapelt sorgfältig Bauklötze auf die Ladefläche, voll konzentriert. Der Stapel fällt um und sie beginnt von vorne. »Der geht, der nicht.« Sie sammelt kleine Bauklötze ein. »Die blauen will ich nicht. Nur die roten.« Während sie behutsam versucht, die richtigen Klötzchen aufeinanderzustapeln, murmelt sie: »Ich bin beschäftigt. Ich hab keine Zeit!«

Das freie Spiel bietet Olivia die Gelegenheit herauszufinden, wie die Bauklötze zusammenpassen. Dieser Prozess basiert auf räumlichen Vorstellungen und mathematischen Konzepten. Er fördert die Fähigkeit des Kindes, Probleme zu lösen und mit Frustration umzugehen. Das Mädchen entdeckt dabei seine Präferenzen und Abneigungen und fühlt sich stark und selbstbewusst, weil es genau wie Erwachsene einer »Arbeit« nachgeht. Für ein Kind in dem Alter ein Grund, auf seine Leistung stolz zu sein. Gleichzeitig festigt das Kind seinen Wortschatz, es benennt Farben und ahmt Verhaltensweisen und Redewendungen nach, die es in der Welt der Erwachsenen beobachtet hat. In dieser kurzen Spielepisode findet eine Fülle von Lernprozessen statt.

Wenn das Spiel so wichtig ist, stellt sich die Frage, warum viele es noch heute als Gegenpol zur Arbeit betrachten, als einfachen Zeitvertreib. Das Spiel wird oft banalisiert, wenn es beispielsweise heißt: »Das soll schwierig sein? Das ist doch ein Kinderspiel!«,

Der Kleinkind-Code

oder: »Er spielt nur«, als wäre das Spiel nebensächlich und keine ernsthafte Beschäftigung. Vielen wäre es lieber, wenn Kinder in diesem Alter Buchstaben nachzeichneten, den Spielanweisungen der Erwachsenen folgten oder auf einem Arbeitsblatt Figuren zuordneten. Das wären Spiele im Sinne der Erwachsenen. Doch diese Sichtweise spiegelt das mangelnde Verständnis für die wahre Natur des Lernens wider. Sie versäumt es, die Welt mit den Augen (oder dem Verstand) eines Kleinkindes wahrzunehmen, und deshalb ist sie voreingenommen, falsch und unrealistisch.

Es überrascht wohl nicht, dass unser Lernkonzept im Kinderzentrum auf der Einstellung basiert, dass Kleinkinder ein stimulierendes, schützendes Umfeld brauchen, das Möglichkeiten zur Erkundung und nur so viel Unterstützung wie nötig bietet, damit sie auf natürliche Weise in einen Dialog mit ihrer Umwelt treten, diese erforschen, entdecken und daraus lernen können. Und genau das geschieht im Spiel.

Kleinkinder trennen nicht zwischen Lernen und Spielen. Sie lernen spielerisch. Von morgens bis abends haben sie nur eines im Sinn: Womit beschäftige ich mich jetzt? Was kann ich entdecken? Was kann ich erkunden? Kleinkinder sind Forscher im Miniaturformat: In dieser Lebensphase wollen sie alles ausprobieren, allen Dingen auf den Grund gehen, ihre Welt mit allen Sinnen erfahren, sie durch Berühren, Sehen, Riechen, Hören und Schmecken wahrnehmen. Sie stecken Hände und Finger, Zehen und Zunge in alles, was ihre Neugierde weckt. Sie müssen nicht lernen, wie man spielt – für sie ist Spielen genauso natürlich wie das Atmen. Ihre Neugierde ist unersättlich.

Als Eltern können Sie vermutlich ein Lied davon singen, denn Kinder lassen sich nicht davon abhalten, auf Entdeckungsreise zu gehen, selbst wenn wir es wollten! Spielen ist ihr Lebenszweck in dieser Phase der kognitiven, geistigen, körperlichen und psychosozialen Entwicklung. Neurowissenschaftliche Studien bestätigen diese Auffassung. Rollenspiele und Selbsterforschung sind von zentraler Bedeutung für die Entfaltung der mehrfach erwähnten exekutiven Funktionen, zu denen die Fähigkeiten gehören, Probleme zu lösen, planvoll zu handeln, Alternativen zu entwickeln, Kreativität und Ausdauer zu beweisen und Gefühle zu regulieren. Diese Fähigkeiten werden in Spielen ohne festgelegtes Drehbuch aufgebaut, in die sich Kleinkinder vertiefen. Sie bilden das Fundament des Lebenserfolgs.

Doch in unserer heutigen Zeit, die vom Streben nach Perfektion geprägt ist, legen Eltern und Pädagogen die Messlatte oft höher an, als es dem Entwicklungsstand von Kleinkindern entspricht – und das im Namen der Bereicherung und Beschleunigung des Lernprozesses. Dieses Kapitel beschreibt nicht nur einen Lernansatz, der sich nach meiner Erfahrung bei Kindern in diesem Alter am besten bewährt hat, sondern auch die Gründe, die sich hinter dieser Philosophie verbergen. Es lenkt den Blick auf diejenigen Elemente, die Eckpfeiler für den Lernprozess Ihres Kindes in seiner derzeitigen Entwicklungsphase und im späteren Leben bilden. Und dazu gehört nicht, dass ein Kind schon mit drei, vier oder fünf Jahren Chinesisch als Fremdsprache lernen muss (es sei denn, es handelt sich um seine Muttersprache)!

Merkmale des kindlichen Spiels und Spielverhaltens

Obwohl es keine allgemeingültige Definition des Begriffes »Spielen« gibt, haben sich die Experten auf einige Aspekte geeinigt, die für kindliche Spiele typisch sind. Erstens: Kinder spielen, weil es Spaß macht. Man erkennt, dass sie glücklich, entspannt, friedlich und bisweilen mit Feuereifer bei der Sache sind. Psychologen bezeichnen diesen Zustand als »positiven Affekt«, eine Art Anstieg der »emotionalen Temperatur« oder Gemütserregung. Zweitens: Kinder spielen mit voller Konzentration. Sie sind aufmerksam, wirken selbstvergessen, lassen sich nicht leicht von ihren Aktivitäten ablenken. Ihr Spiel ist zweckfrei – nicht mit Belohnung, Anleitung oder Druck verbunden. Sie spielen aus Freude am Spiel.

Vielleicht fragen Sie sich, wie man eine derart lustgesteuerte Tätigkeit als Lernen bezeichnen kann. Das aktive Engagement, angetrieben von der kindlichen Freude am Spiel, wird zur Grundlage für die spätere Fähigkeit, fokussiert und ausdauernd zu lernen.

Der dritte, eng mit Engagement und Freude verbundene und weithin anerkannte Aspekt des Spiels ist die intrinsische oder innere Spielmotivation des Kindes. Es gibt verschiedene Faktoren, die diese Motivation beeinflussen: Neuheit der Erfahrung oder neue Sichtweisen, das Bedürfnis, Fähigkeiten und Fertigkeiten auf einem bestimmten Gebiet zu vervollkommnen (man denke an die zahlreichen Wiederholungen einer Aktivität oder Handlung), und das Bestreben, Gefühle aufzuarbeiten. Obwohl es sich dabei um die Selbstmotivation des Kindes handelt, sollten die Erwachsenen für einen geschützten Raum und bei Bedarf für Unterstützung oder Hilfestellung im Spiel sorgen.

Viertens ist das freie Spiel des Kindes unbelastet von Regeln, die andere vorgeben. Seine Spielwelt stellt ein Paralleluniversum zur Welt der Erwachsenen dar. Der Fantasie sind keine Grenzen gesetzt, und die kindliche Logik unterscheidet sich von der unsrigen. Was bedeutet dieser Aspekt des Spiels für den Lernprozess und die künftige Entwicklung Ihres Kindes? Kreativität, Vorstellungsvermögen und Innovationskraft bleiben in formalen Lern- und Ausbildungsprozessen häufig auf der Strecke, ein Mangel, den Arbeitgeber heute oft beklagen. Kinder mögen einem Spiel eigene Gesetzmäßigkeiten oder Regeln zugrunde legen. Sich dabei an den Gepflogenheiten der Erwachsenen zu orientieren, käme ihnen aber nicht in den Sinn. Die Regeln, die heute bei ihnen zur Anwendung kommen, können sich von den gestern herrschenden unterscheiden. Wenn man Kleinkinder beim Spiel beobachtet, stellt man fest: Es gibt sehr wohl Regeln, selbst wenn sie Erwachsenen merkwürdig erscheinen. Diese Regeln werden aufgestellt, verhandelt, geändert und wieder neu ausgehandelt.

Melanie hält den Ball fest und weigert sich, ihn aus der Hand zu geben. »Wirf! Das ist die Regel. Mach schon!«, ruft Lars. »Nein!

Erst steht man da und fängt den Ball. Jetzt hab ich ihn gefangen. Und ich entscheide, wann ich werfe«, entgegnet Melanie. »Na gut«, erwidert Lars. »Wenn ich den Ball fange, halte ich ihn auch so lange fest, wie ich will.«

Auch beim freien Spiel ändern sich die Regeln. Ramona spielt Vater-Mutter-Kind und erklärt: »Du darfst nicht alle Bauklötze nehmen. Das dürfen nur Mamas.« Ihre Freundin Amelie kontert: »Ich bin das Baby. Und Babys dürfen das auch.«

Die Loslösung von externen Regeln bedeutet nicht, dass sie völlig fehlen. Kinder legen ihre eigenen Regeln für die Rollenverteilung, Beziehungen, Teilnahme am Spiel, Entwicklung des Spielverlaufs und annehmbares Spielverhalten fest. Die Mitwirkenden entwickeln und einigen sich auf die Regeln, die stillschweigend verstanden werden.

Im Kindergarten ist Aufräumen angesagt. Es folgt der Auftritt des Mädchens vom Pizzadienst. »Wer hat eine Pizza mit Peperoni bestellt?«, ruft Tessa, während sie einen Bauklotz in Richtung Regal trägt. »Ich!«, erwidert Alexander. Er nimmt Tessa den Bauklotz ab und sortiert ihn im Regal ein. Er ist für das Einordnen der »Holzpizzen« nach ihrer Größe zuständig. Bald machen auch die anderen Kinder beim Pizza-Lieferservice mit. »Wer hat eine Pizza mit Käse bestellt?«, »Hier kommt noch eine Pizza!«, schallt es durch den Raum, als sie Alexander die Bauklötze zureichen.

Die Kinder haben die Aufgaben verteilt und schaffen eine Struktur für ein gelungenes Rollenspiel. Die Aktivität führt zu einer erfolgreichen Aufräumaktion. Die Fantasie-Aspekte binden die Kinder in das Spiel ein und treiben den Ablauf voran. Abgesehen davon lernen sie, neue Begriffe in ihren Wortschatz zu integrieren, Ausdauer zu entwickeln, um eine Aufgabe zu Ende zu bringen, und im Team zusammenzuarbeiten – eine weitere Fähigkeit, die im 21. Jahrhundert hoch im Kurs steht.

Außerdem konzentrieren sich Kleinkinder beim Spielen auf den Handlungsablauf oder die Darstellung einer Aktivität und nicht auf ein Ziel oder die Ergebnisse. Genau das unterscheidet Arbeit und Spiel. Wenn wir eine Arbeit verrichten, auch wenn sie Spaß macht, behalten wir nicht nur die erzielten Fortschritte im Auge, sondern werden auch durch das Ergebnis motiviert – Arbeitsentgelt, Auszeichnungen, Realisierung des gesetzten Ziels. Dieser Aspekt trennt die Arbeit vom Spiel. Wenn Kleinkinder spielen, dreht sich alles um den Spielablauf – bei ihnen sind Arbeit und Spiel identisch. Im Rahmen dieses Prozesses finden Lern- und Entwicklungsfortschritte statt. Während Kinder zusammenarbeiten oder sich anhand des Spiels mit Alltagssituationen auseinandersetzen, bauen sie Vertrauen in ihre Fähigkeiten und Fertigkeiten auf. Dieses Selbstvertrauen fördert Risikobereitschaft, Lernen und Wachstum des Kindes. Das Selbstvertrauen, das sie aus dem Spiel ableiten, leistet ihnen im späteren formalen Bildungskontext gute Dienste – das Gefühl, Herausforderungen alleine bewältigen zu können, gleich, ob sie addieren oder ein neues Wort lesen lernen.

Selbst wenn Erwachsene das Spielumfeld festlegen und damit weitgehend einen Handlungsrahmen vorgeben, egal, ob zu Hause oder im Kindergarten, sollten sich die Kinder frei fühlen, Spiele in eigener Regie und in welcher Form auch immer zu gestalten. In dieser Hinsicht ist das Umfeld enorm wichtig; es stellt einen geschützten Raum dar. Ein ansprechend gestalteter Spielraum mit entwicklungskonformen Spielsachen und Materialien, unter denen Kinder wählen können (wie Sand, Wasser, Malfarben, Requisiten für Fantasie- und Rollenspiele), erleichtern den Spielprozess. Kinder brauchen nicht viel zum Spielen. Je weniger Material zur Verfügung steht, desto kreativer ist oft das Spiel, weil die Kinder das Beste aus dem machen müssen, was vorhanden ist, ohne durch eine Fülle von Optionen überfordert oder abgelenkt zu werden. Schauen Sie sich im Zimmer Ihres Kindes um. Gibt es dort zu viele Spielsachen? Ich empfehle den Eltern oft, die Hälfte wegzupacken. Die meisten sind erstaunt, wie kreativ ihr Kind plötzlich wird.

Was Sie tun können

Kleinkinder sind Forscher. Sie möchten etwas berühren, schmecken, riechen, hören und manchmal auch werfen oder essen, um Informationen über einen Gegenstand zu sammeln. Diese Wissbegierde stellt oft die Ausgangsbasis des Spiels dar. Wenn man sie fördert, wird das Lernen auch im formalen Kontext zu einer lebenslangen, spannenden Erfahrung. Wenn Kinder ihre Umwelt erkunden, fragen sie sich: »Was ist das? Wozu dient das? Was kann ich damit machen?« Als Eltern fördern wir diesen Forscherdrang, indem wir dem Kind die Führung überlassen und Anregungen geben, jedoch ohne uns aktiv in den Spielverlauf einzumischen.

Wenn Ihr Kind den Zug auf den Holzschienen vorwärtsschiebt und sagt: »Der fährt zur Oma«, könnten Sie anmerken: »Ich wüsste gerne, was passiert, wenn er dort ankommt.« Wenn Ihr Kind Matsch in den Händen zerreibt, würden Sie es mit dem Kommentar »Ich wüsste gerne, wie sich das anfühlt« auf die Wahrnehmung taktiler Reize aufmerksam machen und der Erfahrung eine zusätzliche Dimension verleihen. Mit solchen unterstützenden Interaktionen laden wir Kinder in einen Raum ein, in dem sie Neues erkunden, Vertrautes entdecken und ein Gefühl der Sicherheit und Kompetenz entwickeln können.

Wie Spielen Lern- und Entwicklungsprozesse fördert

Das Spiel stellt eine natürliche Wissensbereicherung und Entwicklungsoption dar, da das Kind auf diesem Weg etwas über sich selbst und die Welt erfährt, die es umgibt. Die aktive Gestaltung ihrer Fantasiewelt fördert das Gefühl der Kompetenz und Kontrolle, führt zu mehr Selbstsicherheit und Selbstwirksamkeit, Eigenschaften, die eine solide Grundlage für künftige Lernerfolge bilden. Sie ist unerlässlich, um beim Erwerb neuer Fähigkeiten und Fertigkeiten Ausdauer zu beweisen und sich nicht durch Rückschläge beirren zu lassen. Wenn Kinder im Spiel herausfin-

Der Kleinkind-Code

den, wie etwas funktioniert – welche Bauklötze beispielsweise auf die Ladefläche eines Lasters passen, wie Olivia in unserem Beispiel –, haben sie das Gefühl, Probleme lösen und sich die Lösung »erarbeiten« zu können. Im Verlauf dieses Prozesses wächst die Neugierde, die Spannung, die sie antreibt, auch andere Dinge auszuprobieren (eine Fähigkeit, die später benötigt wird, wenn sie beispielsweise rechnen oder lesen lernen), und die Überzeugung, durch Versuch und Irrtum verschiedene Lösungswege erkunden und ans Ziel gelangen zu können. Wenn sich ein Kind seiner Fähigkeit bewusst ist, Problemlösungen zu finden, entwickelt es das Fundament für ein motiviertes, eigenverantwortliches Lernverhalten und Vertrauen in die Fähigkeit, den Lern- und Leistungsanforderungen zu genügen. Und das unabhängig davon, ob es bei den Problemlösungen um das Zusammensetzen eines Puzzles mit fünf Teilen, das Ausrichten des letzten Bauklötzchens auf einem Turm oder um Möglichkeiten geht, drei Mitspieler in einem schaukelnden Boot unterzubringen, das nur für zwei Personen ausgelegt ist.

Dieses Gefühl der Kompetenz und der Glaube an sich selbst führen zu einer Begeisterung, die auch bei älteren Kindern Lernprozesse antreibt. Das Spiel ermöglicht Kindern wichtige Selbstentdeckungen – einschließlich der eigenen Vorlieben und Abneigungen, Stärken und Schwächen. Sie verändern ständig ihre Aktivitäten, um die Freude am Spiel zu maximieren, während sie erkunden, was leicht oder schwer zu bewältigen ist, was Spaß macht und was frustriert. Sie lernen, die Gefühle anderer zu verstehen und Empathie zu entwickeln. Diese Fähigkeiten sind von zentraler Bedeutung für gesunde Beziehungen zu Gleichaltrigen und das Einfühlungsvermögen. Kinder, die daran gewöhnt sind, die Gefühle und Empfindungen anderer wahrzunehmen, sind erfolgreicher, wenn es gilt, Freundschaften zu schließen und soziale Interaktionen zu gestalten. Und positive soziale Interaktionen sind wiederum eng mit dem späteren Erfolg in formalen Lernprozessen, einer positiven Lebenseinstellung und beruflichem Erfolg als Erwachsene verbunden.

Bei Kleinkindern ist das Gefühl der Kompetenz und Kontrolle über ihre Welt in hohem Maß mit einem Gefühl der Sicherheit verknüpft. Wenn Kinder von morgens bis abends spielen, sind sie also fortwährend bemüht, den Kampf um die Selbstständigkeit und das Bedürfnis nach Schutz und Sicherheit auf einen Nenner zu bringen.

Julia, noch nicht ganz drei Jahre alt, weint, als sich die Mutter in der Tagesstätte von ihr verabschiedet. »Es ist völlig in Ordnung, dass du traurig bist«, versichert die Betreuerin, auf deren Schoß das kleine Mädchen Zuflucht gesucht hat. »Aber Mamas und Papas kommen immer wieder und holen ihr Kind ab.«

Der zweijährige Harry beobachtet aufmerksam die Szene. Er klettert von seinem Hochstuhl hinunter, geht langsam auf Julia zu, einen Teddybären in der Hand. Er wiederholt das Mantra der Betreuerin: »Mama kommt bald wieder«. Dann überlässt er ihr das Spielzeug, das ihm Trost bringt – ein Schritt zu aufrichtiger Empathie.

Das Spiel fördert darüber hinaus die Sprachfähigkeit. Rollenspiele unterstützen die Sprachentwicklung, wenn Kinder Rollen aushandeln, Handlungsstrukturen festlegen und das Zusammenspiel mit den anderen Mitwirkenden gestalten. Erwachsene sollten ihren Beitrag darauf beschränken, das Spiel der Kinder zu kommentieren (»Ich sehe, dass du dein Baby wäscht«, oder: »Das große blaue Bild, das du gerade malst, gefällt mir.«). Solche Anmerkungen sorgen für ein Umfeld, das den Wortschatz erweitert und Konzepte auf natürliche Weise festigt (klein – groß, mehr – weniger, über – unter, Farben oder Formen). Sprache ist wiederum eng mit Gefühlen verbunden, die in solchen und ähnlichen Fantasiespielen zum Ausdruck gebracht und erkundet werden. Sie bieten Kindern den Freiraum, Ängste und Sorgen zu äußern, denn sie brauchen unsere Hilfe, um negative Emotionen in den Griff zu bekommen, statt sie zu unterdrücken. Deshalb sind Spiele, die Fantasie und Vorstellungsvermögen anregen, so wichtig. Sie ermöglichen Kindern, Erfahrungen nach eigenem Gutdünken umzugestalten und so abzuwandeln, dass sie ein Gefühl der Kontrolle über eine Situation erlangen. Das führt wiederum zu einem besseren Verständnis und einem Gefühl der Kompetenz. Damit wird das Sicherheitsgefühl untermauert, das gerade für Kleinkinder enorm wichtig ist, die nach Selbstständigkeit und Selbsteinschätzung streben.

Auch die Kinder, die im obigen Beispiel den »kranken Hund« versorgen, setzen sich mit eigenen Erfahrungen auseinander. Sie spielen Doktor, setzen Spritzen und bestehen auf der Einnahme von Medikamenten. Dadurch lernen sie, auch unangenehme Gefühle auszuhalten. Wenn sie das nächste Mal selbst krank sind, ist der Arztbesuch vielleicht mit weniger Ängsten und Sorgen verbunden.

Fantasie- und Rollenspiele geben Kindern also eine Möglichkeit an die Hand, Situationen zu bewältigen, die eine emotionale Herausforderung darstellen.

»Hopsasa, Hopsasa, der Frosch ist da!«, ruft Jonas und hüpft in den Gruppenraum des Kindergartens, den Kopf in den Armen verborgen. Eine Woche zuvor schlich er auf allen vieren herein und fauchte. »Krrrrrrrr … Heute bin ich ein Tiger«, erklärte er und schnitt eine furchterregende Grimasse. Ein anderes Mal trug er einen Umhang: »Hallo, Superman besucht den Kindergarten.«

Jede dieser Figuren bietet Jonas die Möglichkeit, in die Rolle eines Wesens zu schlüpfen, das mächtiger oder mutiger ist als das ängstliche Kind, dem der Abschied von der Mutter schwerfällt. Der lebhafte Frosch, das wilde Tier oder eine Figur wie Superman gestatten ihm, das Terrain zu sondieren und selbstsicher an den Aktivitäten seiner Gruppe teilzunehmen. Wenn man diese emotionalen Bedürfnisse unterstützt, werden Frosch, Tiger und Superman mit der Zeit verschwinden und Jonas ermöglichen, als er selbst in den Kindergarten zu kommen. Wenn er so weit ist. Das Spiel bietet ihm den Raum, diese schwierigen Gefühle in seinem eigenen Tempo zu verarbeiten.

Eltern oder Betreuer haben eine wichtige Aufgabe bei der Bestätigung und Unterstützung des Spiels. Die Gefühle benennen und sich den emotionalen Gehalt klarzumachen ist eine wirksame Möglichkeit, Fantasiespiele zu erweitern: »Der Tiger klingt wütend.« Und die Frage »Warum könnte das Monster so traurig sein, was glaubst du?« trägt dazu bei, dass Kinder lernen, Gefühle zu verstehen und Empathie zu entwickeln. Fantasie- und Rollenspiele sind ein hervorragendes Mittel, um Gefühle mit wenig Worten zum Ausdruck zu bringen und in der verkörperten Figur auszuagieren. Die damit verbundene Übertragung baut Ängste ab und ermöglicht das Erforschen von Emotionen. Sie werden durch das Rollenspiel (als Baby, Mama oder Papa, Feuerwehrmann, Monster, Tiger oder Doktor) mit Handpuppen oder Spielzeugtieren ausgetestet.

Ein dreijähriges Mädchen aus unserem Kinderzentrum, das von seiner Mutter gebracht wurde und die Trennung nur schwer verkraftete, suchte sich eine solche Handpuppe aus. »Er ist froh«, sagte das Mädchen, »sehr froh!« Und gleich darauf: »Jetzt ist er traurig. Sehr traurig.« Es wiederholte diese Abfolge der Sätze mehrmals, brachte damit den Konflikt zwischen Freude (schon groß und im Kindergarten sein) und Trauer (Abschied von der Mutter) zum Ausdruck. »Vielleicht ist er traurig, weil er seine Mama vermisst«, erwiderte die Kindergärtnerin. »Aber sie kommt bald wieder.« Die Botschaft, die sich dahinter verbarg, lautete: »Es ist völlig in Ordnung, Gefühle zu haben und zum Ausdruck zu bringen.«

Doch was haben Gefühle mit Lernen zu tun? Eine Menge. Die Bereitschaft, durchzuhalten, sich neuen Herausforderungen und den damit verbundenen Risiken zu stellen, Frustration auszuhalten oder die Aufmerksamkeit längerfristig zu fokussieren, ist untrennbar mit der Fähigkeit verbunden, die eigenen Gefühle zu regulieren. Die Bereitschaft, nicht aufzugeben, Probleme zu lösen oder verschiedene Lösungswege zu ergründen (Puzzle, Bauklotztürme errichten, kleine Rechenaufgaben), setzt den festen Willen voraus, dranzubleiben, auch wenn sich eine Situation als schwierig oder frustrierend erweisen sollte. Diese Fähigkeit, Gefühle zu steuern, ist bei jeder Herausforderung unerlässlich. Sie wurde von Wissenschaftlern verschiedener Fachbereiche und Pädagogen als Schlüsselelement des Lernprozesses ermittelt (das in der formalen Erziehung und Ausbildung oft fehlt) und geht über die intellektuelle Kapazität des Einzelnen hinaus. Jemand kann hochintelligent sein, aber wenn es ihm nicht gelingt, negative Gefühle in den Griff zu bekommen und Durchhaltevermögen zu beweisen, gewinnen sie die Oberhand und gefährden den Erfolg in allen möglichen Lebenslagen.

Um Missverständnissen vorzubeugen: Bei Kleinkindern ist das Durchhaltevermögen noch nicht besonders ausgeprägt. Sie lassen nur dann Ausdauer erkennen, wenn sie ihren Kopf durchsetzen wollen (beispielsweise durch Betteln um Süßigkeiten oder ein heiß begehrtes neues Spielzeug), aber nicht zwangsläufig bei Aufgaben, die Eltern und andere Erwachsene für wichtig halten. Aber keine Sorge! Wie ich im Kinderzentrum oft beobachtet habe, beenden Kleinkinder ein Puzzle oder ein anderes problemorientiertes Spiel, wenn sie die Lösung nicht finden, und kommen irgendwann darauf zurück, manchmal noch am selben Tag oder eine oder zwei Wochen später. Das sollte man nicht als Aufgeben bewerten. Wenn sie dann endlich herausgefunden haben, wie es geht, sind sie stolz auf ihre Leistung. Und genau das ist der Motor, der das Durchhaltevermögen antreibt.

Heute ist es wichtiger als je zuvor, auf die Art hinzuweisen, wie Kleinkinder wirklich lernen. Entwicklungspsychologische und neurowissenschaftliche Forschungsergebnisse aus jüngerer Zeit bestätigen, dass das Spiel ein Grundpfeiler des Lernprozesses in diesem Alter und das Fundament für den lebenslangen Erfolg von Aktivitäten im beruflichen und privaten Bereich ist. Wie bereits erwähnt, beklagen heute viele Unternehmen einen Mangel an Problemlösungs- und Kommunikationsfähigkeit, an Kreativität und Organisationstalent bei ihren Mitarbeitern, auch bei solchen mit akademischer Laufbahn. Das Alter zwischen zwei und fünf Jahren ist optimal geeignet, um in Ihrem Kind die Liebe zum Lernen zu verankern und Kompetenzen zu entwickeln, die eine Voraussetzung für den Erfolg im späteren Berufs- und Privatleben sind. Doch dazu müssen wir Kleinkinder im Kontext ihrer Entwicklung betrachten. Welcher Weg zum Erfolg und einem erfüllten Leben führt, ist nicht immer klar ersichtlich. Wenn wir ihnen ein dynamisches und reiches sensorisches Umfeld bieten, das sie erkunden können, lernen Kinder naturgemäß auf eigene Faust. Sie erforschen, folgen ihrer angeborenen Neugier, fokussieren ihre Aufmerksamkeit und beweisen Ausdauer. Erwachsene sollten diesen Raum zur Verfügung stellen, um dann einen Schritt zurückzutreten, das Geschehen zu beobachten und Orientierungshilfen zu geben. Das bedeutet, dem Kind die Führung zu überlassen, statt es auf die Ziele eines Erwachsenen auszurichten. Sobald Eltern oder Erwachsene sich einmischen und zu viele Leitlinien, Strukturen und Aktivitäten vorgeben, die formalen Lernprozessen gleichen und Fähigkeiten erfordern, die nicht dem Entwicklungsalter entsprechen, schrecken Kinder zurück und steigen aus. Das bedeutet, ihr Lernprozess kommt ins Stocken.

Kleinkinder verlassen sich darauf, dass die Erwachsenen ein überschaubares, sicheres und einladendes Spielumfeld bereitstellen. Sobald es vorhanden ist (Gruppenraum im Kindergarten, Kinder- oder Spielzimmer, Hof oder Garten im Elternhaus usw.), sollte es den Kindern freistehen zu entscheiden, was und wie sie darin spielen möchten. Es stellt einen Raum dar, in dem Eigeninitiative, Motivation, Ausdauer, Flexibilität, Problemlösungsprozesse, Kreativität und Innovationskraft wachsen und gedeihen können. Diese Fähigkeiten gelten als unerlässlich für den Erfolg im späteren Leben. Wie schon erwähnt, fördern Vorhersehbarkeit und feste, ritualisierte Tages- und Handlungsabläufe eine positive Entwicklung. Das bedeutet, eine Wiederholung der Spiele ist die Norm, und das Wissen, wo man welche Dinge findet, unterstützt die aufkeimende Selbstständigkeit.

Eine besorgte Mutter berichtete, dass ihr zweieinhalbjähriger Sohn nur mit seiner Eisenbahn spielen wollte. »Jeden Tag. Er schiebt die Züge herum, unentwegt, manchmal länger als eine Stunde.« Ich erkundigte mich, wer die Eisenbahn aufgebaut hatte. »Er!«, erwiderte sie. Mit gerade mal zwei Jahren hatte der Junge herausgefunden, wie man aus den Einzelteilen ein geschlossenes Schienennetz errichtet und die Züge an den Magneten zusammenfügt, damit mehrere Waggons hintereinanderfahren können. War er frustriert, wenn die Eisenbahn auseinanderfiel? »Und wie!«, sagte die Mutter. Aber er ließ sich davon nicht beirren, baute sie wieder zusammen und spielte weiter. Jeden Tag probierte er neue Dinge aus, bekam seine Frustration in den Griff, lernte dazu, hatte Spaß und ein wachsendes Gefühl der Sicherheit, die mit der Wiederholung des immer gleichen Ablaufs verbunden war.

Im Kindergarten oder in Kindertagesstätten sollten die Materialien immer am gleichen Platz im Gruppenraum aufbewahrt und Rituale eingeführt werden, an die sich Kinder halten können. Zu Hause ist es empfehlenswert, im Kinderzimmer nur ein Minimum an Spielsachen und Büchern (zu viele Optionen erschweren die Wahl) und Regale und Körbe zum Einräumen aufzustellen, damit Ihr Kind weiß, wo sie sich befinden, und lernt, sich alleine zu bedienen (und aufzuräumen). Auf diese Weise unterstützen Sie die Selbstständigkeit und die Fähigkeit Ihres Kindes, eigene Entscheidungen zu treffen.

Die unglaubliche Neugierde von Kleinkindern und der Wunsch, die Welt zu ihren Bedingungen zu erkunden, sind die Antriebskräfte ihres Spielverhaltens und die Ausgangsbasis für lebenslanges Lernen. Spielen, drinnen und draußen, ist für sie eine völlig natürliche Aktivität, der Kontext des Lernprozesses. Das eine lässt sich nicht vom anderen trennen. Das Spiel bietet Kindern die Möglichkeit, sich mit ihrem gerade erst entdeckten Selbst, ihrer Umgebung, ihren Gefühlen und Erfahrungen auseinanderzusetzen und herauszufinden, was zusammengehört und was voneinander getrennt ist. Das alles zu ergründen ist das Herzstück des Spiels im Kleinkindalter. Der Lernprozess fördert die Problemlösungsfähigkeit und das Selbstvertrauen. Und obwohl Kinder in diesem Alter manchmal selbstbezogen und selbstsüchtig erscheinen, lernen sie durch das Spiel, mit anderen auszukommen. Diese emotionalen, sozialen und kognitiven Fähigkeiten bilden das Fundament für eine positive Einstellung zum lebenslangen Lernen.

Haben und teilen

Von Zweijährigen sollte man nicht erwarten, dass sie teilen, denn sie verstehen noch nicht, dass andere ebenfalls Wünsche haben, die möglicherweise mit ihren eigenen kollidieren. Sie wissen nur, was sie selbst haben wollen, in eben diesem Augenblick, und machen ihren Besitzanspruch geltend: »Meins!« Sie müssen lernen, was »Haben« heißt. Der Begriff erhält eine andere Bedeutung, wenn sie beginnen, mit Kindern ihrer Altersgruppe zu spielen. Drei- und Vierjährige sind eher in der Lage zu teilen, weil das Bewusstsein, was ihnen rechtmäßig zusteht, weiterentwickelt ist. Aber auch sie können in Verwirrung geraten und ein Verhalten an den Tag legen, das uns habsüchtig oder egoistisch erscheint. In diesem Alter haben Kinder noch kein Zeitgefühl, was das Teilen gleichfalls erschwert. Bevor sie etwas abgeben können, müssen sie begreifen: »Du hast das Spielzeug jetzt, später wechseln wir uns ab und ich darf es haben.« Wenn sie etwas haben wollen, dann sofort. Gehen Sie also nicht davon aus, dass sie bereitwillig, aufrichtig oder großzügig teilen – dafür fehlt das Verständnis. Kinder, die zum Teilen genötigt werden, sorgen oft auch nach dem vierten Lebensjahr nur für sich selbst. In diesem Alter ändert sich das besitzergreifende Verhalten normalerweise, weil das Interesse, Freundschaften zu schließen, wächst. Im Rahmen dieser Entwicklung wird das Teilen leichter, aber trotzdem nicht zur Regel.

Was Sie tun können

Das Thema Teilen ist ein heißes Eisen. Erwachsene bestehen darauf, auch wenn Kinder von sich aus nicht dazu bereit sind. Teilen fällt am schwersten im häuslichen Umfeld, weil es dabei um Dinge geht, die sich auf heimischem Terrain und im Besitz des Kindes befinden. Wenn ein anderes Kind zu Besuch kommt, sollten Sie Ihrem Kind erlauben, schon im Vorfeld das eine oder andere Lieblingsspielzeug wegzuräumen, um Streitigkeiten zu vermeiden. Überlegen Sie, womit sich die Kinder gemeinsam beschäftigen könnten: Türme aus Bauklötzen errichten, Puzzle legen, malen. Falls Konflikte wegen eines von beiden Kindern begehrten Spielzeugs entstehen, sollten Sie sich zurückhalten und die Kinder selbst nach einer Lösung suchen lassen (was oft gelingt, wenn sich die Erwachsenen nicht einmischen). Konflikte sind ein natürliches Element des Spiels. Sie setzen einen Lernprozess in Gang, in dem die Suche nach Problemlösungen geübt wird. Wird keine Einigung erzielt, müssen Sie die Streithähne unter Umständen ablenken, indem Sie vorschlagen, zu anderen Aktivitäten überzugehen, draußen zu spielen oder eine Pause zu machen, um sich mit einem kleinen Imbiss zu stärken. Spielverabredungen von Zweijährigen sollten draußen oder auf neutralem Gebiet stattfinden. Drei- bis Fünfjährige sind eher, wenn auch nicht immer imstande, miteinander zu spielen und Konflikte zu lösen. Spielverabredungen sollten auf maximal zwei Stunden und jeweils einen Spielkameraden beschränkt werden. Drei Kinder sind bereits eine Meute, die man nur schwer im Zaum halten kann. Und was ist, wenn Ihr Kind während der Spielverabredung besitzergreifend ist, zu weinen beginnt, sich unleidlich und unglücklich zeigt? Das kommt vor, wie ich aus eigener Erfahrung bestätigen kann. Kürzen Sie das Beisammensein ab. Es gibt immer ein nächstes Mal, und da klappt es vielleicht besser.

Teilen lernen

Wie jeder andere Aspekt der kindlichen Entwicklung vollziehen sich auch Lernprozesse nicht im luftleeren Raum. Sie sind eine Folge (oder das Ergebnis) der sozialen Interaktionen zwischen anderen Kindern, Eltern und Kind oder zwischen Kindern und anderen Bezugspersonen. Auf diese Weise lernt ein Kind schließlich, »dass ich Marmeladenbrote mag, Ellen aber nicht«, dass »ich nicht gerne mit Schwung die Rutsche runtersause, Marc das aber toll findet«. Im Kleinkindalter wird der Grundstein für eine wichtige kognitive Fähigkeit gelegt, die sogenannte Theory of Mind, nach der sich selbst und anderen mentale Zustände zugeschrieben werden können. Obwohl der Zeitpunkt umstritten ist, wann genau sie erste Formen annimmt, stimmen die meisten Psychologen und Pädagogen darin überein, dass sie für den Lernprozess im Kleinkindalter von zentraler Bedeutung ist. Vor allem, wenn sie allmählich herausfinden, über welche Stärken und Schwächen sie verfügen, wie sie sich von anderen Kindern unterscheiden und wie sie sich selbst organisieren und selbstbestimmt handeln können. Mit anderen Worten: Sobald Kindern klar wird, dass Menschen unterschiedliche Gedanken und Gefühle haben, sind sie in der Lage, sich von ihnen abzuheben und ein Bewusstsein für ihre eigene, einzigartige Identität zu entwickeln, was mit dem bereits erwähnten Gefühl der Handlungskompetenz einhergeht.

Was hat das mit Teilen zu tun? Wiederum eine Menge. Fast alle Eltern streben dieses Ziel für ihre Kinder an. Ich auch. Aber nicht im Kleinkindalter und nicht in jeder Situation. Wir alle wünschen uns, dass unsere Kinder großherzig und einfühlsam sind, auch einmal abgeben können. Aber Teilen ist mehr als Abgeben. Es setzt eine Fähigkeit voraus, die sich erst im Lauf der Zeit entwickelt und auf einem sozialen und emotionalen Fundament beruht. Der Wunsch, dass Kinder von sich aus teilen, geht mit Sicherheit nicht in Erfüllung, wenn man sie durch ständige Ermahnungen unter Druck setzt. Ganz im Gegenteil: Man zwingt sie, etwas aufzugeben, was sich in diesem Augenblick in ihrem Besitz befindet. Es würde niemandem gefallen, wenn man ihn zwangsenteignet, denn so fühlt es sich für Kleinkinder an, die auf das »Ich« und »Meins« fokussiert sind. Das hat nur zur Folge, dass sie später unfähig sind zu teilen.

Warum? Weil Teilen aus eigenem Wunsch eine altruistische Handlung ist, die auf einer emotionalen Grundlage beruht und von Herzen kommt. Sie wird von dem Bedürfnis beflügelt, zu geben, großzügig zu sein. Bevor ein Kind uneigennützig zu handeln vermag, muss es zuerst das tief verwurzelte Gefühl haben, dass die eigenen Bedürfnisse erfüllt sind und Abgeben nicht bedeutet, ein für alle Mal darauf zu verzichten.

Was das Teilen betrifft, so fehlt Kleinkindern die Zuversicht oder das Vertrauen, dass es in Ordnung ist, auch einmal zu verzichten, oder dass man etwas zurückbekommt, was man abgegeben hat. Im Lauf der Zeit lernen sie, ihre Bedürfnisse besser in den Griff zu bekommen. Erst dann können sie sich in die Wünsche und Bedürfnisse anderer hineinversetzen. In unserer heutigen Erziehungskultur, die von Übereifer geprägt ist, hat das Wort Teilen ein Eigenleben angenommen: Es wird mit solidarischem Verhalten, dem Streben nach Gerechtigkeit gleichgesetzt. Das mag für Erwachsene gelten, nicht aber für Kinder in diesem Alter. Man verhindert eine gesunde soziale Entwicklung, wenn der Vorgang des Teilens und Teilen-Lernens missverstanden wird. Das ist besonders dann der Fall, wenn teilen bedeutet, anderen etwas zu überlassen, was man hat und selbst braucht. Wer sich benachteiligt oder bedürftig fühlt, ist nicht geneigt, großzügig zu sein, und schon gar nicht mit zwei, drei, vier oder fünf Jahren.

Zu den Elementen, die für echtes Teilen unerlässlich sind, gehören ein ausgeprägtes Bewusstsein für das Selbst, das Haben und Habenwollen (»Ich habe alles, was ich brauche, nun kann ich mich umschauen und sehen, was andere brauchen.«) und ein ebensolches Bewusstsein für andere Menschen und ihre Gefühle (die sich von den eigenen unterscheiden können). Des Weiteren sind Zeitsinn, Geduld und Handlungskontrolle nötig sowie die Fähigkeit, sich über Impulse hinwegzusetzen (warten können, sich nicht einfach nehmen, was man haben möchte).

Doch warum weigern sich Kleinkinder, zu teilen? Ganz einfach: Weil sie es noch nicht können. Das liegt unter anderem auch daran, dass sie kein Zeitgefühl besitzen. In fünf Minuten ist nicht jetzt! Etwas abgeben, weil es immer der Reihe nach geht, oder warten, bis man selbst an der Reihe ist, erfordert Zeitgefühl. Für ein Kleinkind sind das willkürliche Regeln, die sich die mächtigen Erwachsenen ausgedacht haben.

Dazu kommt die mangelnde Impulskontrolle. Wenn Zwei- oder Dreijährige etwas haben wollen, neigen sie dazu, es sich einfach zu nehmen. Geduldig auf die Erfüllung von Wünschen und Bedürfnissen zu warten ist ein Meilenstein in dieser Entwicklungsphase und hat mit Selbstkontrolle zu tun. Erwachsenen fällt daher die wichtige Aufgabe zu, sie dabei zu unterstützen, die Verzögerung der Bedürfnisbefriedigung zu akzeptieren. Geduld will geübt sein.

Es gilt also, Ihrem Kind das Gefühl zu vermitteln, das es hat, was es braucht, damit es später großzügig und freigebig werden kann. Aus dieser liebevollen Beziehung zu Ihnen, aus der Befriedigung seiner Bedürfnisse leitet sich die Bereitschaft ab, aus eigenem Antrieb zu teilen. Nicht gleich, aber irgendwann. Wenn Sie ihm beibringen, Grenzen und Frustration zu akzeptieren, sich damit abzufinden, dass nicht jeder Wunsch sofort in Erfüllung geht, erleichtert das das Teilen und Geben-und-Nehmen in sozialen Situationen. Dazu trägt auch das wachsende Bewusstsein für gesellschaftlichen Regeln und Erwartungen bei. Besteht eine enge Bindung zu den Eltern, teilen Kinder also teilweise ihnen zuliebe (auch wenn es nicht immer so scheint) und weil sie den Erwartungen der Erwachsenen entsprechen wollen, zumindest manchmal.

Auch wenn Kinder Teilen gelernt haben, fällt es ihnen bisweilen schwer, so großzügig zu sein, wie man es sich von ihnen erhofft.

Der Kleinkind-Code

Das gilt besonders für die häusliche Umgebung, in der sich Besitztümer befinden, auf die Kinder Anspruch haben. Andere Kinder, die zu Besuch kommen, werden bisweilen als Eindringlinge in das eigene Reich empfunden, wodurch Erstere besitzergreifender reagieren und weniger geneigt sind zu teilen. Das kommt besonders häufig zum Ausdruck, wenn gleichzeitig noch andere Ereignisse in ihrem Leben stattfinden, die verkraftet werden müssen: die Geburt eines Geschwisterkinds, Übernachtungsgäste, Eltern, die unterwegs sind, Genesung von einer Erkrankung.

Treten Sie also einen Schritt zurück und geben Sie Ihrem Kind die Chance, Konflikte mit dem Teilen alleine zu lösen. Sie aufzuarbeiten ist ein Teil des Spiels unter Gleichaltrigen und eine Fähigkeit, die zu lernen sich lohnt. Konflikte erfordern Problemlösungen, und Problemlösungen sind unerlässlich im Lernprozess. Der erfolgreiche Umgang mit Konflikten fördert das Selbstvertrauen des Kindes und die Gewissheit, dass es Problemlösungen erarbeiten kann.

* *

Kindorientierte Perspektive

»Ist mit meinem Kind alles in Ordnung?«

In unserer Kultur des Wettbewerbs, der schon im Kindergarten beginnt, und angesichts des Drucks, der dadurch aufgebaut wird, möchten Eltern verständlicherweise wissen, wie gut und wie viel ihr Kind lernt. Ist mein Kind begabt? Gut integriert? Kann es mit den anderen mithalten? Hinter solchen Fragen verbergen sich oft Befürchtungen wie: »Mein Kind ist ziemlich schweigsam im Vergleich zu anderen. Es kann nicht lange still sitzen. Es ist unbeholfen, fällt oft hin. Es ist schüchtern, bringt sich nicht in Gruppenaktivitäten ein. Es möchte immer nur dasselbe spielen, Tag für Tag.«

Wichtig ist, sich daran zu erinnern, dass Kinder in diesem Alter körperlich und geistig einen rasanten Wachstums-

und Entwicklungsprozess durchmachen. Sie saugen wie ein Schwamm alles in sich auf und handeln in Reaktion auf Reize in ihrer Umwelt. Deshalb sollte man sich vor Augen halten: Jedes Kind entwickelt sich auf seine eigene Weise und in seinem eigenen Tempo. Kleinkinder sind noch nicht imstande, genauso zu lernen, sprich Informationen aufzunehmen, zu verarbeiten, neue Konzepte zu begreifen und Fakten im Gedächtnis abzuspeichern wie Sieben-, Zehn- oder Fünfzehnjährige. Sie beginnen gerade erst, das Fundament für diese kognitiven Fähigkeiten aufzubauen. Das Kleinkindalter ist von zentraler Bedeutung, weil hier der Grundstein für das lebenslange Lernen gelegt wird. Statt fokussiert zu lernen wie in späteren Jahren, müssen Kleinkinder ihr Augenmerk darauf richten, emotionale Veränderungen und Herausforderungen zu meistern, physisch mobiler, agiler und selbstständiger zu werden, die Welt, die sie umgibt, zu entschlüsseln, ihre Fähigkeiten stetig weiterzuentwickeln und sich in ihrem sozialen Umfeld zu behaupten. Diese Fähigkeiten sind unabdingbar für den späteren Erfolg in der Schule, in der Familie und im Leben. Angesichts des Drucks, der heute herrscht, verliert man leicht aus den Augen, was in diesem Alter wirklich wichtig ist, was Kinder tun sollten und tun können und dass es keine allgemeingültige Lern- und Entwicklungsschiene gibt. Kinder haben Stärken und Schwächen. Mein ältester Sohn redete noch vor dem dritten Lebensjahr wie ein Buch, aber er war zurückhaltend, wenn es galt, etwas Neues auszuprobieren. Die Trennung von den Eltern war nicht gerade seine Stärke, wohl aber sein Wortschatz. Der Mittlere lernte erst später sprechen, aber er kletterte verwegen bis zur Spitze von Klettergerüsten empor, auf die sein älterer Bruder nicht einmal einen Fuß zu setzen wagte. Die Skala der Entwicklung, die als normal gelten kann, ist sehr vielschichtig und umfangreich.

Der Kleinkind-Code

9
Ein Labor für die Zukunft
15 Strategien für späteren Erfolg

Kindererziehung ist eine Investition in die Zukunft. Als Eltern investieren wir sehr viel in die Beziehung zu unseren Kindern – Liebe, Gedanken, Zeit, Energie, Sorgen, Hoffnungen –, damit sie die Möglichkeit haben, sich optimal zu entwickeln und ihr Potenzial voll auszuschöpfen. Ein Weg, der durchaus anders verlaufen kann, als wir es uns vorstellen. Welcher Mensch in unserer Obhut heranwächst, ist zwischen dem dritten und sechsten Lebensjahr des Kindes alles andere als klar. Erst viel später beginnen sich die Umrisse seiner individuellen Persönlichkeit deutlicher abzuzeichnen. Deshalb sollten wir nach unserem Dafürhalten versuchen, sie für ein erfülltes, erfolgreiches Leben zu rüsten, und hoffen, dass sie später einmal rücksichtsvoll und liebenswürdig, lebensklug, wohlerzogen, motiviert, voller Ideen und widerstandsfähig sein werden.

Angesichts dieser Bestrebungen ist der Schlüssel zur Erziehung, ein Gleichgewicht zwischen liebevoller Zuwendung, Anleitung, Regeln und Grenzen und dem Bedürfnis des Kindes zu schaffen, selbstständig zu werden, Risiken einzugehen, eigene Entscheidungen zu treffen, sich in die Welt hinauszuwagen und sich auch durch Rückschläge nicht entmutigen zu lassen. Dass wir nicht immer wissen, wo sich dieser Gleichgewichtspunkt befindet, ist der Kern der Herausforderung, dem sich Eltern jeden Tag aufs Neue gegenübersehen.

Wie schon erwähnt, befinden sich Kleinkinder in einer dynamischen, komplexen und spannenden Wachstumsphase. Sie sind mit jeder Faser ihres Seins darauf fokussiert, herauszufinden, wer sie sind und wie die Welt ringsum beschaffen ist. Doch sie brauchen dazu einen sicheren Halt und die Gewissheit, dass die Eltern oder andere Bezugspersonen für sie da sind, was immer auch geschieht. Diese Entwicklung findet im Kontext von Wachstumsprozessen im Gehirn statt, die sprunghaft und von zahlreichen Schwankungen gekennzeichnet sind. Deshalb unterscheiden sich Kleinkinder in ihrer Denkweise, Weltsicht, Kommunikation und in der Fähigkeit, Gefühle zum Ausdruck zu bringen und zu steuern, erheblich von Erwachsenen. Die Welt aus der Perspektive des Kindes zu betrachten kann somit zu einem völlig neuen Verständnis seiner Verhaltensweisen und Reaktionen führen und Möglichkeiten aufzeigen, gelassener damit umzugehen.

Sie haben das Sagen – nicht zu verwechseln mit Macht und Kontrolle

Im heutigen Medienzeitalter haben Eltern Zugriff auf eine bisweilen überwältigende Fülle von Informationen zum Thema Kindererziehung. Ein großer Teil der Empfehlungen basiert auf von oben nach unten gerichteten Weisungs- und Kontrollmechanismen. Dieser Ansatz ist aus verschiedenen Gründen fragwürdig, insbesondere dann, wenn Sie ein langfristiges Ziel anstreben: Ihr Kind auf seinem Weg so zu fördern, dass es sein Potenzial voll entfalten kann und sich zu einem Menschen entwickelt, der eigenständig ist, das Leben mit seinen Höhen und Tiefen bewältigt, Rücksicht auf andere nimmt, gute Entscheidungen trifft und Erfolg hat. Er ist noch aus einem anderen Grund unangebracht: Als Eltern haben Sie ohnehin die Kontrolle. Es kommt sicher häufiger vor, dass es sich für Sie anders anfühlt oder dass Sie vergessen, dass dem so ist. Doch Ihr Kind verlässt sich darauf, dass Sie die Führung übernehmen, ihm den Weg weisen, ihm Schutz und Trost bieten, wenn das Leben schwierig wird (auch wenn beispielsweise »nur« ein Puzzleteil fehlt oder, schlimmer, wenn es hinfällt und sich verletzt), ihm aufzeigen, wie weit es gehen darf (Grenzen setzen), und ihm helfen, in die Welt hinauszugehen. Eltern sind für das Kindeswohl verantwortlich.

Doch all das bedeutet nicht, ein Kleinkind zu einem bestimmten Verhalten zu zwingen, ohne seine Individualität zu berücksichtigen. Mit Kontrolle und Zwang setzt man sich über den Standpunkt des Kindes hinweg. Und am Ende des Wachstums- und Entwicklungsweges erweist sich diese Methode oft als Bumerang.

Der von oben nach unten gerichtete Kontrollansatz ignoriert die Bedürfnisse des Kindes und konzentriert sich darauf, was Sie als Eltern anstreben oder sich für Ihr Kind wünschen (Frieden, Ruhe oder peinliche Situationen vermeiden, in die es Sie bringt). Denken Sie an die Nachteile von Erziehungsmethoden, die Persönlichkeitsmerkmale und individuelle Bedürfnisse außer Acht lässt. Wenn die Interaktionen mit Ihrem Kind seine Sichtweise ausklammern, laufen Sie Gefahr, Schamgefühle zu wecken, und das in einer Entwicklungsphase, in dem sich der Kern seiner Selbstwahrnehmung herauszukristallisieren beginnt. Die meisten Eltern möchten vermeiden, dass sich ihr Kind wegen seiner persönlichen Eigenschaften, Wünsche und Bedürfnisse schämt.

Dieser Kontrollansatz fördert außerdem die Denkweise: »Wenn die Katze aus dem Haus ist, tanzen die Mäuse auf dem Tisch«. Anders ausgedrückt: Glauben Sie, dass sich Ihr Kind mustergültig verhält, wenn der »Boss« gerade wegschaut? Wahrscheinlich nicht. Warum sollte es auch? Paradoxerweise führen Bemühungen, Kontrolle auszuüben, zu vermehrten – statt verminderten – Kontrollkämpfen und dem zunehmenden Wunsch des Kindes, auszubrechen. Kontrollkämpfe lassen sich nicht vermeiden, wenn ein Kind herauszufinden versucht, wie viel Macht es besitzt. Dabei werden die Grenzen ausgetestet. Helfen Sie stattdessen Ihrem Kind in dieser prägenden, wichtigen Phase, innere Kontrollmechanismen zu entwickeln (was Zeit, Geduld, feine Differenzierungen und eine gehörige Portion Humor erfordert) und zu lernen, wie es das Ziel erreicht, Wünsche, Emotionen und Impulse aus eigenem Antrieb in den Griff zu bekommen.

Wenn Ihr Ziel also darin besteht, Ihr Kind optimal auf den Weg ins Leben vorzubereiten, sollten Sie daran denken, dass Sie jetzt den Grundstein für die Entwicklung der exekutiven Funktionen legen, die zu den wichtigsten Bausteinen des Lebenserfolgs gehören. Neurowissenschaftler sind bemüht, Klarheit darüber zu gewinnen, in welchen Bereichen des Gehirns sie verortet sind und zu welchem Zeitpunkt der Entwicklung sie entstehen. Zu diesen exekutiven Funktionen gehören die Fähigkeit der Selbstregulation und Steuerung von Gefühlen, die Fähigkeit, Probleme und Konsequenzen zu durchdenken, sich Veränderungen anzupassen und Stressauslöser in den Griff zu bekommen. Sie sind für ein erfülltes, gelingendes Leben unerlässlich. Damit stärken Sie das Selbstbewusstsein, die Selbstsicherheit und das Selbstvertrauen Ihres Kindes.

Die knapp dreijährige Marga war völlig aus dem Häuschen, als der erste Schnee fiel. Sie lief in den Garten, hob eine Handvoll auf, spürte ihn auf ihren Fäustlingen und probierte davon. Ihre Mutter fand das ekelhaft. Der Schnee war schmutzig! Sie versuchte wiederholt, ihre Tochter daran zu hindern. »Hör auf, Schnee zu essen!«, befahl sie streng. Wir rieten ihr, Marga zu erlauben, sauberen Schnee im Gebüsch zu suchen oder das Verhalten einfach zu ignorieren. Keine Chance! Die Mutter drohte, wenn sie ihre Tochter noch einmal dabei erwischte, müsse sie sofort ins Haus zurück. Sie folgte ihr auf Schritt und Tritt, um zu kontrollieren, ob sie sich an das Verbot hielt.

In der nächsten Woche schneite es immer noch und wir fanden sauberen Schnee, den wir in unseren Sand- und Wasserspieltisch füllten. Kinder in diesem Alter finden es herrlich, in geschlossenen Räumen mit Schnee zu spielen und ohne Handschuhe die Kälte auf der Haut zu spüren. Margas Betreuerin bat uns eindringlich, aufzupassen: »Marga darf keinesfalls Schnee essen. Sonst rasten die Eltern aus.« Im Verlauf des Nachmittags näherte sich auch Marga dem Spieltisch. Wir versuchten sie abzulenken, doch vergebens. Sie wollte unbedingt den kalten Schnee an den Händen spürte. Manche Kinder in diesem Alters versuchen ihn zu essen, vielleicht ein- oder zweimal. Von den zwölf Kindern, die an diesem Tag im Kinderzentrum waren, war Marga das einzige, das immer wieder Schnee aß. Der Boss ist außer Sichtweite? Das Kind macht, was es will.

Wenn man sich den aktuellen Entwicklungsstand und die Erfahrungen eines Kindes im Hier und Jetzt bewusst macht, findet man eher Zugang zu seiner Welt, die uns oft unverständlich erscheint und die das Kind mit völlig anderen Augen sieht als Erwachsene. Auch der Reifeprozess des Gehirns ist noch nicht abgeschlossen. Dieser Punkt wird erst in 20 Jahren oder noch später erreicht. Ein Kleinkind nimmt seine Umgebung mit einem unschuldigen, staunenden Blick wahr, ist auf das Ich fixiert und bestrebt, jedes Bedürfnis sofort zu befriedigen (nach dem Motto: »Jetzt. Jetzt. Jetzt!«). Der erste Schritt besteht für Eltern darin, sich in diese Welt hineinzuversetzen, nicht etwa, um jeder Laune des Kindes nachzugeben, sondern um eine ungefähre Vorstellung von seinen Erfahrungen zu haben. Mit diesem Ansatz, der auf die spezifische Situation und Persönlichkeit des Kindes zugeschnitten ist, unterstützen Sie es bei der Bewältigung der Lebensanforderungen trotz seiner ständigen und wechselnden Wünsche und des Strebens nach sofortiger Erfüllung. Die Welt aus der Perspektive des Kindes zu betrachten und den entsprechenden Kontext zu berücksichtigen (so seltsam er auch manchmal erscheinen mag), trägt bei Eltern und Betreuern zu einer Umdeutung und einem besseren Verständnis seiner Verhaltensweisen und Bedürfnisse bei. Und es zeigt dem Kind, dass es verstanden wird. Sobald Sie sich mit diesem Gedanken auseinandergesetzt haben, ihn aufrichtig akzeptieren und begrüßen, können Sie Ihre eigenen Reaktionsmöglichkeiten besser ausloten, Ihrem Erziehungsauftrag mit weniger Konflikten und Angst nachkommen und Ihr Kind und Ihre Familie mehr genießen.

Ein Labor für die Zukunft

Die Erziehung von Kleinkindern ist ein Labor für die Zukunft. Definitionsgemäß handelt es sich dabei um ein langfristiges Projekt, bei dem sich die Ergebnisse und Vorteile (die Persönlichkeit, zu der sich Ihr Kind entwickelt) erst Jahre später abzeichnen werden. Oft messen die Eltern dem Hier und Jetzt ein viel zu hohes Gewicht bei, haben Angst, sie könnten einen Präzedenzfall schaffen, wenn sie nicht sofort hart durchgreifen und einem »Fehlverhalten« ein Ende bereiten. Doch was heißt Präzedenzfall? Ich bekomme oft von Eltern zu hören: »Wenn ich meinem Kind so etwas durchgehen lassen, reißt es ein.« Dieser Gedanke löst Besorgnis, Angst und Frustration aufseiten der Eltern aus.

Wenn Eltern Gefangene ihrer eigenen Ängste sind und versuchen, Kontrolle über das Verhalten ihrer Kinder auszuüben, untergraben sie damit oft unbewusst die eigene Autorität und betonen die Machtlosigkeit des Kindes, das eigene Verhalten in den Griff zu bekommen. Ich garantiere Ihnen, dass Sie die Daumenschrauben zunehmend fester anziehen müssen, wenn Sie Erziehung als Machtspiel betrachten und Ihren Erziehungsauftrag darin sehen, Ihr Kind in seine Schranken zu weisen. Die Kämpfe werden sich noch lange fortsetzen, denn das Kind wird sich wehren und Ihnen mit immer härteren Mitteln vor Augen führen, dass es eine eigenständige Persönlichkeit mit eigenen Fähigkeiten und Bedürfnissen ist. Oder es resigniert und gibt den Kampf auf, just zu dem Zeitpunkt, an dem sich seine Selbstwahrnehmung entwickelt: »Ich bin eine Niete. Ich kann mich nicht durchsetzen. Warum soll ich es weiterhin versuchen?« Dieses Gefühl, ein notorischer Verlierer zu sein und unannehmbare Bedürfnisse zu haben, die abgeschmettert werden, wenn es sie zu äußern wagt, können sich Eltern nicht wirklich für ihr Kind wünschen, gleich, ob im späteren Leben oder in der jetzigen Entwicklungsphase.

Wenn Sie möchten, dass die Kämpfe nachlassen und der Nachwuchs optimal auf das Leben vorbereitet ist, sollten Sie sich klar-

Der Kleinkind-Code

machen, was eine solche Konfrontation für ein Kleinkind bedeutet und wie sie entsteht. Nur dann können Sie beginnen, anders damit umzugehen, und Ihr Kind bei der Entfaltung seiner Persönlichkeit unterstützen. In diesem Alter ist es noch auf der Suche nach dem Selbst, anders als junge oder ältere Erwachsene, die aufgrund ihrer Erfahrungen ein stärker ausgeprägtes Selbstgefühl besitzen. Das Selbstgefühl eines Kleinkindes befindet sich noch in der Entwicklung, auf einem Weg, den Sie mit Geborgenheit, Liebe, Grenzen und Orientierungshilfen unterstützen und begleiten sollten.

Wie können Sie das Kontrollbedürfnis überwinden und das Fundament für eine Zukunft errichten, in der Ihr Kind seine Identität festigen und die Fähigkeiten erwerben kann, die unerlässlich sind, um sich stetig weiterzuentwickeln, zu lernen, zu wachsen und eine vertrauensvolle, liebevolle und empathische Beziehung zu Ihnen aufzubauen? Sie setzen als Eltern den Grundstein für die Zukunft Ihres Kindes. Sie haben die Chance, ihm dabei zu helfen, auf eigenen Füßen zu stehen und die Eigenschaften zu entwickeln, die Sie ihm wünschen – zu einem Menschen heranzuwachsen, der kompetent und hilfsbereit ist, vorausschauend denkt und handelt, Ausdauer beweist und in der Lage ist, sich im Leben zurechtzufinden und auf andere zuzugehen. Ihre Aufgabe besteht darin, Ihrem Kind die Richtung zu weisen, damit es diesen Weg gehen kann.

Warum das so wichtig ist? Weil wir Menschen uns nicht geradlinig entwickeln. Würde dieser Prozess linear, rational und logisch erfolgen, wären Erziehungsmaßnahmen oder Ratschläge überflüssig. Wir würden alle denselben Kurs einschlagen. Doch Entwicklung verläuft anders: Sie macht Umwege, ist dynamisch, interaktiv und stets vom Kontext abhängig. Wie bereits gesagt, geht es dabei nicht um Anlage oder Umwelt, sondern um Anlage *und* Umwelt, die Kinder prägen. Und die Schnittmenge aus beidem kann ziemlich kompliziert sein.

Im Gegensatz zu einer linearen Entwicklung, bei der ein Element oder Baustein dem anderen folgt, weisen unsere Fortschritte eher das Muster »Zwei Schritte vorwärts und ein Schritt (oder manchmal auch drei Schritte) zurück« auf. Just in dem Moment, in dem sich Ihr Kind im größeren Bett wohlzufühlen beginnt, passiert nachts zum ersten Mal seit Monaten wieder ein Malheur. Und just in dem Moment, als es sich im Kindergarten eingewöhnt und den Übergang ohne großes Drama bewältigt hat, schläft es nicht mehr durch, sondern wacht jede Nacht weinend auf. Wie ein Vater sagte: »Ich hatte mir so sehr gewünscht, dass sich mein Sohn im Kindergarten wohlfühlt und nicht weint, wenn ich ihn hinbringe. Ich kann es kaum mit ansehen. Wer kann schon wissen, was passiert, wenn ein Wunsch in Erfüllung geht? Jetzt geht er zwar gerne hin, aber zu Hause ist er viel anstrengender geworden. Er will ständig seinen Kopf durchsetzen.« Im Lauf der Zeit wird sich das alles legen, aber im Moment finden Entwicklungen in so vielen Bereichen gleichzeitig statt, dass Konflikte entstehen.

Ich habe oft festgestellt, dass ein großer Entwicklungssprung bevorsteht, wenn Eltern über weitverbreitete Probleme klagen, wie: »Mein Kind ist nicht wiederzuerkennen – es hat Trotz- und Wutanfälle, reagiert überempfindlich auf andere Menschen und mäkelt ständig am Essen herum, auch bei Gerichten, die ihm früher geschmeckt haben«. Ich stelle mir vor, dass sich das Gehirn auf diesen Strukturwandel vorbereitet, doch die Reorganisation sorgt für Wirbel, ähnlich wie bei einer Schneekugel, die man schüttelt. Nachdem sich der Wirbel gelegt hat, hat das Kind plötzlich einen größeren Wortschatz, mehr Interesse an Fantasiespielen oder neue physische Fähigkeiten erworben. Auch hier vollzieht sich die Entwicklung nicht schrittweise und geordnet, sondern ist mit Turbulenzen verbunden, gefolgt von der Ruhe nach dem Sturm. Dabei entsteht das Fundament für neue Fähigkeiten und Fertigkeiten, gleich welcher Art. Es festigt sich Tag für Tag, auf spektakuläre oder kaum sichtbare Weise, manchmal sogar von uns unbemerkt. Plötzlich sind die passenden Bausteine zusammengefügt und es macht klick: Mein Kind kann lesen! Es kann Rad fahren! Es kann die ganze Zeit still sitzen, wenn ich ihm Geschichten erzähle! Gelassenheit aufzubringen fällt mit Sicherheit schwer, wenn man unmittelbar von den turbulenten Reorganisationsprozessen betroffen ist und überlegt, was am Ende dabei herauskommt. Aber seien Sie versichert: Auch für Ihr Kind ist dieser Prozess schwierig.

Da die Entwicklung durch gegenseitige Impulse gesteuert ist, sollten Eltern den Hinweisen ihres Kindes folgen und den Prozess begleiten. Doch weder mit Kontrollmaßnahmen und Forderungen noch mit der Bereitschaft, das Kind nach Belieben schalten und walten zu lassen. Wenn wir 100-prozentig präsent und achtsam sind, uns auf die Mischung aus den generellen altersgemäßen Bedürfnissen und dem individuellen Weg des Kindes in die Welt einstellen, wenn wir ihm Liebe, Unterstützung und Orientierungshilfen geben, werden wir in den Wut- und Trotzanfällen, die uns zu schaffen machen, irgendwann nur noch das sehen, was sie wirklich sind – ein Spiegelbild kindlichen Wachstums.

Es gibt Möglichkeiten, eine gesunde Wachstumsbasis zu errichten, zu der Struktur und Grenzen gehören, ohne sich fortwährend auf Macht- und Kontrollkämpfe einzulassen und das Selbstgefühl Ihres Kindes zu beeinträchtigen. Manchmal könnten Sie dabei das Gefühl haben, dass sich die Waage angesichts der Frage, wer die Grenzen und Strukturen festlegt, zur Seite Ihres Kindes neigt, vor allem, wenn es ständig Forderungen stellt und schwer zufriedenzustellen ist (in der Phase der Entwicklung, in der es einem liebevollen Diktator gleicht). Doch in Wirklichkeit fällt Ihr Einfluss als Eltern stärker ins Gewicht. Das sollten Sie sich immer wieder vor Augen führen. Sie sind der Boss. Ihr Kind verlässt sich darauf, dass sie ihm sagen, wo's langgeht. Es kann sich nur dann mit einem Gefühl der Sicherheit auf den Weg machen, wenn Sie ihm die Richtung weisen, ihm Fürsorge, Orientierungshilfen, Schutz und Trost bieten.

Darum geht es in diesem Buch: um die bestmögliche Anleitung, mit der Sie Ihr Kind auf seinem Weg begleiten, damit es sein Potenzial bestmöglich entfalten kann. Klare Grenzen, Rituale und realistische Vorgaben sind optimale Mittel für einen gelassenen Umgang mit Ihrem Kind, damit es im Kontext der komplexen und rapiden Entwicklung des Gehirns lernt, Verhalten, Gefühle und Bedürfnisse alleine zu steuern.

Die 15 Orientierungspunkte auf diesem Weg, die in diesem Buch an verschiedenen Stellen schon angesprochen wurden, sind nachfolgend noch einmal gebündelt aufgelistet. Vermutlich können Sie nun besser erkennen, auf welche Weise Sie, Ihr Kind und Ihre Familie davon profitieren.

15 Orientierungspunkte auf dem Weg zum Erfolg

1. Holen Sie Ihr Kind dort ab, wo es gerade steht.

Um Ihr Kind bestmöglich zu unterstützen, sollten Sie sich zuerst ein Bild von seinem derzeitigen Entwicklungs- und Erfahrungsstand machen. Er stellt den Kontext für das Verständnis der zuweilen seltsam und irrational erscheinenden Welt dar, in der es lebt. Seine Weltsicht unterscheidet sich erheblich von der eines Erwachsenen. Sie ist von einer unersättlichen Neugierde, dem Wunsch nach eigenständigem Denken und Handeln und dem Streben nach sofortiger Bedürfnisbefriedigung geprägt, zumal Kindern in diesem Alter jegliches Zeitgefühl fehlt. Das bedeutet nicht, dass Sie jedem Wunsch stattgeben sollten. Ganz im Gegenteil: Ihr Kind ist darauf angewiesen, dass Sie ihm angesichts seiner zahlreichen Wünsche und Bedürfnisse ein geschütztes Umfeld bieten, in dem es die Welt mit einem Gefühl der Sicherheit erforschen, ergründen und seine Neugierde befriedigen kann. Wenn Sie die Hintergründe dieser Welt verstehen, haben Sie den Schlüssel für die oftmals unerklärlichen Verhaltensweisen und Bedürfnisse Ihres Kindes. Fragen Sie sich deshalb: Welche Erfahrungen macht mein Kind gerade? Wie ordnet es sie ein? Was empfindet es dabei? Die Antworten geben Aufschluss darüber, was Sie tun können, um es zu unterstützen.

Der Kleinkind-Code

Erinnern Sie sich an den kleinen Jungen, der Angst hatte, mit den Eltern eine Flugreise zu unternehmen, weil er wie ein Flugzeug am Horizont »immer kleiner werden und verschwinden« könnte? Als die Eltern auf diese Sichtweise aufmerksam geworden waren, konnten sie ihren Sohn beruhigen und auf seine Ängste eingehen. Daraufhin endeten die Wutausbrüche des Jungen.

2. Bewahren Sie sich Ihren Sinn für Humor. Lachen Sie miteinander.

Humor und Lachen fördern die Gelassenheit, mit der Sie an Ihre Erziehungsaufgaben herangehen. Ich spreche aus Erfahrung, weil die ersten Lebensjahre meiner Kinder längst hinter mir liegen. Rückblickend vergehen sie wie im Flug, auch wenn es sich im Moment nicht so anfühlt. Ich hatte mehr als ein Jahrzehnt lang Kleinkinder zu Hause. Das war anstrengend. Aufregend. Ein Vergnügen. Eine Herausforderung. Doch das Kapitel Kleinkindalter ist bei uns nun abgeschlossen. Humor trägt nicht nur dazu bei, schwierige Augenblicke, Wochen oder Monate zu überstehen. Sie können das Elternsein damit auch mehr genießen. Was können Sie loslassen, worüber können Sie sich mit einem Lachen hinwegsetzen? Auf diese Weise macht Erziehung mehr Spaß (und wird entspannter). Das gilt für alle Beteiligten. Schließlich bleibt Ihnen keine andere Wahl, als das Kleinkindalter durchzustehen. Doch mit Humor geht es einfach leichter.

3. Führen Sie Rituale ein, damit Ihr Kind lernt, mit Veränderungen umzugehen.

Die Bedeutung fester Tages- und Handlungsabläufe sollte man nicht unterschätzen. Rituale und Regelmäßigkeit stärken das Sicherheitsgefühl und fördern damit die Entwicklung von Flexibilität und Belastbarkeit. Wenn Sie möchten, dass sich Ihr Kind im Lauf der Zeit immer besser an neue Situationen anpassen kann, sollten Sie zunächst nichts oder so wenig wie möglich an eingeführten Ritualen ändern, auch wenn es paradox klingen mag.

Je mehr Struktur und Rituale vorhanden sind, desto freier fühlt sich das Kind (weil ihm der immer wiederkehrende Ablauf vertraut wird). Struktur und Rituale sollten jedoch nicht starr sein. Das ist einer der Widersprüche in der Erziehung: Als Eltern sollten Sie diese Fixpunkte einführen, aber gleichzeitig die Fähigkeit entwickeln, sie loszulassen, um sich mit den Erfordernissen des Augenblicks zu arrangieren. Damit fördern Sie die Flexibilität Ihres Kindes. Jede täglich anfallende Aufgabe, die mit einem Ritual verknüpft ist und einem spannenden Ereignis gleicht, geht leichter von der Hand und bringt Ihr Kind auf dem Weg zur Selbstständigkeit ein Stück voran. Dazu gehören Mahlzeiten, Bettgehzeit, das Anziehen, Zähneputzen, Baden und die Situation, das häusliche zu Umfeld verlassen. Solche Alltagsrituale, die einen verlässlich wiederkehrenden Ablauf haben, bereiten Ihr Kind daher optimal auf Veränderungen und Übergänge vor.

4. Bieten Sie Ihrem Kind einen sicheren Halt.

Das ist nicht mit Überbehüten gleichzusetzen. Hier geht es um die Erkenntnis: Je mehr sich Ihr Kind abnabelt und die Welt erkundet, desto mehr braucht es Sie als Stützpunkt, zu dem es immer wieder zurückkehren kann. Aus der Abhängigkeit wird nach und nach Eigenständigkeit. Wenn Sie Ihr Kind jetzt mit liebevoller Zuwendung begleiten, wenn Sie zulassen, dass es noch nicht sicher auf eigenen Beinen steht, und bei Bedarf Hilfestellung leisten, kommt es irgendwann alleine zurecht. Es lernt, dass es sich auf Sie verlassen kann, ungeachtet, wie groß es schon ist und wie weit es sich in die Welt hinauswagt. Sie sind der Fels in der Brandung. Wichtig ist, eine Balance zwischen Loslassen und Unterstützen zu finden. Eine schwierige, aber wichtige Grenze, die zu erarbeiten und festzulegen sich lohnt. Ein Kind, das immer (von den Eltern) geführt wird, kann nie lernen, selbst die Führung zu

Der Kleinkind-Code

übernehmen, Initiative zu ergreifen oder Aufgaben im Allein-
gang zu bewältigen. Zu viel Führung oder Überfürsorge (eine Erziehungsmethode, zu der Eltern besonders oft bei erstgeborenen
Kindern greifen) erzeugt mehr statt weniger Abhängigkeit. Ein
Kind lernt nur dann, eigene Entscheidungen zu treffen und Aktivitäten alleine zu bewerkstelligen, wenn es aktiv daran teilhat, übt
und sich auch von Fehlern nicht entmutigen lässt.

5. Halten Sie sich aus Geschwisterstreit heraus.

Geschwisterstreit ist gang und gäbe. Geschwister lieben und hassen sich – und je größer der Hass, desto größer ist oft die Liebe. Geschwisterliebe wurzelt darin, dass Geschwister (meistens)
die gleiche Geschichte, das gleiche Entwicklungsumfeld und die
gleichen Eltern haben. Geschwisterstreit (oder Hass) basiert auf
genau diesen drei Elementen. Das bedeutet, dass der Hang zum
Geschwisterstreit genauso natürlich ist wie der Hang zur Geschwisterliebe. Geschwister werden ohne Mitspracherecht in die
Lage versetzt, sich die Eltern teilen zu müssen. Wer macht das
schon gerne? Sie müssen ihr sicheres Fundament teilen, ihren Fels
in der Brandung, die Bezugspersonen, auf die sich am allermeis-
ten verlassen. Geschwisterbeziehungen sind ein Labor für die Zukunft, weil in diesem geschützten Raum eine liebevolle Bindung
ganz eigener Art entstehen kann – wenn sich die Eltern raushal-
ten. Im Rahmen dieser Bindung lernen Geschwister, ihren Platz in
der Familie zu behaupten und Konflikte zu lösen. Sie kämpfen gegeneinander. Sie spielen miteinander. Sie passen aufeinander auf.
Sie streiten, schreien und raufen. Und just in dem Augenblick, in
dem Sie drauf und dran sind einzugreifen, um Schaden abzuwenden, vertragen sie sich wieder, lachen und spielen sie, als sei nichts
geschehen. Die Stimmung kann sich von einem Augenblick zum
anderen ändern. Sie verhalten sich wie Hundewelpen, die mit ihren kleinen Geschwistern ständig Rangkämpfe austragen und danach friedlich miteinander kuscheln.

Sie sollten Ihre Kinder gewähren lassen, wenn sie ihre Hass-liebe-Beziehung austesten, und sich aus Streitigkeiten heraushalten, weil Eltern nie unvoreingenommen urteilen. Wenn Sie sich einmischen, ergreifen Sie Partei und untergraben damit die besondere Bindung, die Geschwister entwickeln. Eifersucht und Konflikte zum Ausdruck zu bringen wirkt befreiend, sodass die Liebe die Oberhand gewinnen kann, auch wenn es Eltern schwerfällt, bei solchen Rivalitäten tatenlos zuzuschauen. Schlussendlich bleiben Ihre Kinder ein Leben lang Geschwister, trotz aller Unterschiedlichkeit. Pat Shim, die Gründerin des Toddler Center, sagt: »Die Kinder sollten sich lieber gegen die Eltern verbünden. Dann können sie ein Leben lang beste Freunde sein.« Beste Freunde in guten und in schlechten Zeiten!

6. Verabschieden Sie sich vom Perfektionsstreben.
Vollkommenheit gibt es nur in der Fantasie. In Wirklichkeit ist das Leben alles andere als perfekt. Gestatten Sie Ihren Kindern (und sich selbst), Fehler zu machen. Fehler, Missgeschicke und Irrtümer machen Ihr Kind zu dem, was es ist. Kein Mensch ist perfekt. Kein Kind entwickelt sich perfekt. Kein Kind wächst perfekt auf. Und es gibt keine perfekten Eltern, sondern nur Eltern, die ihr Kind bestmöglich erziehen. Wachstums- und Entwicklungsprozesse sind durch Schwächen, Ausrutscher, Verletzlichkeiten, Niederlagen und Fehler gekennzeichnet. Ein Kind kann sich nicht weiterentwickeln, wenn es keine Fehler macht und nicht durch Versuch und Irrtum dazulernt. Kinder sollten in der Lage sein, Risiken einzugehen, um sich ein Bild von ihren Stärken und Schwächen machen zu können und daraus zu lernen. Sie sollten die Möglichkeit haben, etwas alleine auszuprobieren, es immer wieder zu versuchen, ohne sich durch Rückschläge entmutigen zu lassen – ein Lernprozess, der sich auf die verschiedensten Aktivitäten bezieht, zum Beispiel Laufen, Lesen, Freunde gewinnen oder wie sie sich bei den Großeltern verhalten. Kontrolle beinhal-

tet den Versuch, jeden Fehler schon im Vorfeld zu verhindern – und eine bestimmte Vorgehensweise durchzusetzen. Aber jeder Mensch lernt am besten in eigener Regie, und das schließt Fehler und Missgriffe ein. Kinder lernen aus ihren Fehlern. Sie wissen ja: Hinterher ist man immer schlauer!

7. Führen Sie an der langen statt an der kurzen Leine.

Was bedeutet das konkret und wie macht man das, vor allem, wenn man zu den sogenannten Helikoptereltern gehört, die ihr Kind überbehüten? Genau da liegt der Haken: Wir erziehen unserer Kinder zur Unselbstständigkeit, wenn wir ihnen alles abnehmen oder bis ins Kleinste vorschreiben. Wenn wir uns ständig in ihrer Nähe aufhalten, bieten wir ihnen kein Gefühl der Sicherheit, sondern erzeugen Unsicherheit. Statt ihnen zu zeigen, dass wir ihnen etwas zutrauen, signalisieren wir, dass wir nicht an ihre Fähigkeiten glauben. So empfinden sie es beispielsweise, wenn wir den Tagesablauf bis ins Detail festlegen und sie fortwährend kritisieren. Es dauert vielleicht lange, bis Ihr Kind die Schuhe angezogen hat, und Sie kennen vermutlich eine schnellere und weniger umständliche Methode, aber wenn Sie sagen: »So macht man das!«, stellt es sein eigenes Urteilsvermögen infrage (»Das habe ich offensichtlich nicht richtig gemacht.«). Wenn wir Kindern den einzig richtigen Lösungsweg aufzeigen, lesen sie nur heraus: »Was ich mache, ist falsch. Ich kann das nicht. Ich habe keine Ahnung, wie das geht.« Sie zweifeln an sich selbst und schämen sich ihres missglückten Versuchs, etwas alleine zu machen.

Aber Erziehung an der langen Leine ist auch keine Generalvollmacht. Hier kommt die Ausgewogenheit ins Spiel. Kinder brauchen in diesem Alter sowohl Führung als auch Grenzen. Halten Sie Ihrem Kind den Schuh hin, damit es alleine herausfinden kann, wie man ihn am besten anzieht. Trösten Sie es, wenn es nach vielen vergeblichen Versuchen, eine neue Aktivität in den Griff zu bekommen, frustriert ist. Bieten Sie Ihrem Kind also

Raum, Dinge wiederholt zu probieren. Bieten Sie einen sicheren Halt und Trost in Zeiten, in denen es hart zur Sache geht. Aber verzichten Sie darauf, es zu kritisieren oder seine Bemühungen – gleich, ob sie erfolgreich waren oder nicht – zu bagatellisieren.

8. Legen Sie klare Grenzen und Regeln fest.

Grenzen und Regeln bilden den Rahmen, in dem sich Freiheit und Kreativität entwickeln. Ihr Kind kann nur dann lernen, Freiräume zu nutzen, wenn Sie einen sicheren Rahmen für die Erfahrungen abstecken – mit vernünftigen Grenzen und klaren Ansagen. Andernfalls fühlt es sich schutzlos und überfordert. Es weiß, wie weit es gehen kann, wo es an Grenzen stößt. Zwischen dem dritten und sechsten Lebensjahr testen Kinder aus, welche Stärken und Schwächen sie haben und wie viel Macht sie besitzen. Die Vorstellung, über unbegrenzte Macht zu verfügen, wäre für sie beängstigend. Sie brauchen die Bestätigung, dass wir sie behüten (auch wenn sie gerade auf Kriegsfuß mit uns stehen!). Die Welt, die sie erkunden, ist für Kleinkinder groß. Es gibt unendlich viel zu entdecken und herauszufinden. Diese Fülle an Erfahrungen können sie nicht alleine bewältigen. Kinder verlassen sich darauf, dass die Eltern Grenzen und Regeln setzen, um zu wissen, wo der Freiraum aufhört. Wenn Eltern klare Ansagen machen (»Beim Abendessen sitzen wir am Tisch; wenn du aufstehst, ist Schluss mit Essen!«, oder: »Du kannst den Ball dort drüben in den Korb werfen, aber nicht auf andere Leute.«), wissen Kinder, wo's langgeht. Klare Grenzen und Regeln tragen darüber hinaus dazu bei, gesellschaftliche Normen zu verinnerlichen und zu festigen. Und ich wage zu behaupten, dass sie nicht zuletzt dazu dienen, Kinder in diesem Alter vor sich selbst zu schützen. Tief im Innern möchten sie sicher sein, dass wir sie daran hindern würden, zu weit zu gehen.

9. Lassen Sie Ihr Kind spielen.

Lassen Sie Ihr Kind allein und mit anderen Kindern spielen, ohne sich einzuschalten. Wenn Sie für eine sichere Umgebung sorgen, im Haus oder im Freien, folgen Kinder ihrem angeborenen Spieltrieb. Spiel ist Lernen und Lernen ist ein Spiel, wenn Kinder selbst bestimmen dürfen, was und wie sie spielen möchten. Kleinkinder haben kein Problem, in den Spielmodus überzuwechseln. Erwachsene sollten sich darauf beschränken, notfalls Unterstützung und Orientierungshilfen zu bieten, aber das Spiel selbst sollten sie den Kindern überlassen. Abwertende Aussagen wie »Das ist doch nur ein Spiel!« sind ihnen fremd. Das Spiel stellt für sie eine wichtige Bühne dar, auf der sie ihre Entwicklung vorantreiben. Das Spiel fördert Lernprozesse in allen Bereichen – sie lernen, sich selbst besser einzuschätzen, sich mit Alltagssituationen auseinanderzusetzen, Sachverhalte zu ergründen und Entscheidungen zu treffen, mit Gefühlen umzugehen und mit anderen auszukommen, Probleme zu durchdenken und zu lösen. Und sie entwickeln ein grundlegendes Gefühl für Zahlen, Buchstaben, Farben, Formen, Rhythmen und Muster.

Doch Lernprozesse reichen in diesem Alter weit über den aktuellen Wissenserwerb hinaus. Sie bahnen den Weg für lebenslanges Lernen. Das Spiel verankert die Freude am Lernen, die Bereitschaft, neue Aktivitäten auszuprobieren, Chancen zu ergreifen, Fehler zu machen und Dinge erneut zu versuchen, Veränderungen einzuleiten, sich anzupassen, kreativ zu werden und Probleme zu lösen. Aus dem Spiel leitet sich die wichtigste Fähigkeit des Gehirns ab: die Entwicklung der exekutiven Funktionen, die Selbststeuerungsmechanismen, die für ein erfülltes, gelungenes Leben unerlässlich sind.

10. Hören Sie auf, Ihr Kind mit Lob zu überschütten.

Lob erzeugt Druck. Überlassen Sie es Ihrem Kind, seinen Erfolg zu genießen. Wenn Sie möchten, dass Ihr Kind Motivation, Ausdauer und ein positives Selbstgefühl entwickelt, dass es zu seinen Leistungen und Fehlern, zu seinen Stärken und Schwächen steht, sollten Sie darauf verzichten, Lob nach dem Gießkannenprinzip zu erteilen – bei jeder Wende zum Besseren, bei jedem Entwicklungsschritt, bei jedem noch so kleinen Erfolg. Lobeshymnen wirken dann nicht mehr anspornend, sondern antreibend. Dahinter verbirgt sich nur eine andere Form der Kontrolle, da Ihr Kind schon nach kürzester Zeit weiß, was Sie von ihm erwarten. Der Autor Alfie Kohn bezeichnete Lob als »Zuckerguss-Kontrolle«. Die Botschaft lautet: »Ich freue mich, wenn du etwas so machst, wie ich es dir gesagt habe. Also halte dich besser an meine Anweisungen.« Damit manipulieren Sie das Verhalten des Kindes just zu dem Zeitpunkt, an dem es herausfindet, was es schon alles alleine kann und wie die Welt beschaffen ist. Kontrolle oder Manipulation, auch als zuckersüßes Lob verpackt, erweist sich oft als Bumerang. Es behindert Ihr Kind auf dem Weg, selbst zu entdecken, wer es ist und was es kann. Stattdessen richtet es ein Augenmerk darauf, Mama, Papa oder andere wichtige Bezugspersonen zufriedenzustellen.

Sie fragen sich jetzt vielleicht, woher Ihr Kind wissen kann, wie es sich verhalten soll, wenn nicht durch Lob? Woher soll es das Gefühl der Befriedigung über eine gute Leistung beziehen, wenn nicht durch Lob? Überlegen Sie selbst: Gab es in Ihrer eigenen Kindheit einen Aha-Moment, in dem Sie etwas in eigener Regie herausgefunden haben? Oder eine Zeit, in der Sie sich große Mühe gegeben haben, eine Problemlösung zu finden, ein Ziel zu erreichen oder etwas Neues zu lernen? Erinnern Sie sich, wie sich das angefühlt hat? Haben Sie Befriedigung empfunden? Hat sich dadurch Ihr Selbstwertgefühl gefestigt? Haben Sie sich kompetent und stark gefühlt?

Ein gutes Gefühl ist ein inneres Empfinden. Es reicht bereits aus, um ein Kind anzuspornen und den Wunsch in ihm zu wecken, ein Erfolgserlebnis zu wiederholen, auch andere Dinge auszuprobieren oder herauszufinden, daraus zu lernen oder so lange weiterzumachen, bis etwas klappt. Diese Art der Motivation ist eine innere Antriebskraft, die Kinder in jede neue Lernumgebung begleitet. Kommt die Belohnung jedoch von außen, beispielsweise von Erwachsenen in Form von Lob oder Goldsternchen, weiß das Kind, dass es Sie glücklich gemacht hat. Bei diesem Gefühl geht es um Sie und Ihre Bedürfnisse, aber nicht um die Ihres Kindes. In einer neuen Lernumgebung wird es sich daher immer bemühen, Ziele zu erreichen, um andere zufriedenzustellen, aber nie, weil es aus einem inneren Bedürfnis heraus danach strebt.

In der 3. Klasse schrieb ich einmal ein Gedicht über die Farbe Grün, und ich erinnere mich, wie aufgeregt ich war, als ich es geschafft hatte. Ich las es noch einmal durch und dachte: Toll! Ich kann das! Ich bin eine echte Dichterin! Und das ohne Benotung. Ohne Rückmeldung des Lehrers. Nur das innere Gefühl der Aufregung und Befriedigung, dass mir etwas gelungen war, was ich noch nie zuvor gemacht hatte. Ein gutes Gefühl, das mein Selbstvertrauen stärkte, Neues auszuprobieren.

Lob ist eine verdeckte Form der Manipulation, um das gewünschte Verhalten zu erzielen. Kinder wissen das. Dadurch nimmt man ihnen das Gefühl, etwas aus eigenem Antrieb erreicht zu haben, und signalisiert: »Braves Kind! Das hast du für Mama oder Papa gemacht, aber nicht für dich selbst.« Lob und Anerkennung sind mit Bedingungen verknüpft. Und das bedeutet, dass Kinder sich nur dann geliebt fühlen, wenn sie genau das tun, was man von ihnen verlangt. Dadurch werden Selbstzweifel in den Mittelpunkt des Selbstbewusstseins gerückt.

Heißt das, Sie sollten die Erfolge Ihres Kindes geflissentlich übersehen? Keineswegs. Lächeln Sie, wenn es stolz lächelt. Umarmen Sie es, wenn es strahlend angelaufen kommt, weil es auf dem Spielplatz eine neue Fähigkeit erworben hat. Damit überlassen Sie ihm das Erfolgserlebnis, stimmen sich auf seine Gefühle ein, feiern und freuen sich gemeinsam über die Leistung.

11. Lassen Sie Langeweile zu.

Langeweile kann gut für Kinder sein. Gönnen Sie Ihrem Kind viel unstrukturierte Zeit. Im heutigen Technologie- und Informationszeitalter werden im Rahmen der Früherziehung alle nur erdenklichen Freizeitaktivitäten angeboten, von Gymnastikkursen bis Geigenunterricht, Fußball, Italienisch, Kochen und Malen, alles im Verlauf einer Woche. Der Tag ist von morgens bis abends durchgetaktet, verläuft strikt nach Plan, den Vorgaben der Erwachsenen entsprechend, wobei man sich fragt, ob einem Kind angesichts dessen überhaupt noch Zeit bleibt, Kind zu sein. Um zu staunen. Sich in der Welt umzuschauen. Die natürliche Neugierde zu befriedigen. Nach eigenem Gutdünken herauszufinden, wer es ist und was ihm gefällt. Sich zu langweilen. Ja, sich zu langweilen. Ein altmodisches Konzept. Aber Langeweile ist vielleicht nicht das, was Sie denken. Untätig herumsitzen und Löcher in die Luft starren? Das pflegte man früher als Tagträumen zu bezeichnen. Aus Tagträumen leiten sich Ideen und Visionen, Träume und Fantasievorstellungen und vielleicht auch Entspannung ab. »Nichts tun« wäre also keine zutreffende Definition. Wenn sich ein Kind langweilt, kann sich viel tun, vorausgesetzt, dass es wirklich nicht weiß, was es mit sich anfangen soll. Langeweile oder »Nichts tun« kann eine Verschnaufpause sein, eine Zeit, um die Hände in den Schoß zu legen, sich neu auszurichten, die Gedanken zu sammeln oder schweifen zu lassen, sich genauer umzuschauen und zu beobachten, oder einfach, um Ruhe zu finden und einen klaren Kopf zu bekommen. Das alles ist unerlässlich, um die Batterien aufzuladen und sich wieder in Aktivitäten zu stürzen. Um zu planen und zu überlegen. Um neue Informationen aufzunehmen und zu vertiefen. Um Entscheidungen zu treffen. Langeweile kann eine Zeit sein, um sich vorzustellen, was man als Nächstes tun möchte. Was dazu beiträgt, Eigeninitiative und Handlungskompetenz zu entwickeln. Kinder können auf diese Weise entdecken, was sie tun und wie sie es tun wollen, um in den Genuss des Erfolgserlebnisses und des motivierenden Gefühls zu gelangen: »Das kann ich schon alleine!«

Langeweile kann auch ein Warnsignal sein, wenn Ihr Kind einen randvollen Terminkalender hat und die Aktivitäten und Spiele in einem Maß von Ihnen gesteuert werden, dass es außerstande ist, selbst die Initiative zu ergreifen. Es kann sich nicht entscheiden, was es tun soll, nicht einmal dann, wenn Sie Vorschläge machen. Zu viele Vorgaben, Anweisungen und Anleitungen können zu dieser Form der Langeweile führen und darauf hinweisen, dass Ihr Kind mehr Ruhe- oder Auszeiten braucht.

Unstrukturierte Zeit ist jedoch nicht mit Langeweile gleichzusetzen. Unstrukturierte Zeit bietet Kindern den Raum, nach eigenem Gusto zu spielen, ohne Einmischung der Erwachsenen. Das ist in diesem Alter ein großes Bedürfnis. Hier entfaltet sich die magische und wundersame Welt des kindlichen Spiels, eine Bühne, auf der sie Alltagssituationen und Erfahrungen nachstellen und die meisten Lernprozesse stattfinden. Deshalb sollten Sie darauf achten, dass es Zeit und Raum dafür zur Verfügung hat.

12. Führen Sie nur so viele Regeln ein wie unbedingt nötig.

Je mehr Regeln, desto mehr Anlass zum Streit. Wie lassen sich aber Strukturen und Rituale ohne ein umfangreiches Regelwerk einführen? Ein ausgewogenes Verhältnis zwischen Strukturen und Ritualen einerseits und dem Verzicht auf übertriebene Vorgaben andererseits herzustellen, mag zunächst schwierig erscheinen. Wie könnte das eine ohne das andere aussehen? Ich stelle mir vor, dass die Struktur, die wir Kindern durch Rituale und die Gestaltung ihrer Umgebung bieten, das übergeordnete Bild darstellt – eine Art Landkarte, auf der Wege eingezeichnet sind. Statt Kindern Schritt für Schritt zu erklären, wie sie von hier nach da gelangen, können sie anhand dieser Skizze selbst entscheiden, wie sie ihr Ziel erreichen – vom Elternhaus zum Kindergarten, zum Spielplatz und zurück ins Kinderzimmer. Sie geben nur die Grenzen und die grobe Richtung vor, sodass die Kinder innerhalb dieses Rahmens verschiedene Alternativen oder Möglichkeiten haben, ihren eigenen Weg zu wählen.

Eine begnadete Pädagogin, die in einem diktatorischen Regime in Osteuropa aufwuchs, schrieb einmal: »Als ich Kind war, pflegten Erwachsene Kindern ein Dreirad zu schenken. Sie zeichneten eine gerade Linie auf den Boden und zeigten ihnen, wie man in die Pedale tritt, um von A nach B zu gelangen. Das Kind folgte den Anweisungen. Das nannte man Lernen. Heute weiß ich, dass man es anders macht. Man schenkt dem Kind ein Dreirad. Man sorgt für einen Raum hinter dem Haus, von einer Hecke oder einem Zaun umgeben, der geschützt ist und ausreichend Platz bietet. Und dann lässt man das Kind gewähren. Das Kind findet von alleine heraus, wie man Dreirad fährt und wo man entlangfahren kann.«

Das ist mit Struktur statt starren Regeln gemeint. Eine Landkarte, ein geschützter, begrenzter Raum, in dem sich das Kind frei bewegen kann. Beispielsweise beim Abendessen am Tisch sitzen und sich über das Tagesgeschehen unterhalten, ist eine solche Landkarte, die aufzeigt, wie »man« sich bei Mahlzeiten mit anderen Menschen verhält. Vorlesen vor dem Schlafengehen zeigt eine Möglichkeit auf, den Tag in Ruhe ausklingen zu lassen. Kleinkinder brauchen Orientierungshilfen, wenn das Ziel darin besteht, ihre Eigenständigkeit zu fördern. Und genau das bieten Strukturen. Sie stärken die Fähigkeit des Kindes, zu wählen, auf welchem Weg es gehen, laufen oder Radfahren lernen möchte – auf einer geraden Linie, hin und zurück, bis an die Grenzen usw. Alle erreichen das Ende des Weges, auf ihre eigene Weise. Zahlreiche Regeln schaffen nur zahlreiche Hindernisse. Und Regelverstöße können bei Kleinkindern sogar ein Anzeichen für eine gesunde Entwicklung sein.

Der Kleinkind-Code

13. Gestatten Sie Ihrem Kind, eigennützig zu sein, damit es uneigennützig werden kann.

Das Teilen kommt später. Dieser Ansatz ist vielleicht am schwersten zu verstehen. Der Gedanke, dass Selbstbezogenheit zu Altruismus führen kann, widerspricht allem, was wir als Erwachsene wertschätzen. Wir möchten Kinder zu Menschen erziehen, die rücksichtsvoll sind und großzügig handeln, aber auch für ihr eigenes Wohl sorgen. Doch bevor ein Kind die Bedürfnisse anderer erkennen, rücksichtsvoll und freigiebig sein kann, muss es den ersten Schritt vollzogen haben: ein Gefühl für sich selbst und die eigenen Bedürfnisse entwickeln und spüren, dass es sich in guter Obhut befindet. Dieses Gefühl stellt sich nicht auf einen Schlag ein. Es entwickelt sich im Laufe der Zeit, tief im Innern. Erst wenn es sich fest verankert hat, etwa nach dem dritten oder vierten Lebensjahr, kann es beginnen, selbstlos zu handeln. Das Kind muss spüren, dass es alles hat, was es braucht. Ein komplizierter Weg. Zuerst muss es sich zu einem Menschen entwickeln, der sich seiner selbst und seiner Bedürfnisse bewusst ist. Dann muss dieser Mensch zu sich selbst und seinen Bedürfnissen stehen. Und zum Schluss muss er sicher sein können, dass seine Bedürfnisse erfüllt werden. Erst wenn diese drei Schritte vollzogen sind, kann eine Person die Fähigkeit entwickeln, sich um andere zu kümmern, empathisch zu sein und zu teilen.

Diese Grundlage des Teilens erscheint paradox. Sie setzt voraus, dass ein Kind eine Ich-Perspektive entwickelt, das Wissen um die eigene Person, die eigenen Besitzstände und die eigenen Bedürfnisse, deren Befriedigung an erster Stelle steht. Dazu gehört auch das Gefühl, dass es alles hat, was es braucht – das schließt Sicherheit und emotionale Erfüllung, aber auch Objekte ein, an denen es festhalten möchte, weil es sie als sein »Eigentum« betrachtet. Wenn wir Kinder zum Teilen zwingen oder überreden, bevor sie von sich aus dazu bereit sind, verlangen wir von ihnen, auf etwas zu verzichten, was sie brauchen. Genau so fühlt es sich für Zwei- oder Dreijährige an! Wenn wir ihnen in diesem Alter gestatten, an Dingen und ihren Bedürfnissen festzuhalten, ermöglichen wir ihnen, später leichter loszulassen und sich in andere hineinzuversetzen. Es dauert nicht lange (ungefähr mit dreieinhalb Jahren), bis sie den Wunsch verspüren, Beziehungen zu anderen Kindern aufzubauen und wahrzunehmen, dass diese vielleicht die gleichen Wünsche und Bedürfnisse haben. Und dass es Spaß macht, einvernehmlich zu spielen. Mit dem Wunsch, Freundschaften zu schließen und gut miteinander auszukommen, beginnt die Motivation zu teilen. Kinder sehnen sich danach, Freunde zu gewinnen, gemocht zu werden. Und Teilen ist Teil dieser Welt. Aber erst dann, wenn die eigenen, scheinbar »egoistischen« Bedürfnisse befriedigt sind.

14. Akzeptieren Sie Ihr Kind so, wie es ist.

Das gilt auch für Aspekte, die Ihnen missfallen. Impfen Sie ihm keine Schamgefühle ein. Jeder hat seine guten und seine weniger guten Seiten. Das ist Teil der Persönlichkeit eines Kindes (oder Erwachsenen!). Kleinkinder beginnen zuerst, sich selbst kennenzulernen. Sie versuchen herauszufinden, wer sie sind. Die Palette der Gefühle ist in diesem Alter breiter gefächert als früher während der Säuglingszeit. Mit der erweiterten Selbstwahrnehmung gehen mehr Bedürfnisse einher (nach Aufmerksamkeit oder der Erfüllung von Wünschen), die zur Folge haben, dass die Kinder an Grenzen stoßen. Als Erwachsene möchten wir die soziale Kompetenz unserer Kinder fördern. Um dieses Ziel zu erreichen, setzen wir Grenzen (die unerlässlich sind!). Gleichzeitig beginnen Kinder, ihre eigenen Grenzen wahrzunehmen, wenn sie sich durch neue Erfahrungen lavieren. Infolge dieser inneren und äußeren Grenzen stellen sich »negative« Gedanken ein (»Ich bin wütend auf Papa, weil er mir verboten hat, auf Omas weißes Sofa zu klettern!«). Kinder versuchen, negative Gefühle wie Wut und Frustration in den Griff zu bekommen. Gelingt das nicht, brechen diese sich Bahn und steuern das Verhalten. Mit der Folge, dass die Kinder mit Gegenständen werfen, schlagen, nicht hören und Grenzen überschreiten. Wenn sie herauszufinden versuchen, wo ihre Stärken und Schwächen liegen, bleiben Fehler nicht aus. Sie tun dabei nicht immer, was die Erwachsenen von ihnen erwarten. Sie testen aus, wie viel Macht sie haben, halten nach Möglichkeiten Ausschau, mehr Kontrolle in einer Welt der Abenteuer und Experimente zu gewinnen, von der sie sich oft überfordert fühlen. Das alles kann zu Konflikten mit Mama und Papa führen – mit den Menschen, denen sie die größte Liebe und das größte Vertrauen entgegenbringen.

Unter dem Strich müssen Kinder akzeptieren lernen, dass sie Licht- und Schattenseiten haben. Das ist menschlich. Wenn wir erwarten, dass Kinder immer (oder fast immer) brav sind, die von Natur aus verträglicheren eingeschlossen, übermitteln wir ihnen die Botschaft, dass die »negativen« Aspekte ihrer Persönlichkeit (Gedanken, Gefühle, Handlungen) unannehmbar sind. Und das macht Angst, weckt Schuld- und Schamgefühle. Lassen Sie Ihr Kind daher wissen, dass Sie es so lieben, wie es ist – mit seinen Licht- und Schattenseiten. Selbst wenn Sie bei Regelverstößen einmal hart durchgreifen müssen (wenn es andere tritt, mit Essen wirft, sich in einer Menschenmenge zu weit von Ihnen entfernt), sollte es sich Ihrer Liebe sicher sein können. Selbst wenn Sie ihm einen weiteren Keks verweigern und daraufhin ein Wutgeheul erfolgt, sollte es sich Ihrer Liebe sicher sein können. Dadurch lernt es, dass annehmbare und unannehmbare Verhaltensweisen, Gedanken und Gefühle zum Kindsein gehören und dass Mama und Papa es deshalb nicht weniger lieb haben!

15. Helfen Sie Ihrem Kind beim Umgang mit negativen Erfahrungen.

Denken Sie daran, dass es nicht Ihre Aufgabe ist, Ihr Kind glücklich zu machen. Für die meisten Eltern steht das Glück ihrer Kinder an erster Stelle. Sie möchten, dass es zu einem umgänglichen, produktiven und glücklichen Menschen heranwächst. Doch wer glaubt, das Glück des Kindes sei davon abhängig, ihm jeden Wunsch zu erfüllen, liegt falsch. Manche Eltern geben jeder Laune ihres Kindes nach, nur um festzustellen, dass es nie genügt. Ihr Kind ist trotzdem nicht zufrieden. Niemand kann einen anderen Menschen dauerhaft glücklich machen. Kinder wissen, dass Glück ein Gefühl ist, das sie selbst schmieden müssen. Mit negativen Gefühlen und Erfahrungen können sie weniger gut umgehen. Da ist Ihre Unterstützung als Eltern erforderlich. Aber um das Kind glücklich zu machen?

Wir haben die Aufgabe, dem Kind das Rüstzeug mitzugeben, das es braucht, um das Leben in eigener Regie zu bewältigen, sich mehr und mehr abzunabeln. Im Mittelpunkt sollte daher die Unterstützung beim Überwinden der Hürden auf seinem Lebensweg stehen. Und was können Sie dabei tun? Ihm helfen, die negativen Erfahrungen im Leben zu verarbeiten – negative Gefühle, Enttäuschungen, Ablehnung, Fehlgriffe und Rückschläge. Das ist das größte Geschenk, das Sie Ihrem Kind machen können. Mit dem Sie Ihr Kind wirklich glücklich machen können. Denn mit der Sicherheit, dass es negative Erfahrungen verkraften kann, eröffnen Sie ihm einen Freiraum, in dem sich Glück und Zufriedenheit entfalten.

Im Leben Ihres Kindes wird es immer Enttäuschungen geben (wenn der beste Freund beispielsweise nicht mit ihm spielen will oder keine blaue Knete mehr da ist). Es wird immer negative Gefühle geben, die Ihr Kind aushalten, zum Ausdruck bringen und verarbeiten muss – Traurigkeit, Wut, Angst, Sorge. Es wird immer Menschen geben, die Ihr Kind schlecht behandeln, es tyrannisieren oder mobben (Kinder, die andere Kinder ausschließen: »Du spielst nicht mit!«).

Wenn Sie Ihrem Kind helfen, den sogenannten Widrigkeiten des Lebens zu trotzen, lernt es, sie irgendwann alleine zu bewältigen und die Hürden zu nehmen. Es erkennt, dass die Welt auch dann in Ordnung ist, wenn die Dinge einmal nicht nach Wunsch verlaufen, wenn sich das Leben nicht gut anfühlt oder Mama

Nein sagt. Es kann damit umgehen, auch wenn es ihm nicht gefällt. Der Haken an der Sache ist, dass Kinder diese Kompetenz nur dann erwerben, wenn wir zulassen, dass sie negative Erfahrungen machen – welcher Art auch immer –, und ihnen helfen, sie durchzustehen. Nach Frust, Gebrüll und Aufstampfen mit den Füßen, weil es den letzten Legostein nicht finden kann, den es braucht, um sein Bauwerk zu vervollständigen, beruhigt sich Ihr Kind irgendwann wieder, wenn Sie es in die Arme nehmen.«

Die Lektion, die es lernt? »Das ist kein schönes Gefühl, aber Mama ist da, um mich zu trösten. Alles wird gut. Ich komme damit klar, und wenn ich so weit bin, versuche ich es noch einmal.«

Wenn Kinder gelernt haben, negative Gefühle durchzustehen, erkennen sie diese auch bei anderen und reichen ihnen die Hand, um ihnen zu helfen. Wenn sie mit negativen Erfahrungen umgehen können, entwickeln sie die innere Stärke, wieder aufzustehen, wenn es hart zur Sache geht, sich nach einem Wutausbruch zu beruhigen und noch einmal von vorne zu beginnen, wenn der Turm trotz aller Mühen einstürzt. Grenzen, die von Erwachsenen gesetzt wurden oder mangelnder Erfahrung geschuldet sind, können sich als Hürde erweisen, genau wie andere Menschen, die weder auf sie zugehen noch auf ihre Bedürfnisse achten.

Sie können Ihrem Kind helfen, in solchen Situationen zurechtzukommen und dabei trotzdem das Gefühl zu haben, dass die Welt noch im Lot ist. Nur dann kann es lernen, Probleme eigenständig zu lösen und nicht vor den Widrigkeiten des Lebens zu kapitulieren. Wenn Sie dazu beitragen, dass es Frustrationen und Stress aushalten kann, bereiten Sie es optimal auf ein Leben vor, das von innerer Zufriedenheit und Großherzigkeit geprägt ist.

Ein Kind, dem es gelingt, Hürden zu überwinden (die es immer geben wird), entwickelt Widerstandskraft, Ausdauer und Selbstsicherheit, denn es weiß aus eigener Erfahrung: »Ich kann das!« Und es wird offen für andere Menschen, kann sich in sie hineinversetzen. Doch das lernt es nicht von alleine. Es braucht Orientierungspunkte, liebevolle Zuwendung und Unterstützung, um sicher durch diese klippenreichen Gewässer zu gelangen. Mit der Vermittlung der Fähigkeit, das Leben mit all seinen Höhen und Tiefen zu bewältigen, bereiten Sie den Weg zu einem glücklichen, erfüllten Dasein.

Schlussbemerkung

Während Kleinkinder mühevoll herauszufinden versuchen, wer sie sind und ob sie sich trotz ihrer Forderungen nach Eigenständigkeit darauf verlassen können, dass wir sie lieben und mit ihnen durch dick und dünn gehen, haben auch die Eltern zu kämpfen. Kindererziehung ist Schwerstarbeit. Wir investieren Tag für Tag unsere ganze Kraft, um sie zu bewältigen, doch was wir dabei ernten, ist nicht immer erfreulich, leicht zu verkraften oder auch nur annehmbar. In diesem Alter (und oft auch während der Pubertät) sollten wir weder Anerkennung noch Lob oder Dank für unsere Bemühungen erwarten. Es ist schließlich nicht Aufgabe des Kindes, Sie als Eltern glücklich zu machen. Oder Ihnen das Gefühl zu vermitteln, dass Sie einen guten Job gemacht haben. Eltern geben ihr Bestes, weil sie ihre Kinder lieben und hoffen, dass sie zu Menschen heranwachsen, die ihren Weg gehen.

Behalten Sie dieses langfristige Ziel im Blick, wenn Sie Ihr Kind durch Höhen und Tiefen begleiten, freudvolle und weniger erfreuliche Momente erleben. Das ist nicht leicht, weil wir oft von den eigenen Erwartungen abrücken müssen, um dem Kind zu ermöglichen, seinen eigenen Weg zu gehen, der sich von unseren Vorstellungen merklich unterscheiden kann. Wenn wir einen Schritt beiseitetreten, um Unterstützung zu bieten, wenn sie gebraucht wird, wenn wir den Weg freigeben, aber in der Nähe bleiben, können Kinder an den Herausforderungen wachsen, die er mit sich bringt. Ohne sich ihrer persönlichen Eigenheiten, ihrer Gefühle oder ihrer Weltsicht schämen zu müssen – und ungeachtet dessen, ob diese Sichtweise unserer eigenen entspricht.

Kindererziehung ist noch aus anderen Gründen Schwerstarbeit.

Wir müssen ständig einsatzbereit sein. Wir können uns nicht einfach eine Auszeit nehmen und weitermachen, wenn wir wieder bei Kräften sind. Unsere Kinder, vor allem in dieser prägenden Entwicklungsphase, verlassen sich darauf, dass wir für sie da sind, wenn sie uns brauchen. Wir sind oft die einzige Konstante in ihrem Leben. Wir geben ihnen Halt. Wir sind ein sicherer Hafen in einer großen, unüberschaubaren Welt. Wenn wir das Haus verlassen, um arbeiten zu gehen, verlassen sie sich darauf, dass wir zurückkehren. Wenn wir versprechen, sie vom Kindergarten abzuholen, verlassen sie sich darauf, dass wir Wort halten. Eine Geschäftsreise oder ein ruhiges Wochenende zu zweit? Sie verlassen sich darauf, dass wir wiederkommen, wie wir gesagt haben. Mit anderen Worten: Sie verlassen sich darauf, dass wir ein Fels in der Brandung sind, für Stabilität sorgen, sie aufrichten, wenn sie hinfallen, und sie auch dann lieben, wenn ihr Verhalten zu wünschen übrig lässt.

Erziehung ist kein Gelegenheitsjob, sondern eine Ganztagsbeschäftigung, mit Bereitschaftsdienst rund um die Uhr. Präsent sein, aber sich zurückhalten und nur bei Bedarf zur Verfügung stehen, loslassen, aber jederzeit bereit sein, einen sicheren Halt zu bieten, sich nicht einmischen, aber für alles sorgen, was Kinder in diesem Alter noch brauchen. Eine Aufgabe, die vielleicht die schwierigste Ihres Lebens ist, aber auch die schönste und sinnvollste.

Trotz der (zahlreichen) Freuden und angenehmen Seiten, Erfolge und Überraschungen, die diese Aufgabe mit sich bringt, gibt es keine klare »Arbeitsplatzbeschreibung«. Zuwendung und Sicherheit bieten, die Ihr Kind ersehnt, aber ihm gleichzeitig ermöglichen, sich ständig weiterzuentwickeln, sich abzunabeln, in die große, weite Welt hinauszugehen und sie zu erforschen, ist immer eine Gratwanderung. Eltern haben nach meiner Erfahrung eines gemein: den Wunsch, ihre Kinder bestmöglich großzuziehen, damit sie ihr Potenzial voll entfalten können. Doch der Weg, der zu diesem Ziel führt, lässt sich nicht immer auf Anhieb erkennen, und er ist gespickt mit Schlaglöchern und Fallgruben, die Sie vermutlich nicht vorhersehen konnten. Und da jedes Kind letztendlich seinen eigenen Weg ins Leben geht, gilt es, das Rüstzeug, das Sie ihm mitgeben, seinen spezifischen Bedürfnissen anzupassen, auch wenn Sie nicht immer genau wissen, worin sie bestehen.

Deshalb bleiben Fehler und Versäumnisse nicht aus. Sie enttäuschen zum Beispiel Ihr Kind, übersehen seine gerade aktuellen Bedürfnisse, vor allem, wenn es nach Selbstständigkeit und mehr Freiraum verlangt. In Situationen, in denen wir die Bedürfnisse des Kindes nicht erkannt, nicht richtig gedeutet oder einfach die falschen Entscheidungen getroffen haben, sollten wir nicht so hart mit uns ins Gericht gehen, sondern bedenken, dass Eltern es nicht leicht haben. Aber dass wir auch dann, wenn die Beziehungen in der Familie kompliziert und mitunter chaotisch sind und das Zusammenleben mit einem Kleinkind eine Nervenzerreißprobe sein kann, alles auf Anfang zurücksetzen und es beim nächsten Mal besser machen können. Wir können uns entschuldigen, uns mit unserem Kind versöhnen und die enge und sichere Bindung wiederherstellen. Wir können es umarmen und ihm zeigen, dass es geliebt wird. Eltern sind nicht perfekt. Und Kinder sind bereit, ihnen das zu verzeihen.

Wenn wir die langfristigen Ziele im Blick behalten, uns daran erinnern, dass das Kleinkindalter ein Labor für die Zukunft darstellt, erhält die gegenwärtige Beziehung eine andere Bedeutung. Die Erfahrungen, die Ihr Kind dabei sammelt, helfen ihm, Lektionen und Schlüsselkompetenzen für das ganze Leben zu verinnerlichen: die Fähigkeit, Beziehungen einzugehen, sich in andere hineinzuversetzen, sich einer Situation gewachsen zu fühlen und das Leben zu bewältigen; die Fähigkeit, Situationen zu durchdenken und sich für einen Weg zu entscheiden; die Fähigkeit, Emotionen auszuhalten und zu verarbeiten, um ein Kapitel abzuschließen und ein neues aufzuschlagen; die Fähigkeit, sich nicht von Rückschlägen entmutigen zu lassen und Aufgaben mit Leidenschaft anzugehen; die Fähigkeit, das Augenmerk auch auf andere Menschen zu richten und ihre Bedürfnisse wahrzunehmen, selbst wenn das bedeutet, die eigenen Interessen in den Hintergrund zu rücken. All diese Kompetenzen können und werden sich entwickeln – im Lauf der Zeit. Keine einzelne Interaktion, auch wenn sie im Kontext einer fürsorglichen und liebevollen Beziehung erfolgt, kann bewirken, dass ein Kind so geworden ist, wie es ist. Fehler und Enttäuschungen bleiben nicht aus, aber es ist immer möglich, den entstandenen Schaden nach besten Kräften wiedergutzumachen. Bewahren Sie sich trotz alledem Ihren Sinn für Humor. Vergewissern Sie sich, dass Sie über sich selbst und gemeinsam mit Ihrem Kind lachen können. Das hilft.

Dennoch ist die Zeit vom dritten bis sechsten Lebensjahr von entscheidender Bedeutung für eine langfristig erfolgreiche Entwicklung und den Lebenserfolg Ihres Kindes, denn in dieser Zeit legen Sie den Grundstein für seine Persönlichkeitsstruktur. Das Streben nach Ablösung und Eigenständigkeit ist eine ungeheuer große Triebkraft, die zu immer neuen Weggabelungen und emotionalen Erfahrungen führt. Ihr Kind versucht sich abzunabeln, aber will dennoch eng mit Ihnen verbunden bleiben. Ein prekäres, kompliziertes Unterfangen, das einem Eiertanz gleicht.

Das Gehirn entwickelt sich sprunghaft, was sich in den schier unglaublichen Wachstumsschüben bemerkbar macht, die wir im Kleinkindalter von Monat zu Monat und von Jahr zu Jahr beobachten können. Doch als Eltern sollten wir uns vor Augen halten, dass Wachstumssprünge auch mit Ausrutschern und – teilweise erheblichen – Rückschritten verbunden sein können. Kinder werden groß, aber sie brauchen immer wieder die Bestätigung, dass sie auch noch klein sein dürfen. Vater oder Mutter bleiben Sie ein Leben lang, auch wenn Ihr Nachwuchs den Kinderschuhen entwachsen ist. Der Umzug in ein großes Bett, Dreirad, Zweirad oder Tretauto fahren lernen, den Schnuller aufgeben, Töpfchen oder Toilette benutzen, in den Kindergarten gehen, sich alleine anziehen, Freundschaften schließen – das alles sind Meilensteine und Zeichen der Entwicklung. Und mit jedem Meilenstein, der erreicht wird, lässt das Kind ein Stück des Weges hinter sich. Mit jedem Schritt in Richtung Selbstständigkeit entfernt es sich weiter vom Baby- und frühen Kleinkindalter. Es kann seinen Weg nur dann sicher gehen, wenn es weiß, dass Mama und Papa da sind, wenn es sie braucht. Auch wenn es schon groß ist!

Diese Fort-Schritte können auch bei uns zwiespältige Gefühle auslösen. Einerseits wünschen wir uns, dass unser Kind eine schwierige Etappe möglichst schnell hinter sich bringt – damit es seinen Bedürfnissen nicht länger durch Gebrüll Ausdruck verleihen muss, nachts endlich durchschläft, sich an das große Bett gewöhnt, seine Trotz- und Wutausbrüche in den Griff bekommt oder sich alleine anzieht. Andererseits wissen wir, dass wir auch mit Wehmut an die Zeit zurückdenken werden, als die Kinder noch klein waren. Wenn wir uns unsere eigenen inneren Erfahrungen und gemischten Gefühle bewusst machen, können wir auch die Situation unseres Kindes besser verstehen und ihm die Unterstützung angedeihen lassen, die es braucht.

Der Schlüssel zu einer Erziehung, die nicht nach Perfektion, sondern nach bestmöglicher Erfüllung unserer Aufgabenstellung als Eltern strebt, liegt darin, die eigenen Stärken und Schwächen zu erkennen, offen für Veränderungen zu sein und sich selbst verzeihen zu können. Überlegen Sie, was Sie mit dem Begriff Erziehung verbinden und woher diese Vorstellungen stammen. Wenn Sie sich selbst zu streng beurteilen – alle Eltern enttäuschen ihr Kind irgendwann einmal, alle Eltern machen Fehler –, sollten Sie sich fragen, ob Ihre Erwartungen wirklich realistisch sind. Legen Sie die Latte zu hoch? Warum? Welche Stimme flüstert Ihnen ins Ohr, dass Sie nicht gut genug sind? Akzeptieren Sie, dass Sie auch nur ein Mensch sind, was bedeutet, dass Sie manchmal etwas gut und manchmal etwas weniger gut machen. Wenn Sie die eigenen Unvollkommenheiten akzeptieren können, vor allem als Eltern, können Sie auch die guten und schlechten Seiten Ihres Kindes annehmen und die holprigen Wege, die Sie gemeinsam gehen.

Unsere Aufgabe als Eltern besteht darin, unsere Kinder zu befähigen, ihren eigenen Weg zu gehen. Und das erfordert loszulassen. Eines ist sicher: Wenn wir ihnen Raum geben, sich in die Welt hinauszuwagen, die Herausforderungen des Lebens anzunehmen, daran zu wachsen und aus Fehlern zu lernen, kommen sie gerne zu uns zurück. Weil sie uns brauchen. Wenn sie das Bedürfnis haben, sich unterstützt, angenommen und beschützt zu fühlen. Die Bedürfnisse ändern sich mit den Jahren. Doch was sie aus der Kleinkindphase mitnehmen, was sie in ihrem wachsenden Selbstgefühl verankern und in ihrem Gehirn in codierter Form abspeichern, ist die Gewissheit, dass wir für sie da sind, dass wir sie so akzeptieren, wie sie sind, und dass wir ihnen einen sicheren Hafen bieten, in den sie jederzeit zurückkehren können. Dabei ist genau das für uns Eltern die Kunst: Wir müssen ihnen einerseits eine Landkarte mit Strukturen und Grenzen mitgeben, ihnen aber gleichzeitig genug Freiraum lassen, ihren eigenen Weg zu finden, während wir uns darauf beschränken, an der Seitenlinie zu bleiben, um Zuwendung und Fürsorge anzubieten. Dann können Kinder die innere Stärke entwickeln, der Mensch zu werden, der in ihnen angelegt ist.

Häufig gestellte Fragen

Seit der Veröffentlichung der Erstauflage der Originalausgabe dieses Buches hatte ich Gelegenheit, im Rahmen meiner Vorträge, Radiointerviews und auf Facebook mit vielen wunderbaren Eltern und Früherziehungsexperten ins Gespräch zu kommen. Alles in allem boten sich dadurch Hunderte von Gelegenheiten, sich über die Welt von Kleinkindern und die Faktoren auszutauschen, die zu Wachstum und Entwicklung in dieser prägenden Lebensphase beitragen.

Wir alle wissen, dass Kleinkinder eine große Herausforderung darstellen können, woran ich ständig durch die tiefgründigen, originellen oder verzweifelten Fragen von Eltern erinnert wurde. Ich dachte, ich hätte in meinem Buch alle Themen abgedeckt, aber Kleinkinder halten uns auf Trab. Sie sorgen bei Eltern und Betreuern für Freude, ein Gefühl der Befriedigung und Heiterkeit, aber auch für Zweifel, Verwirrung, Überraschungen, Ängste und emotionale Turbulenzen. Und wie sich herausstellte, gab es Fragen, die immer wieder auftauchten. Fragen, wie man in konkreten Situationen mit den Herausforderungen umgeht, vor die uns Kleinkinder stellen.

Deshalb möchte ich jetzt die Gelegenheit nutzen, kurz auf diese Fragen einzugehen. Vielleicht erleichtern sie das Verständnis für und die Beziehung mit Ihrem Kind, damit Sie die gemeinsame Zeit noch mehr genießen, die Entwicklung Ihres Kindes fördern und Ihre Erziehungsaufgabe entspannter wahrnehmen können.

Wenn Sie an fortlaufenden Informationen und Tipps interessiert sind, können Sie meinen monatlich erscheinenden E-Newsletter bestellen (howtoddlersthrive.de) oder mit mir über Twitter (@tovahklein) oder Facebook (Howtoddlersthrive) kommunizieren.

Hilfe! Mein kleiner Engel hat sich in ein kleines Monster verwandelt! Aggressionen wie Raufen und Schlagen (was oft ein Problem ist), wüste Beschimpfungen und Trotzreaktionen sind inzwischen an der Tagesordnung. Was ist aus meinem liebevollen, netten Kind geworden?

Ein Thema, das Eltern (oft nach einem meiner Vorträge und hinter vorgehaltener Hand) ansprechen, ist Aggressivität bei Kleinkindern. Ich habe es bereits an früherer Stelle in diesem Buch erwähnt, doch da es sich um ein weitverbreitetes Phänomen handelt, das Eltern mit Sorge beobachten, möchte ich noch einmal ausführlicher darauf eingehen. Aggressive Verhaltensweisen überraschen viele Eltern und bereiten ihnen Kopfzerbrechen. Unter dem Strich kann man sagen, dass alle Kleinkinder irgendwann einmal zu Aggressionen neigen, sei es mit zwei, drei oder vier Jahren. Sie sind Bestandteil der Kommunikation in diesem Alter und spiegeln die (noch) mangelhaft entwickelte Fähigkeit der Impulskontrolle wider.

Manche Eltern suchen verzweifelt Rat angesichts dieser alarmierenden Entwicklung ihres Kindes. Das ist verständlich. Der (meistens) folgsame Nachwuchs legt plötzlich eine Reihe verstörender Verhaltensweisen an den Tag – schlägt, tritt, reißt anderen das Spielzeug weg, zwickt, kratzt oder beißt. Aggressionen machen uns Erwachsenen Angst, weil wir die gesellschaftlichen Regeln und Normen verinnerlicht haben. Das ist bei Kleinkindern noch anders. Deshalb sollten Sie sich vor Augen halten, dass Ihr Kind kein Erwachsener im Kleinen, sondern tatsächlich noch klein ist. Seine Aggressionen sind Ausdruck eines Bedürfnisses oder Gefühls (Wut, Frustration, sogar Übermut). Sie stellen ein Kommunikationsmittel dar. Ihre Aufgabe als Erwachsener besteht darin, Ihrem Kind zu helfen, diese Gefühle zu verstehen und sie nach und nach in einer Weise zum Ausdruck zu bringen, die gesellschaftlich akzeptabel ist. Sie können sicher sein, dass sich Aggressionen in dieser Entwicklungsphase nicht zwangsläufig bis ins Jugendalter oder Erwachsenenleben fortsetzen. Denken Sie einfach immer wieder daran, wie ein Kleinkind »tickt«.

Warum also sind Kleinkinder aggressiv? Erinnern Sie sich daran, dass ihre Welt ichbezogen ist und die Zentren im Gehirn, die für die Steuerung von Gefühlen und Impulsen zuständig sind, noch völlig unausgereift sind. Die Fähigkeit, innezuhalten und eine Situation zu durchdenken, statt aus einem Affekt heraus zu reagieren, ist noch nicht ausreichend vorhanden. Wenn ein Kleinkind also einem inneren Drang oder Impuls nachgibt – gleich, ob positiv oder negativ – handelt es. Ohne lange zu überlegen.

Aggressionen sind typisch in diesem Alter, doch als Eltern können Sie Ihrem Kind helfen, nach und nach die Kontrolle darüber zu gewinnen. Die gute Nachricht ist, dass das Gehirn mit der Zeit lernt, Impulse wie Grabschen, Schubsen, Schlagen, Beißen und das Werfen mit Gegenständen besser in den Griff zu bekommen. In solchen Situationen können Ihre Interaktionen und Ihr Umgang mit solchen Verhaltensweisen die Entwicklung dieser Gehirnfunktion fördern. Doch was können Sie im Einzelfall tun?

• *Überlegen Sie, was sich in Wirklichkeit hinter aggressivem Verhalten verbergen könnte.*
Versuchen Sie herauszufinden, warum Ihr Kind aggressiv ist. Was empfindet es oder möchte es Ihnen dadurch mitteilen? Kleinkinder handeln unüberlegt und aus dem Bauch heraus, das trifft auch auf aggressives Verhalten zu. Sie sind nicht absichtlich unsozial oder grausam. Vielleicht ist Ihr Kind übermüdet, hat Hunger oder hat sich über etwas aufgeregt. Vielleicht will es nur die Aufmerksamkeit auf sich lenken (notfalls auch negative!) oder ist wütend. Wenn Sie eine ungefähre Vorstellung davon haben, was hinter dem aggressiven Verhalten stecken könnte, können Sie besser darauf reagieren.

- *Achten Sie auf Ihre eigene Reaktion.*
Das Verhalten von Kleinkindern kann für den Erwachsenen verständlicherweise peinlich sein. Schließlich entspricht es nicht gerade den gesellschaftlichen Gepflogenheiten, andere zu schlagen. Vermeiden Sie, Schamgefühle bei Ihrem Kind zu wecken (wie »Du bist böse!«), selbst wenn die Situation Sie stresst. Schamgefühle verstärken den Erregungszustand und erhöhen die Aggressionsbereitschaft.

- *Fassen Sie die Empfindungen oder die Situation mit passenden Worten zusammen.*
»Ich sehe, du bist außer dir!« – »Du wolltest das Spielzeug unbedingt haben und jetzt bist du wütend.« – »Ich denke, ich habe dir zu wenig Aufmerksamkeit geschenkt.« Wenn Sie die Dinge beim Namen nennen, erleichtern Sie dem Kind das Verständnis seiner Gefühle und zeigen ihm gleichzeitig, das es von Ihnen verstanden wird.

- *Sehen Sie sich als externe Kontrollinstanz.*
Nachdem Sie das Gefühl benannt haben, das Ihr Kind in seinem aggressiven Verhalten zum Ausdruck bringt, besteht Ihre Aufgabe darin, Grenzen zu setzen, um die Impulskontrolle zu fördern. Weisen Sie es mit einer klaren Ansage darauf hin: »Ich kann nicht zulassen, dass du jemanden schlägst. Das tut weh.« Oder: »An den Haaren ziehen ist verboten.«

- *Schaffen Sie eine Alternative als Ventil.*
Wenn Ihr Kind wütend ist, braucht es eine Möglichkeit, seinem Gefühl Luft zu machen. Schlagen Sie eine gute Alternative vor: auf ein Kissen trommeln, mit den Füßen aufstampfen oder Softbälle in einen Abfalleimer werfen, statt die kleine Schwester zu schlagen. Einige Eltern versuchen das negative Verhalten ihres Kindes schon im Ansatz zu unterbinden, doch wenn sich Emotionen aufstauen, werden sie nur noch schlimmer. Helfen

Sie Ihrem Kind, die Aggression auf akzeptable Weise zum Ausdruck zu bringen. Damit schaffen Sie ein Ventil für den aggressiven Impuls und beugen einer Eskalation des Verhaltens vor. Dadurch lernt Ihr Kind seine Gefühle zu steuern – ein Prozess, den es in Zukunft besser beherrscht.

- *Denken Sie daran: Die meisten dieser Verhaltensweisen gehen im Lauf der Zeit vorüber.*
Auch die aggressive Phase hat irgendwann ein Ende. Jedes Mal, wenn es Ihrem Kind gelingt, seine Gefühle zu erkennen, in Worte zu fassen und in den Griff zu bekommen, lernt das Gehirn, starke Empfindungen besser zu regulieren. Genau das wollen Sie erreichen, und Kinder lernen am besten, wenn Sie mit gutem Beispiel vorangehen. Vorbildliches Verhalten erfordert also, darauf zu achten, dass auch Sie in Stresssituationen nicht überreagieren.

Meine Tochter spielt meinen Mann und mich gegeneinander aus. Sie besteht darauf, dass ich mit ihr spiele und Papa nicht mitmachen darf. Gleich darauf hilft sie ihrem Vater bei der Zubereitung des Abendessens und will mich nicht dabeihaben. Haben wir uns da eine künftige »Bienenkönigin« herangezogen? Was kann ich tun, um ein harmonisches Miteinander zu fördern?

Dieses Verhalten wird in der Fachsprache als »Präferenzverhalten« bezeichnet und kommt bei Kleinkindern häufig vor. Zurückweisung fühlt sich nicht gut an, aber Ihr Kind denkt sich nichts Böses dabei.

Betrachten wir als Erstes die Beweggründe für ein solches Verhalten. Es ist in Wirklichkeit ein positives Zeichen, das auf einen Wachstumsschub hindeutet (auch wenn es Ihnen nicht so vorkommen mag!). Kleinkinder »trennen« zwischen Vater und Mutter, weil sie sich nun selbst als getrennt von den Eltern begreifen, und möchten ihre eigene Wahl treffen. Die Entdeckung der eigenen Präferenzen gehört zum Selbstständigwerden. Ihr Kind sagt damit: »Hallo! Ich bin ein eigenständiger Mensch, *ich* entscheide!« Mit dem Entscheidungsprozess ist Macht und das Bedürfnis nach Kontrolle verbunden.

Wie reagieren sie als Mutter oder Vater darauf, vor allem, wenn sich Ihr Partner in der bevorzugten Position befindet? Am besten mit Geduld, Humor und der Entschlossenheit, es nicht persönlich zu nehmen (zugegeben, das kann manchmal schwierig sein). Präferenzen kommen und gehen. Nach ein paar Monaten (oder schon ein paar Minuten) verbündet sich Ihr Kind vielleicht mit dem anderen Elternteil und wechselt nach Bedarf hin und her. Trösten Sie sich: Ihr Kind stößt Sie nur dann von sich, wenn es Ihnen absolut vertraut. Es fühlt sich in der Bindung sicher genug, um zu sagen: »Hau ab, dich brauche ich jetzt nicht«, wohl wissend, dass Sie trotzdem zur Stelle sind, wenn es seine Meinung ändert. Kleinkinder weisen ihre Eltern manchmal gnadenlos zurück, aber letztlich wollen sie nicht wirklich, dass sie gehen.

Wichtig ist, dass Sie in Erziehungsfragen mit Ihrem Partner an einem Strang ziehen, ein echtes Team sind. Kleinkinder genießen ihre Macht, aber grenzenlose Macht überfordert sie und löst Ängste aus. Wenn Ihr Kind darauf besteht: »Papa soll mir die Jacke anziehen! Du nicht!«, lassen Sie ihm seinen Willen, aber halten Sie an Ihrer Autorität fest, indem Sie sagen: »Klar, Papa macht das. Aber ich hab dich trotzdem lieb.« Der Vater sollte die gleiche Botschaft übermitteln. Und bevor Sie sich versehen, ist Ihrem Kind schon wieder ein neues Bäumchen-Wechsel-dich-Spiel eingefallen.

Meine vierjährige Tochter hat der Kindergärtnerin erzählt, dass ich ein Pferd besitze und reite. Das ist frei erfunden.

Es stimmt: Kinder schwindeln, schummeln und manchmal stehlen sie sogar. Ja, so etwas lässt die Alarmglocken schrillen. Aber man sollte nicht übertreiben und befürchten, einen kleinen Kriminellen oder notorischen Lügner unter seinem Dach zu beherbergen.

Alle Eltern wollen, dass ihr Kind lernt, zwischen richtigem und falschem Verhalten zu unterscheiden, und das schließt ein, die Wahrheit zu sagen. Doch wenn wir die Welt mit den Augen eines Kleinkinds sehen (wie in diesem Buch immer wieder empfohlen), können wir leichter entschlüsseln, was sich in Wirklichkeit dahinter verbirgt.

Kinder lügen in diesem Alter aus relativ harmlosen Gründen: Wunschdenken, die eigene Macht austesten oder um Ärger zu vermeiden. Der Fantasie sind keine Grenzen gesetzt. Kinder sind Träumer und spinnen ihre Wunschvorstellungen aus. Das kann die Form annehmen: »Ich möchte unbedingt ein Pferd haben. Wenn ich es mir so sehr wünsche, kauft Mama es mir vielleicht. Nicht vielleicht, sondern ganz bestimmt!« Oder sie lügen, um Ärger zu vermeiden: »Meine Hände sind sauber!«, behauptet Ihr Kind steif und fest, obwohl sie schmutzig sind. Damit gibt es zu erkennen, dass ihm die Regeln bewusst sind (Hände waschen). Statt wegen des Regelverstoßes ausgeschimpft zu werden, erklärt es aber lieber, dass sie sauber sind. Das läuft auf ein Machtspiel und die Spekulation hinaus, dass Sie den Schwindel vielleicht nicht durchschauen.

So gesehen werden Lügen zu einem weniger schlimmen Vergehen. Und je weniger harsch Sie das Fehlverhalten abstrafen, desto schneller wächst es sich vermutlich aus. Genau genommen markieren Lügen sogar einen positiven Entwicklungsschritt auf dem Weg der Ablösung von den Eltern: »Ich habe meine eigenen Vorstellungen davon, was richtig oder falsch ist.« Dieser Schritt ist außerdem ein Meilenstein auf dem Weg zu Empathie und der Bereitschaft, aus eigenem Antrieb zu teilen.

Eine gute Reaktion auf eine offensichtliche Lüge wäre, spielerisch und ohne erhobenen Zeigefinger nachzuhaken: »Tatsächlich? Diese schmutzigen Hände hast du gewaschen? Na ja, du musst es ja wissen.« Ihr Kind merkt auf diese Weise, dass Sie die

Situation durchschaut haben, aber es nicht heruntermachen wollen. Ein Tadel erübrigt sich.

Lügen kennzeichnen Entwicklungssprünge. Ihr Kind weiß, dass sich seine Vorstellungen von Ihren unterscheiden: »Ich mache mir meine eigenen Gedanken. Ich weiß etwas, was Mama/Papa nicht weiß.« Eine aufregende neue Entdeckung! Und Ihr Kind möchte herausfinden, was es damit auf sich hat. Bevor es teilen oder aufrichtige Empathie empfinden kann, muss es begreifen, dass jeder Mensch seine eigenen Bedürfnisse, Gedanken und Gefühle hat. Lügen bietet eine Möglichkeit, dieses Konzept zu erforschen. Lassen Sie also den Kopf nicht hängen: Ihr kleiner Schwindler ist vermutlich auf dem besten Weg, großherzig und empathisch zu werden, irgendwann. In der Zwischenzeit sollten Sie sich daran erinnern, dass Sie das wichtigste Rollenvorbild für Ihr Kind sind. Wenn Sie ehrlich und aufrichtig sind, kann es sich daran ein Beispiel nehmen.

Wie erziehe ich mein Kind zu einem eigenständig denkenden Menschen, der sich nicht dem Gruppendruck beugt? Ich möchte nicht, dass es sich angewöhnt, blind in der Herde mitzulaufen.

Das ist eine wichtige Frage in diesem frühen Alter. Wie bereits mehrfach gesagt, ist die Kleinkindphase ein Labor für die Zukunft und von prägender Bedeutung für die Persönlichkeitsentwicklung in späteren Jahren. Autonomie, eigenständiges Denken und der Mut, gegen den Strom zu schwimmen, haben in dieser Zeitspanne ihre Wurzeln. Kleinkinder machen die ersten Schritte auf dem Weg zur Selbstständigkeit, und der Weg ist lang. Hier beginnt die Fähigkeit, authentisch zu sein (und die Neugierde, herauszufinden, wer sie wirklich sind).

Sie schaffen die Voraussetzungen für diese Persönlichkeitsentwicklung, indem Sie Ihrem Kind ein gutes Selbstwertgefühl vermitteln. Wenn Sie ihm eigene Bedürfnisse und Wünsche (wie sonderbar Sie ihnen im Moment auch erscheinen mögen) zugestehen, schaffen Sie eine Vertrauensbasis für Ihr Kind. Selbstvertrauen ist das Fundament, auf dem die Fähigkeit aufgebaut werden kann, Stellung zu beziehen, eine Wahl zu treffen und die eigene Meinung zu vertreten.

Wie entwickelt man solche Eigenschaften? *Geben Sie Ihrem Kind die Gelegenheit, eigene Entscheidungen zu treffen.* Respektieren Sie seine Wahl (wie gesagt, auch wenn sie seltsam anmuten mag). Wenn Sie Alternativen anbieten, selbst in begrenzter Zahl, ermöglichen Sie ihm ein gewisses Maß an Kontrolle über seine Welt. Fragen Sie beispielsweise: »Möchtest du heute das rote oder das blaue T-Shirt anziehen?« Verzichten Sie auf Kritik, wenn es Kleidung aussucht, die nicht zusammenpasst, oder das T–Shirt mit der Innenseite nach außen trägt. Und wenn es Ihren Rat in den Wind schlägt und wieder im Superman-Shirt auftaucht (zum dritten Mal in dieser Woche), sollten Sie sich eine spitze Bemerkung verkneifen und stattdessen den positiven Aspekt betonen: »Ich sehe, du hast dir deine Sachen schon ganz alleine herausgesucht und angezogen!« (Vielleicht haben Sie am nächsten Tag Glück und können das Superman-Shirt klammheimlich bis zur nächsten Woche im Wäschekorb verschwinden lassen …) Solche Interaktionen zeigen Ihrem Kind, dass es imstande ist, Entscheidungen zu treffen – eine gute Grundlage für die Entwicklung von Selbstvertrauen und Selbstbestimmtheit.

Die Entscheidungen Ihres Kindes zu kritisieren ist kontraproduktiv (»Jedes Mal das gleiche Theater! Du weißt doch, dass es vor dem Essen keine Süßigkeiten gibt!«). Damit wecken Sie Schuldgefühle bei ihm, weil es das Bedürfnis überhaupt geäußert hat. Was also tun? *Nehmen Sie das Bedürfnis zur Kenntnis, und weisen Sie gleichzeitig auf die Grenzen hin.* Damit zeigen Sie, dass nichts gegen Wünsche einzuwenden ist, sie aber nicht immer erfüllt werden: »Ich weiß, wie gerne du Kekse ist, ich hebe dir einen für später auf.« Wenn Sie mit einer klaren Ansage und Empathie reagieren (zum Beispiel: »Einen Keks ja, aber später«), übermitteln Sie ihm die unmissverständliche Botschaft: »Meine Entscheidungen/ Wünsche wurden wahrgenommen, und es ist völlig in Ordnung, dass ich sie äußere, auch wenn Mama oder Papa sie nicht erfüllen.« Wenn wir die Wünsche und Bedürfnisse unserer Kinder infrage stellen oder ihre Entscheidungen korrigieren, leiten sie daraus eine völlig andere Botschaft ab: »So geht das nicht! Es gibt nur einen richtigen Weg: den von Mama und Papa.« In diesem Fall gewöhnen sie sich daran, zu tun, was andere für richtig halten, ohne selbst nachzudenken.

Anders ausgedrückt: Geben Sie Ihrem Kind ein gewisses Maß an Freiheit, etwas anders zu machen als Sie. Gestatten Sie ihm, den Turm nach seine eigenen Vorstellungen zu errichten, ohne sich mit Ratschlägen einzumischen, welchen Bauklotz es als Nächstes nehmen sollte. Machen Sie kein Drama daraus, wenn es hin und wieder Socken trägt, die nicht zusammengehören. Und lassen Sie es gewähren, wenn es das Essen auf seinem Teller auf einen Haufen schiebt und wild durcheinandermengt (wir mögen das weniger schön finden, das Kind stört sich aber nicht daran). Drängen Sie nicht zu sehr, wenn es sich weigert, sich an einem Spiel zu beteiligen, das Sie vorgeschlagen haben. Oft machen wir uns Sorgen, dass wir unseren Kindern ständig Grenzen setzen, ihre Aktivitäten korrigieren und ihnen zeigen müssen, wie man es richtig macht. Doch wenn wir ihnen früh Raum für eigene Entscheidungen geben, lernen sie irgendwann, die richtigen zu treffen.

Meine Tochter ist ganz versessen auf ihre Schmusedecke, die sie auf Schritt und Tritt mit sich herumträgt. Worauf ist diese Faszination zurückzuführen?

Etwas Vertrautes bei sich zu haben ist tröstlich und stärkt bei einem Kleinkind das Sicherheitsgefühl. Jeden Tag wächst es, verändert sich, nimmt Unmengen von Informationen auf und lernt Neues hinzu, und das in einer Entwicklungsphase, in der es sich von den Eltern ablöst, aber noch nicht fest auf eigenen Beinen

Der Kleinkind-Code

steht. Eine Menge Anforderungen, die es auf einmal bewältigen muss! Ein Objekt, das vertraut ist, bietet Halt in dieser turbulenten Zeit. Das Kind klammert sich an etwas, das es kennt und liebt. Ohne Schmusedecke geht es nicht! Nie im Leben!

Für ein Kleinkind ist die Welt riesig, angefüllt mit spannenden Erfahrungen, Entdeckungen und zahlreichen unbekannten Größen. Es gibt unendlich viel zu sehen, zu hören, zu erforschen und zu lernen. Mit dem Sprachvermögen wächst auch das Vorstellungsvermögen. Der Vorteil ist, dass sich dadurch die Kommunikationsfähigkeit verbessert. Der Nachteil ist, dass es sich alle möglichen Situationen ausmalen kann, positive und negative. Mit Letzteren gehen Ängste einher und das Bedürfnis, sich an Vertrautes zu klammern. Das Vertraute bietet Sicherheit.

Ein weiterer Faktor, der zu solchen Leidenschaften für bestimmte Dinge beiträgt, ist die mangelnde Flexibilität der meisten Kinder in diesem Alter. Anpassungen sind für das Gehirn noch schwer zu bewältigen. Diese Fähigkeit entwickelt es erst viel später. Und hier kommt die Fixierung ins Spiel. Aus der Sicht des Kindes heißt das: »Ich weiß, was ich weiß. Und ich weiß, dass ich diesen Gegenstand gut kenne. Er verleiht mir ein Gefühl der Sicherheit. Er ist mir vertraut. Er verändert sich nicht.« Das Vertraute bietet Sicherheit und Stabilität in einer großen, bisweilen beängstigenden Welt.

Ich habe mehr Obsessionen erlebt, als ich auflisten kann, aber hier sind einige Beispiele: die Fixierung auf einen kleinen, orangefarbenen Plastikfisch, auf eine Zahnbürste, Mamas Lippenstifthülse, die Holzeisenbahn, andere kleine Spielsachen, der Fußteil von einem Strampelanzug, die Taschenuhr, Puppen, das Lieblings-Shirt oder Kleid, das jeden Tag getragen wird, Kuscheltiere und alle nur erdenklichen Schätze, die weich sind. Sie wissen, was ich meine. Leidenschaften können sich auf die unterschiedlichsten Objekte beziehen. Das Objekt selbst ist nicht wichtig. Wichtig ist, dass es Sicherheit vermittelt. Es erinnert ein Kind an sein Zuhause. Es beschwört Bilder von Papa oder Mama herauf.

In unserem Kinderzentrum hatten wir eine Dreijährige, die darauf bestand, jeden Tag dasselbe Kleid anzuziehen. Ihre Mutter wusch es, wenn sie schlief, um extreme Wutausbrüche zu vermeiden. Sie trug es Tag für Tag, neun Monate lang. Als es zu kurz wurde, zog sie Leggins darunter an. Warum? Es stärkte ihr Sicherheitsgefühl. Dann verkündete sie eines Tages, jetzt sei Schluss damit. Einfach so.

Mein Sohn trug jahrelang eine kleine Holzeisenbahn auf Schritt und Tritt mit sich herum. Inzwischen ist er über das Holzeisenbahn-Alter hinaus, hat aber immer noch irgendwelche kleinen Gegenstände in der Tasche: Schlüsselanhänger, Mini-Taschenlampe, Lesezeichen. Er fühlt sich sicherer, wenn er etwas von zu Hause mitnimmt. Da die Welt riesig ist und im Kopf eines Kindes viel vor sich geht, kann etwas Vertrautes, was ihm gehört, beruhigend wirken. Erwachsene nehmen oft einen Talisman mit, wenn sie auf Reisen gehen. Alle Menschen haben das Bedürfnis nach Sicherheit.

Hilfe! Mein Kind benimmt sich voll daneben!

Fast alle Eltern stellen manchmal (oder auch oft) fest, dass das Benehmen ihres Kindes zu wünschen übrig lässt. Ich kenne das aus eigener Erfahrung. Und ich verstehe, warum der Gedanke uns Sorge bereitet – Kleinkinder stellen unverschämte Forderungen, sagen rücksichtslos, was sie denken (»Ich kann dich nicht leiden«, »Du stinkst«, »Hau ab!«), und haben keine Manieren. Sie führen sich auf wie ein Diktator, der gutmütig wirkt, aber macht, was er will.

Wird Ihr Kind irgendwann einmal lernen, wie man sich richtig benimmt? Keine Angst: Wenn Sie es ihm vormachen, mit Sicherheit. Kinder, vor allem unter fünf, ahmen uns nach. Sie beobachten uns. Wenn Sie Bitte und Danke sagen, Ihr Kind und andere Menschen respektvoll behandeln und ein vorbildliches Sozialverhalten vorleben, lernt es etwas über die Gepflogenheiten im Umgang mit anderen Menschen. Was nicht heißt, dass es sie ständig beachtet, und schon gar nicht zu Hause. Es lernt, sich auf dem gesellschaftlichen Parkett der Erwachsenen zu bewegen. Aber das braucht seine Zeit.

Warum stellen Kinder ständig Forderungen? Mit dem Sprachvermögen wächst auch die Fähigkeit, ihre neu herausgebildeten Gedanken und Wünsche zum Ausdruck zu bringen. Die Sprache verleiht ihnen ein Gefühl der Macht. Kein Grund zur Panik, denn dieser Machtzuwachs ist unerlässlich, damit sie ihre Gefühle in den Griff bekommen. Obwohl Ihr Kind viele Wünsche und Bedürfnisse äußern kann, müssen Sie diese ja nicht jedes Mal oder auf der Stelle erfüllen. Empathie und Kenntnisnahme reichen oft aus, um ihm zu zeigen, dass Sie es verstehen, auch wenn Sie ihm nicht stattgeben. Vor allem Kleinkinder möchten sicher sein, dass sie verstanden werden, und das Eingehen auf ihre Wünsche und Bedürfnisse trägt dazu bei: »Ich weiß, dass du dir wünschst, Papa wäre schon hier, aber du musst noch ein bisschen warten, bis er aus dem Supermarkt zurückkommt.«

Es gibt ein weiteres damit verbundenes Verhaltensmuster, das Eltern Kopfzerbrechen bereitet. Kleinkinder können in der häuslichen Umgebung unhöflich, boshaft und widerspenstig sein, doch in der Öffentlichkeit oder im Kindergarten benehmen sie sich mustergültig. Das ist ein gutes Zeichen. Wenn Eltern störendes Verhalten oder Ungezogenheiten beklagen, erkundige ich mich als Erstes, wie sich ihr Kind im Beisein von anderen oder im Kindergarten benimmt. Die meisten gestehen: »Im Kindergarten gibt es bei meiner Tochter nichts zu beanstanden«, oder: »Mit den Großeltern kommt mein Sohn bestens aus«. Das deutet darauf hin, dass sich ein Kind zu Hause am wohlsten und sichersten fühlt. Bei Mama und Papa kann es so sein, wie es ist, mit all seinen Licht- und Schattenseiten. Hier kann es seine Macht austesten, in Tränen ausbrechen und Dampf ablassen, wenn der Druck der großen weiten Welt überhandnimmt. Sich im Kindergarten zusammenzureißen ist schwer genug. Zu Hause kann es die aufgestauten Gefühle endlich herauslassen.

Ich lege Ihnen nahe, Kinder mit leichter Hand und vernünftigen Grenzen in ihre Schranken zu weisen, wenn sie ungezogen sind oder sich wie kleine Tyrannen aufführen. Der Schlüssel ist hier wieder, die richtige Balance zu finden. Das kann durchaus herausfordernd sein. Machen Sie klare Ansagen, wie: »Ich verstehe dich. Ich weiß, wie gerne du damit spielen möchtest. Aber jetzt essen wir und das iPad hat auf dem Tisch nichts zu suchen.« Humor ist ebenfalls eine Hilfe. Ein Kind in unserem Zentrum pflegte eine Zeit lang jeden als »Blödmann« zu beschimpfen. Eine unserer Erzieherinnen konterte mit »Erdbeere, Erdbeere!«, und schon hieß es nur noch »Erdbeere«. Als sich mein Jüngster plötzlich wie ein Diktator aufführte und meinte, er müsste uns herumkommandieren, ging die ganze Familie auf die Barrikaden. Als wir beschlossen, sein Gehabe einfach zu ignorieren, wurde die Situation erträglicher, und irgendwann fanden wir es nur noch komisch. Er kam uns vor wie ein Roboter (einer, der automatisch Befehle erteilt). Das fand er ebenfalls lustig, die Situation entspannte sich, und mit der Zeit legte er das Verhalten ab. Das ist typisch für die Kleinkindphase (obwohl es in jeder Altersstufe wieder auftauchen kann, nur in anderer Form). Wenn Sie Ihrem Kind und anderen Menschen vernünftig und respektvoll begegnen, gehen Sie mit gutem Beispiel voran.

Welchen Rat sollten Eltern von Kleinkindern unbedingt beherzigen?

Das ist eine Frage, die sich nur schwer beantworten lässt. Es gibt jedoch ein paar wichtige Punkte, die Eltern beachten sollten, wenn sie sich den Herausforderungen (und Freuden) der Erziehung gegenübersehen. Sie sorgen nicht nur für einen entspannten Umgang mit Kleinkindern, sondern sind bei Kindern aller Altersgruppen (auch vor, während und nach der Pubertät) eine Hilfe.

- *Humor, Humor und nochmals Humor.*
Man kann gar nicht genug betonen, wie wichtig es ist, dass Eltern ihren Sinn für Humor bewahren. Ich weiß, es fällt manchmal schwer, gelassen zu bleiben oder Machtkämpfe auch nur ansatzweise lustig zu finden. Versuchen Sie aber trotzdem, das Kräftemessen nicht allzu ernst zu nehmen – denken Sie einfach daran, dass alles im Leben vorübergeht, oft genau dann, wenn Sie glauben, die Lösung des Problems gefunden zu haben. Auch die unverständlichsten oder ärgerlichsten Verhaltensweisen von Kleinkindern sind oft nur von kurzer Dauer, denn sie basieren auf dem Bedürfnis, etwas über die Welt herauszufinden oder die gerade erst entdeckte Macht auszutesten. Sie werden abgelegt. Sie verändern sich. Sie stellen kein Verbrechen dar. Das Kind schließt das Kapitel ab und schlägt ein neues auf. Je gelassener Sie reagieren, je mehr Sie sich zurücknehmen und das Fehlverhalten nicht zu persönlich nehmen, sondern ihm eine komische Seite abgewinnen (aber auf respektvolle Weise), desto besser werden Sie Ihrer Erziehungsaufgabe gerecht und können Ihr Kind genießen.

- *Schalten Sie einen Gang zurück.*
Konzentrieren Sie sich auf das Hier und Jetzt. Wir leben in einer hektischen Welt, sind ständig auf dem Sprung, um als Erster irgendein Ziel zu erreichen. Als Eltern müssen wir mit unseren Kräften haushalten, und deshalb brauchen wir Entschleunigung. Bleiben Sie mit Ihrem Kind im Hier und Jetzt, genießen Sie die Gegenwart und machen Sie sich bewusst, dass Entwicklungsprozesse Zeit erfordern. Gleich, ob Ihr Kind Ecken und Kanten, ein ungebührliches Benehmen oder hysterische Anfälle hat, denken Sie immer daran: Damit ist oft schneller Schluss, als Sie denken. Holen Sie sich die Unterstützung, die Sie brauchen, um diese Phase durchzustehen. Und wenn Sie sich ernsthaft Sorgen machen, ziehen Sie professionelle Hilfe in Erwägung. Mein wichtigster Rat wäre, den Blick auf

die aktuelle Situation zu richten, statt zu spekulieren, wohin das alles noch führen soll, wenn beispielweise die Pubertät beginnt.

Als mein ältester Sohn zwei Jahre alt war, zogen wir für ein Jahr nach Kalifornien. Da wir aus New York kamen, waren wir daran gewöhnt, zu Fuß zu gehen. In der Nähe unseres neuen Wohnorts befand sich ein Spielplatz, gut zu Fuß erreichbar. Trotzdem schafften wir selten die ganze Strecke bis zum Ziel, das nur vier Häuserblocks entfernt war, weil mein Sohn unterwegs ständig stehenblieb, um jede Ameise, jeden Käfer und jedes Blatt, das auf dem Boden lag, in Augenschein zu nehmen, zu inspizieren und zu berühren. Als ich den Spielplatz irgendwann von meiner Zielliste gestrichen und mich auf sein Tempo eingestellt hatte, konnte ich die gemeinsame Zeit, in der wir häufiger standen als gingen, zum ersten Mal richtig genießen. Unsere Spaziergänge im Schneckentempo. Die Erinnerung daran ist mir noch heute lieb und teuer.

- *Es gibt nicht die einzig wahre Erziehungsmethode.*
  Trotz der zahlreichen Ratschläge, die ich Eltern von Kleinkindern gebe, bleibe ich dabei: Wichtig ist, Ihr Kind und seine individuellen Bedürfnisse zu verstehen und den eigenen Erziehungsansatz darauf abzustimmen. Es verlässlich und liebevoll auf seinem Weg zu begleiten. Und in Situationen, in denen Sie widersprüchliche Ratschläge erhalten, auf Ihr Bauchgefühl zu hören. Folgen Sie den Empfehlungen, die einen Nachhall bei Ihnen finden, und vergessen Sie den Rest.

- *Denken Sie immer daran, dass Ihr Kind noch klein ist.*
  Zwei- bis Fünfjährige haben noch nicht viele Erfahrungen sammeln können, seit sie das Licht der Welt erblickt haben. Sie sind klein, gerade erst dem Säuglingsalter entwachsen. Wir neigen dazu, das zu vergessen. Erinnern Sie sich immer wieder einmal daran, treten Sie einen Schritt zurück und lassen sie der natürlichen Entwicklung Ihres Kindes freien Lauf. Beobachten Sie

Der Kleinkind-Code

mehr und greifen Sie weniger ein. Setzen Sie vernünftige Grenzen, sodass Sie sich Strafpredigten ersparen können. Achten Sie darauf, nicht mehr von Ihrem Kind zu verlangen, als es zu leisten vermag. Lassen Sie ihm Raum, sich mit dem Leben vertraut zu machen und die Welt zu erforschen, im sicheren Wissen, dass es auf Sie zählen kann, wenn es Sie braucht. Damit bieten Sie Ihrem Kind die Chance, der Mensch zu werden, der in ihm angelegt ist, und seinen eigenen Weg zu gehen, mit Ihnen an seiner Seite.

Literaturhinweise

Ainsworth, M. D. S., S. M. Bell u. D. J. Stayton: »Individual differences in the strange situation behavior of one-year-olds«, in: H. R. Schaffer (Hrsg.): *The Origins of human social relations*, Academic Press, New York 1971, S. 15–71.

Assor, A. u. G. Roth: »Parental conditional regard as a predictor of deficiencies in young children's capacities to respond to sad feelings«, in: *Infant and Child Development* (19) 2010, S. 465–477.

Barry, R. A. u. G. Kochanska: »A Longitudinal investigation of affective environment in families with young children: From infancy to early school age«, in: *Emotion* (10) 2010, S. 237–249.

Berger, R. H., A. L. Miller, R. Seifer, S. R. Cares u. M. K. LeBourgeois: »Acute sleep restriction effects on emotion responses in 30- to 36-month-old children«, in: *Journal of Sleep Research* (21) 2012, S. 235–246.

Bernier, A., S. Carlson, M. Deschênes u. C. Matte-Gagné: »Social factors in the development of early executive functioning: A closer look at the caregiving environment«, in: *Developmental Science* (15) 2012, S. 12–24.

Blair, C.: »School readiness: Integrating cognition and emotion in a neurobiological conceptualization of children's functioning at school entry«, in: *American Psychologist* (57) 2002, S. 111–127.

Blair, C. u. A. Diamond: »Biological processes in prevention and intervention: The promotion of self-regulation as a means of preventing school failure«, in: *Developmental Psychopathology* (20/3) 2008, S. 899–911.

Bodrova, E. u. D. L. Leong: *Tools of the Mind. The Vygotskian approach to early childhood education*, Merrill/Prentice Hall, Upper Saddle River 2007.

Bonawitz, E., P. Shafto, G. Hyowon, N. Goodman, E. Spelke u. L. Schulz: »The double-edged sword of pedagogy: Instruction limits spontaneous exploration and discovery«, in: *Cognition* (120) 2011, S. 322–330.

Bowlby, J.: *Bindung als sichere Basis. Grundlagen und Anwendung der Bindungstheorie*, Ernst Reinhardt, München 2014.

Bronson, M. B.: *Self-regulation in early childhood: Nature and nurture*, Guilford, New York 2000.

Center on the Developing Child at Harvard University: *Building the brain's »air traffic control« system: How early experiences shape the development of executive function: Working Paper No. 11, 2011,* http://www.developingchild.harvard.edu.

Center on the Developing Child at Harvard University: *Children's emotional development is built into the architecture of their brains: Working Paper No. 2,* 2004, http://www.developingchild.harvard.edu.

Center on the Developing Child at Harvard University: *The foundations of lifelong health are built in early childhood,* 2010, http://www.developingchild.harvard.edu.

Derryberry, D. u. M. Reed: »Regulatory processes and the development of cognitive representations«, in: *Development and Psychopathology* (8) 1996, S. 215–234.

Diamond, A.: »Executive functions«, in: *Annual Review of Psychology* (64) 2013, S. 135–168.

Dunn, J.: *Children's friendships: The beginnings of intimacy,* Blackwell, Oxford 2004.

Elkind, D.: *The power of play: Learning what comes naturally,* Da Capo, New York 2007.

Fein, G.: »Pretend play: in childhood: An integrative review«, in: *Child Development* (52) 1981, S. 1095–1118.

Galinsky, E.: *Mind in the making: The seven essential life skills every child needs,* NAEYC-Sonderausgabe, Harper Collins, New York 2010.

Ginsburg, K. R.: »The importance of play in promoting healthy child development and maintaining strong parent-child bonds«, in: *Pediatrics* (119) 2007, S. 187–191.

Gray J.: »Integration of emotion and cognitive control«, in: *Current Directions in Psycological Science* (13) 2004, S. 46–48.

Gunnar, M. R.: »The neurobiology of stress and development«, in: *Annual Review of Psychology* (58) 2007, S. 145–173.

Gunnar, M. R., L. Broderson, M. Nachimas, K. Buss u. R. Rigatuso: »Stress reactivity and attachment security«, in: *Developmental Psychology* (29) 1996, S. 10–36.

Heikamp, T., G. Trommsdorff, M. Druey, R. Hübner u. A. von Suchodoletz: »Kindergarten children's attachment security, inhibitory control, and the internalization of rules of conduct«, in: *Frontiers in Psychology* (4) 2013, S. 133.

Hirsh-Pasek, K., R. M. Golinkoff, L. Berk u. D. G. Singer: *A mandate for playful learning in preschool,* Oxford University Press, New York 2009.

John-Steiner, V. u. H. Mahn: »Sociocultural approaches to learning and development: A Vygotskian framework«, in: *Educational Psychologist* (31) 1996, S. 191–206.

Klein, T. P., D. Wirth u. K. Linas: »Play: Children's context for development«, in: *Young Children* (58) 2003, S. 38–45.

Kochanska, G., R. A. Philibert u. R. A. Barry: »Interplay of genes and early mother-child relationship in the development of self-regulation from toddler to preschool age«, in: *Journal of Child Psychology and Psychiatry* (50) 2009, S. 1331–1338.

Kopp, C. B.: »Antecedents of self-regulation: A developmental perspective«, in: *Developmental Psychology* (18) 1982, S. 199–214.

Le Doux, J.: *Das Netz der Persönlichkeit. Wie unser Selbst entsteht,* dtv, München 2006.

Lieberman, A.: *Ein kleiner Mensch. Das Gefühlsleben des Kindes in den ersten drei Jahren,* Rowohlt, Reinbek 1995.

Matricciani, L., T. Olds u. J. Petkov: »In search of lost sleep: Secular trends in the sleep time of school-aged children and adolescents«, in: *Sleep Medicine Review* (16) 2012, S. 203–211.

Miller, E. u. J. Almon: *Crisis in the kindergarten: Why children need to play in school,* Alliance for Childhood, College Park, MD, 2009.

Mindell, J. A., A. Sadeh, J. Kohyama u. T. H. How: »Parental behaviors and sleep outcomes in infants and toddlers: A crosscultural comparison«, in: *Sleep medicine* (11) 2010, S. 393–399.

Mischel, W., A. Ozlem, M. Berman, B. J. Casey, I. Gotlib, J. Jonides u. Y. Shoda: »›Willpower‹ over the life span: Decomposing self-regulation«, in: *Social Cognitive and Affective Neuroscience* (6) 2011, S. 252–256.

National Scientific Council of the Developing Child: *Young children develop in an environment of relationship,* Working Paper No. 1, 2004.

Nelson, C. A., E. A. Furtado, N. A. Fox u. C. H. Zeanah: »The deprived human brain«, in: *American Scientist* (97) 2009, S. 222–229.

Noble, K., S. Houston, E. Kan u. E. Sowell: »Neural correlates of socioeconomic status in the developing human brain«, in: *Developmental Science* (15) 2012, S. 516–527.

Ochsner, K. N., J. A. Silvers u. J. T. Buhle: »Functional imaging studies of emotion regulation: A synthetic review and evolving model of the cognitive control of emotion«, in: *Annals of the New York Academy of Sciences* (1251) 2012, S. E1–E24.

Potegal, M., M. Kosorok u. R. Davidson: »Temper tantrums in young children: 2. tantrum duration and temporal organization«, in: *Developmental and Behavioral Pediatrics* (24) 2003, S. 148–154.

Rothbart, M. K., S. A. Ahadi u. K. L. Hershey: »Temperament and social behavior in childhood«, in: *Merrill-Palmer Quarterly* (40) 1994, S. 21–39.

Sadeh, A.: *Sleeping like a baby: A sensitive and sensible approach to solving your child's sleep problems,* Yale University Press, New Haven, CT, 2001.

Salonen, P., M. Vauras u. A. Efklides: »Social interaction – What can it tell us about metacognition and coregulation in learning?«, in: *European Psychologist* (10) 2005, S. 199–208.

Schore, A. N.: »The effects of early relational trauma on right brain development, affect regulation, and infant mental health«, in: *Infant Mental Health Journal* (22) 2001, S. 201–269.

Shimm, P. u. K. Ballen: *The toddler years: The expert's guide to the tough and tender years,* Da Capo, New York 1995.

Shonkoff, J. P. u. A. S. Garner: »The lifelong effects of early childhood adversity and toxic stress«, in: *Pediatrics* (129) 2012, S. 232–246.

Shonkoff, J. P. u. D. A. Phillips: *From neurons to neighborhoods: The science of early childhood development,* National Academy Press, Washington, DC, 2000.

Solomon, C. R. u. F. Serres: »Effects of Parental Verbal Aggression on Children's Self-Esteem and School Marks«, in: *Child Abuse and Neglect* (23) 1999, S. 339–351.

Sroufe, A.: »Attachment and development: A prospective, longitudinal study from birth to adulthood«, in: *Attachment and Human Development* (7) 2005, S. 349–367.

Tegano, D. W., J. K. Sawyers u. J. D. Moran: »Problem finding and solving in play: The role of the teacher«, in: *Childhood Education* (66) 1989, S. 92–97.

Vogler, P., G. Crivello und M. Woodhead: »Early childhood transitions research: A review of concepts, theory, and practice«, Working Paper No. 48, Bernard van Leer Foundation, The Hague 2008.

Vygotskij, L. S.: *Mind in society: The development of higher psychological processes,* Harvard University Press, Cambridge, MA, 1978.

Waters, S. F., E. A. Virmani, R. A. Thompson, S. M. Meyer, H. A. Raikes u. R. Jochem: »Emotion regulation and attachment: Unpacking two constructs and their association«, in: *Journal of Psychology and Behavioral Assessment* (32) 2010, S. 37–47.